KB174900

학주 김홍욱 평전

학주 김홍욱 평전

鶴洲 金弘郁 評傳

고성훈 지음

역사인

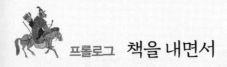

오래전에 학주(鶴洲) 김홍욱(金弘郁)에 대한 논문을 쓸 기회가 있었다. 국사편찬위원회에서 사료(史料) 강독을 함께 하는 공부 모임의 동료 선생님들과 고려시대 김자수(金自粹) 일가에 대해 글을 쓰게 되었고, 내가 김자수의 후손 중에서 김홍욱에 대한 논문을 맡아서 썼다.

사실 김홍욱은 조선 시대사를 전공하는 연구자에게도 친숙한 인물은 아니다. 나도 인조와 효종대 정치사를 공부하면서 김홍욱이 강빈옥사를 비판하는 상소를 하였다가 죽은 인물이라는 정도로만 알고 있었다.

김홍욱에 대한 논문을 쓰는 과정에서 그가 매우 대단하고 흥미로운 인물이라고 생각하였다. 김홍욱은 국왕 인조가 서거하였을 때 조정 신료를 대표하여 고인을 추모하는 만사(挽詞)를 지었다. 이때 효종은 만사에 강빈옥사의 부당함을 빗댄 표현이 들어갔다고 하면서 김홍욱을 파직하였다. 이 사건은 정치적 파장을 낳았다. 또 김홍욱은 당대 권력자 김자점 탄핵을 주도하여 대간으로서의 의기를 보여주었다. 김홍욱은 특히 삼사에서 관료로서 소신과 원칙을 지키면서 '직신(直臣)'의 이미지를 쌓아갔다.

김홍욱은 '직신'의 명성 못지않게 '민생 전문가'로 알려졌다. 그가 민생 전문가가 된 것은 '애민'이라는 관료로서 사명감도 작용하였겠지만, 경제와 국방에 대해 폭넓고 심도 있는 식견을 가졌기 때문이다.

김홍욱은 「논전제 6조」와 「논병제 9조」 및 「논성지 2조」를 저술하였다.

이 저술은 김홍욱의 민생과 국방개혁안의 완성을 뜻한다. 김홍욱은 이를 토대로 조정에 개혁안을 제출해 큰 관심을 받았고, 일부는 정책에 반영되기도 하였다. 그만큼 그의 개혁안이 현실적이었음을 말해 준다.

당시 대동법 시행에 총력을 기울이던 김육은 김홍욱의 민생 관련 의지와 정책 능력을 높이 평가하였고, 그를 충청도 관찰사로 추천하였다. 김홍욱은 충청도 관찰사로서 호서대동법 시행의 최고 현장 지휘관이 되어 대동법을 정착시키는 데 적지 않은 역할을 하였다.

무엇보다도 김홍욱이라고 하면 함께 떠오르는 것은 그의 강빈옥사 관련 상소건이다. 강빈옥사란 소현세자가 서거한 후 세자빈 강씨가 국왕인 인조에 의해 죽은 사건이다. 인조는 신료들의 강력한 반대에도 불구하고 며느리인 강빈을 사사하였다. 신료들은 임금의 처사가 부당한 줄 알면서도 항변하기 쉽지 않았다.

효종은 강빈옥사에 대한 언급을 엄금하였다. 이 무렵 구언 교서가 내렸고, 김홍욱은 교서에 따른 상소를 하면서 강빈옥사를 비판하였다. 김홍욱의 상소는 곧바로 친국으로 이어졌고, 그는 친국 과정에서 장살되었다. 이 사건은 정치적 현안으로, 언론 탄압의 사례가 되었다.

송시열을 비롯한 여러 신료가 김홍욱의 복권을 요청하였다. 효종도 결국 김홍욱을 복권하지 않을 수 없었다. 역설적으로 김홍욱은 사후에 그 정당성을 인정받았고, 그의 명성도 높아졌다. 이는 김홍욱 가문이 명문가로 성장하는 계기가 되었다.

김홍욱에 대한 논문을 쓰면서 알게 된 역사적 사실로 말미암아 새로운 인물을 발굴했다는 보람을 느꼈다. 그리고 김홍욱이라는 다소 생소한 인물에 대해 전공자뿐만 아니라, 일반 독자들과도 지식을 공유하면 좋겠다고 생각하였다. 그러면서 김홍욱의 고향인 서산에 답사도 몇 차례 다녀왔다.

이러한 과정을 거치면서 언젠가 김홍욱 평전을 한번 써보고 싶었다.

국사편찬위원회 정년퇴직 무렵부터는 김홍욱에 대한 평전을 쓰기로 마음먹고 자료를 준비하기 시작하였다. 일의 진척이 없다가 지난해부터 집필에 들어갔고, 이번에 결과물이 평전으로 나오게 되었다.

김홍욱 평전을 쓰면서, 다음의 사항에 중점을 두었다.

첫째, 주로 삼사에서 봉직하면서 언로의 확장과 시사에 관심을 기울였고, 김자점의 탄핵 등으로 이어지는 김홍욱의 관료 생활 평가에 관심을 가졌다.

둘째, 김홍욱의 민생 개혁안 내지는 혁신안에 담긴 「논전제 6조」와 「논병제 9조」 등에 대한 정리가 필요하다고 생각하였다. 아울러 김홍욱이 충청도 관찰사로서 이른바 '호서대동법' 시행을 주관하였는데, 그 공과에 대한 평가에 주목하였다.

셋째, 당시에는 소현세자 빈인 강빈의 죽음이 정당하지 않았다는 평가가 대세였다. 효종이 강빈옥사의 언급 자체를 막았음에도 불구하고 김홍욱이 이를 전면으로 비판한 사실, 상소 사건의 처리 과정, 김홍욱 사후의 복권 문제 등에 대해 서술과 평가가 필요하다고 생각하였다.

넷째, 김홍욱은 주로 관료로 생활하면서 다수의 시를 남겼다. 그 주제도 다양하다. 그의 다양한 시들을 통해 그의 개인적 취향이나 감성, 관료로서의 이상과 사상, 역사관, 그리고 교우 관계 등을 엿볼 수 있었다.

다섯째, 김홍욱은 강빈옥사를 비판하는 상소를 하였다가 죽었는데, 이것이 역설적으로 그의 이름을 높이는 계기가 되었다. 이후 김홍욱의 후손들은 명문가로서 위상을 굳히게 되었다. 이 과정을 서술하고 평가하였다.

무엇보다도 평전을 완성할 수 있었던 것은 여러 분들의 도움과 격려에 힘입은 바 컸다.

우선 평전을 집필하는데 여러 면에서 도와준 경주김씨 학주공파 종중 측에 감사를 드린다. 특히 학주공파 종중의 김윤환 전임 회장님과 김석환 회장님, 그리고 김홍욱의 14대 종손으로 의정공파 종회 김택모 회장님은 평전을 집필하는데 자문과 함께 필요한 소장 자료들을 제공해주었다. 그리고 삽화 촬영 등을 위해 서산, 예산, 분당 등의 현장 답사에 동행과 안내를 맡아주었다. 지면으로나마 다시 한번 감사의 인사를 드린다.

서산과 예산 답사에 동행하여 중요한 유적과 자료를 촬영해준 한국학 중앙연구원의 이병유 선생에게 감사를 드린다. 그리고 평전을 출간할 수 있도록 도와준 지기인 동국대 사학과 서인범 교수에게 고맙다는 인사를 표한다. 그리고 꼼꼼하게 교정을 보고 문장을 다듬어준 국사편찬위원회의 이규리 선생과 김성희 선생에게 감사를 표한다.

졸저를 선뜻 출간해주신 역사인의 한정희 대표께 감사드린다. 난삽한 원고를 깔끔하게 만들어준 김윤진 선생님을 비롯한 편집부의 여러 선생님께도 감사드린다.

아울러 국사편찬위원회에서 고려시대와 조선시대 원전 사료 강독을 함께 하면서 '이문회우(以文會友)'하던 동료 선생님들께 감사 인사를 드린다. 이때 함께 공부한 인연에 힘입어서 이 책이 나오게 되었다고 생각한다.

끝으로 언제나 옆에서 나를 도와주고 격려해준 아내 양재연 님에게 고맙다는 인사를 전한다.

2022년 5월
서울 마포 서재에서 고성훈 씀

8부 탁월한 시인의 면모를 보이다

부록

1부

효와 충을 실천하다

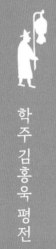

학주 김홍욱 평전

연로한 부모를 봉양하기 위해
지방 근무를 자원하다

김홍욱은(金弘郁, 1602~1654) 서울에서 벼슬하면서 늘 고향 서산에 계신 부모님이 마음 쓰였다. 워낙 연로해서 평소에도 병치레하는 데다가 병자호란 때 큰형이 전사하여 부모님이 큰 충격을 받았기 때문이다.

병자호란 때 큰형 김홍익(金弘翼, 1581~1636)은 연산 현감으로 재직하면서 청나라군과의 전투를 이끌다가, 경기도 광주에서 전사하였다. 전란의 와중이라 시신도 수습하지 못하였다. 김홍욱은 여러 날 동안 전투 현장을 찾아다닌 끝에 전사한 큰형의 시신을 수습할 수 있었다. 큰형 홍익의 전사 소식이 알려지자 부모님이 받은 충격은 이루 말할 수 없었다. 이때 어머니는 식음을 전폐한 채 드러누웠고, 병세가 위중하였다.

김홍욱은 큰형을 대신하여 부모님을 봉양해야 했다. 그러나 서울에서 벼슬살이하고 있었기 때문에 직접 모시지 못할뿐더러 찾아뵙기도 쉬운 일이 아니었다. 김홍욱은 삼사에서의 바쁜 공무 중에도 휴가를 신청하였고, 임금의 각별한 배려를 얻어 부모님이 계신 서산을 다녀오곤 하였다.

사실 조선시대에 양친이 팔순 가까이 장수하신 건 자식에게는 커다란

축복이었다. 김홍욱에게는 벼슬살이하느라 직접 부모를 모시고 효도할 기회가 없었기에 안타까울 따름이었다. 그리하여 부모를 봉양할 방법을 찾던 김홍욱은 임금에게 뜻밖의 건의를 하기에 이르렀다. 그것은 자신을 서산과 가까이에 있는 고을의 수령으로 임명하여 연로한 부모를 모실 수 있게 해달라는 것이었다.

부모가 거주하는 고을이나 가까운 곳의 수령으로 나가기를 요청하는 것을 '걸군(乞郡)'이라고 한다. 원래 양친이 살아계시면 부모를 모시기 위해 걸군하는 것은 금지하고 있었다. 이러한 규정을 모를 리 없는 김홍욱은 고민에 빠졌다. 김홍욱은 군신 관계의 최고 가치인 의리와 부자 관계의 지고한 선인 효를 둘 다 져버릴 수 없었다. 김홍욱에게는 단순한 공과 사의 문제가 아니었다.

그리하여 김홍욱은 공의를 위반하지 않으면서 사은에 보답할 수 있는 길을 찾으려고 하였고, 고민 끝에 당진 현감으로 나갈 수 있게 해 달라고 요청하였다. 인조는 1638년(인조 16) 7월에 신료들의 반대를 무릅쓰고 김홍욱을 당진 현감으로 임명하였다. 서산에 계신 노부모님을 봉양하고 간호할 수 있도록 배려해준 것이다. 김홍욱은 이해 8월에 임금께 하직 인사를 하고 서울을 떠나 당진으로 출발하였다.

사실 김홍욱이 당진 현감 발령을 받아 서울을 떠나기 전까지 적지 않은 어려움을 겪었다. 사헌부에서 김홍욱의 당진 현감 발령을 비판하면서 그의 파직까지 요구하였기 때문이다.

양친이 살아계신 데 걸군한 것은 사적인 일을 공적인 일보다 앞세운 것으로, 용납할 수 없다는 것이다. 동료들의 강력한 비판은 김홍욱이 스스로 감내해야 할 몫이었다. 사헌부의 비판에 임금이 직접 나서서 김홍욱의 경우는 양친이 함께 장수를 누리는 보기 드문 일이라서 법례는 아니나 예외적으로 받아들였다고 하면서 무마하였다. 김홍욱은 동료들의 비판을 받으면서도 늙고 병든 부모를 모시는 일이 워낙 간절하였기에 걸군하였고, 임금에게 "공과 사를 모두 해내겠다."라고 다짐하였다. 김홍욱은 당진 현감의 직무를 마치고 삼사로 복귀하였다.

그러나 부모님은 더 연로해가고 병세는 깊어갔다. 이로 말미암아 김홍욱은 가시방석에 앉아 있는 기분이었다. 더욱이 1640년(인조 18)과 1641년에는 부친이 병환이 깊어지고 위급해져 구급약을 사용해 버티는 지경이었다. 이에 홍문관 교리 김홍욱은 1640년 12월에 80세 부친의 병을 구완하기 위해 벼슬을 교체해 달라고 요청하였고, 임금이 교체를 불허하는 대신에 휴가를 주자 당일로 고향 서산에 내려갔다. 이듬해 7월에도 부친의 병구완을 위해 휴가를 얻어 고향에 내려갔다.

이 무렵에 김홍욱은 공무와 부모님 봉양 사이에서 또 갈등을 겪지 않을 수 없었다. 그는 체직을 허락받음으로써 부모님을 모실 기회를 얻고자 하였다. 그러나 삼사의 중요한 직책을 맡은 김홍욱이 체직을 허락받기란 쉬운 일이 아니었다. 사헌부 지평 김홍욱은 체직 상소를 올리며 이때의 심리적 갈등을 잘 드러냈다.

"신이 조정에 나가려고 하면, 자식으로서 지극한 정을 차마 떨치고 일어날 수 없고, 집에서 병을 구완하려고 하면 태만한 죄에서 벗어나기 어렵습니다. 신은 이에 두려워서 허둥지둥 몸 둘 곳을 모르겠고, 마음은 혼란스러워 어찌 처신해야 할지 모르겠습니다."[01]라는 대목과 같이, 그는 절실하게 고민을 토로하였다.

---

01 『학주선생전집(鶴洲先生全集)』 권 7, 「지평(持平)의 체직(遞職)을 비는 소(疏)」.

김적 부부의 묘소 충청남도 서산 소재. 김홍욱의 부모묘이다. 부 김적의 자는 선여(善餘), 호는 단구자(丹丘子)이다. 찰방을 지냈고, 이조참판에 추증되었다. 김홍욱의 모는 화순 최씨(和順崔氏)이다. ©이병유 촬영

김홍욱은 1641년(인조 19) 7월 홍문관 교리로 재직하다 말미를 얻어 고향에서 부모님을 간호하다가 자신의 건강도 악화되었다. 충청도 관찰사는 김홍욱이 병세가 위중하여 서울에 올라가지 못한다고 조정에 보고하였다. 김홍욱은 자신의 건강을 도외시하고 부모의 간호에 온 힘을 쏟았다. 그러나 막내아들 김홍욱의 지극한 간호에도 불구하고 1642년 12월에 모친이 별세하였고, 1646년 정월에는 부친까지 별세하였다. 김홍욱은 1647년에 삼년상을 마치고 삼사로 복귀하였다.

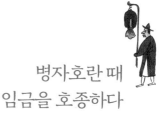

병자호란 때
임금을 호종하다

　김홍욱은 34세 때인 1635년(인조 13) 10월에 문과에 급제하였다. 이해
에 승문원 정자, 예문관 검열, 세자시강원 겸설서로 임용되면서 관료의
길로 나섰다. 그러나 그가 관료의 길에 접어들자마자 청나라의 침략을 받
았다. 후금(後金)은 국호를 청(淸)이라 고치고 황제국이 되어 조선에 군신
의 예를 행할 것을 강요하였다. 조선이 이를 거절하자 청나라가 침략한
것이다.[02]

　엄동설한인 1636년 12월 초하루에 청나라 황제 태종은 12만의 대군
을 이끌고 압록강을 넘어 조선을 침략하였다. 침략군의 질주는 가히 파
죽지세였다. 청나라군 선봉장 마부대(馬夫大)는 의주 부윤 임경업(林慶業,
1594~1646)이 굳세게 지키고 있던 백마산성은 격파하기 어렵다고 판단하

02　병자호란에 대해서는 한명기, 『병자호란』 1, 2, 푸른역사, 2013, 허태구, 『병자호란과 예, 그
리고 중화』, 소명출판, 2019 참조.

여 우회로로 서울을 향해 내달렸다. 이제 청군의 침공 길에는 거칠 것이 없었다.

청군이 압록강을 건넜다는 급보가 조정에 도착한 것은 의주 부윤 임경업과 도원수 김자점(金自點, 1588~1651)의 장계가 도착한 후였다. 이때가 12월 12일이었다. 급보를 받고 충격을 받은 조정 관료들이 허둥지둥하는 사이에 청군이 13일에 평양에 도착했다는 급보가 잇따라 도착하였다. 이튿날에는 청군이 이미 개성을 지났다는 개성 유수의 급보가 올라왔다. 조정에서는 강화도의 수비를 강화하는 한편으로, 원손과 세자빈, 둘째 왕자 봉림대군(鳳林大君)과 셋째 왕자 인평대군(麟坪大君, 1622~1658) 등을 강화도로 보내고 임금이 뒤따라 들어가려고 하였다. 그러나 임금이 강화도로 들어가려고 서두르는 와중에 청군이 이미 서울로 들어오기 시작하자, 할 수 없이 남한산성으로 들어갈 수밖에 없었다. 임금이 강화도로 들어갈 시간마저 없이 상황이 다급했기 때문이다.

청나라가 침입하여 서울로 진입할 무렵의 상황을 묘사한 기록을 한번 보기로 하자.

14일 오후 3시 즈음에 임금이 대궐로 돌아와 동현(銅峴)을 통해 수구문(水溝門)으로 나와서 광주산성(廣州山城)에 들어가려고 하였다. 이에 심기원(沈器遠)을 유도대장(留都大將)으로 삼았다. 도체찰사와 훈련대장 모두 병력이 산성으로 들어가야 한다고 아뢰니, 급박한 변란 소식에 귀를 기울일 틈도 없었다. 성안의 남녀가 물밀듯이 쏟아져 나왔고 노약자들은 맨발로 얼음과 눈에 넘어졌다. 개미처럼 들끓고 개구리처럼 울어대며 길을 막고 문을 메웠다. 동문으로 나선 자들은 험난한 곳을 의지해 충청도를 통해 강원도 방향으로 갔고, 일부 사람들은 영남으로 향하였다. 서문으로 나선 사람들은 인천과 남양을 통하여

바다를 따라서 갔고, 혹은 섬으로 들어갔다. 어떤 사람들은 호남으로 내려갔다.[03]

위의 기록에서 보는 것처럼, 청나라의 침략으로 수도 서울은 위로는 임금으로부터 아래로는 백성들까지 대혼란에 빠져 있었음을 알 수 있다. 도성을 빠져나가기 위해 아비규환의 사투를 벌여야 했다.

이때 김홍욱은 문과에 급제하여 관료의 길을 걷기 시작한 새내기 관료였다. 그는 흔히 한림으로 불리는 예문관 검열이었다. 임금의 말을 기록하는 사관(史官)으로 부르기도 하였다. 임금을 최측근에서 보좌하며 왕명을 기록하는 중요한 직책이다.

김홍욱은 1636년(인조 14) 12월 13일에 청군이 침략했다는 소식을 들었다. 이때 조정을 강화도로 옮기자는 논의가 시작되었다. 예문관 소속 아전이 김홍욱의 집으로 와서 이미 적군이 경기도에 이르렀다고 알렸다. 이때 김홍욱은 집에서 식사 중이었다. 그는 즉각 가족을 고향 서산집으로 보내고, 조정으로 나가 임금을 호종할 채비를 차렸다. 그때 황해도의 무사이자 체찰부 군관인 임항수(任恒壽)라는 자와 장정 5, 6인이 김홍욱을 찾아와서 도감군(都監軍) 2, 3백 명을 내어주면 죽기를 각오하고 싸우겠다고 하면서 평소 나라를 위해 죽기로 서로 맹세하였다고 말하였다.

이에 김홍욱은 이들을 장하게 여겨서 체찰사 김류(金瑬, 1571~1648)를 만나 뵙고 이들의 뜻을 전하였다. 김홍욱은 김류에게 말하기를, 적군이 이미 봉산(烽山)[04]에 이르러서 오늘이라도 서울에 들어올 것이라고 말하면서

---

03 『南漢日記』, 「江都錄」, 장서각 소장.
04 은평구 구산동과 경기도 고양시 경계에 있는 산이다. 산 정상에 봉수대가 있어 봉산으로

강화도로 들어가는 일도 장담할 수 없는 화급한 상황이므로, 죽음을 각오한 이들에게 군사를 내어주자고 하였다. 체찰사 김류는 말로는 그러자고 하면서 별다른 지시를 내리지 않았다.

이에 김홍욱은 체찰사의 주저함을 탓하고는 임항수 등을 뜰에 불러세우고 큰소리로 격려와 응원의 말을 하였다. 그러나 병조판서 이성구(李聖求, 1584~1644)도 안된다고 하였다. 김홍욱은 내관을 만나서 임금께 아뢰라고 하였다. 내관이 "한림 김모의 말씀으로 아뢰겠다."라고 하면서 임금께 아뢰었고, 드디어 임금의 윤허를 얻어내었다.

김홍욱이 빈청으로 돌아와 임금이 허락하였다는 사실을 체찰사 김류에게 알렸다. 체찰사가 임항수에게 200여 명의 군사를 내주면서 요로에서 적을 막도록 하였다. 임항수가 거느린 군사는 사현(沙峴)[05]에 도착하여 골짜기에 매복하였다. 이때 적군 선발대장 용골대(龍骨大)는 수십 기의 군을 이끌고 이미 사현을 통과하였다. 본진은 뒤에 오면서 조선군의 매복이 있을 수 있다고 생각하여 홍제원에서 하루를 유숙하였다.

이때 적군이 유숙한 것은 아마도 임항수 군의 매복과 연관이 있지 않았나 생각한다. 하루를 유숙한 청군의 본진은 이튿날 연희궁 앞길로 들어왔다. 청군의 진입을 한 시각이라도 늦추는 것이 중요한 때에 임항수 군의 매복으로 적군의 진격을 하룻밤 동안 지연시킨 셈이다.

김홍욱은 남한산성으로 조정을 옮기는 과정에서 적지 않게 기여한 것

부른다.
05 서대문구 현저동에서 홍제동으로 넘어가는 고개, 모래내의 이름을 딴 모래제를 한자로 옮겨 사현(沙峴)이라 하였다.

으로 알려졌다. 임금이 강화도로 가는 게 결정되어 급히 준비하는데, 사복시 제조 이서(李曙, 1580~1637)가 짐을 운반할 마부가 준비되지 않았다면서 허둥지둥하였다. 이때 김홍욱이 나서서 병방(兵房) 승지 이경증(李景曾, 1595~1648)에게 시간이 화급하니 임금께서 먼저 출발하고 짐은 뒤에 운송하도록 아뢰라고 재촉하였다. 이경증이 임금께 아뢰었고, 임금이 윤허하여 간략하게 채비하고 출발하였다.

임금 일행이 숭례문 부근 수각교에 도착하니 경계하던 기병이 달려와서 적이 이미 벽제역에 도착하였고, 한 무리의 군사는 강화로 가는 길을 차단하였다고 아뢰었다. 이 말을 듣고 사람들의 낯빛이 모두 변하였다. 임금은 숭례문 누각에 올라가서 남한산성으로 갈 계획을 통고하였다. 이때 김홍욱이 아뢰었다.

> 비록 남한으로 갈지라도 적이 만약 뒤쫓는다면 어찌할 것입니까? 최명길과 이경직은 예전에 오랑캐 사자를 상대한 적이 있으니 낯이 익을 것입니다. 지금 이 두 신하를 파견하여 적군의 기세를 늦추고 그 틈을 타서 출발하면 도착할 수 있을 것입니다.[06]

임금도 최명길(崔鳴吉, 1586~1647)과 이경직(李景稷, 1577~1640)을 적진에 파견하라는 김홍욱의 건의에 따랐다. 임금의 행렬은 광희문(光熙門)을 나서 그날 늦게 남한산성으로 갔다.

임금 일행이 남한산성으로 들어갔으나, 대다수 신하는 강화도로 옮겨 가려는 생각을 버리지 않고 있었다. 특히 비변사에서 야음을 틈타 비밀

---

06 『학주선생전집』, 부록 권 4, 연보 상.

리에 임금을 강화도로 옮기려고 시도하였다. 그러나 눈길로 이동이 쉽지 않은 상황이었다. 임금이 남문으로 내려가다가 미끄러져 다치는 일이 벌어졌다. 또 적이 이미 성 아래까지 와 있는 상황이었다. 여러 신하가 계속 강화로 옮기라고 권유하였지만 임금이 응하지 않았다.

이때 김홍욱이 이도장(李道長, 1603~1644), 이지항(李之恒, 1605~1654)과 함께 임금 앞에 나아가 강화도로 옮기는 것은 좋은 방안이 아니라고 아뢰었다. 강화도가 지형상으로 방어하기가 낫지만, 지금 적들이 성 아래에 다가와 있고 민심이 흉흉한데, 임금이 성 밖으로 나선다면 예기치 않은 변고가 생길 수도 있다고 하였다. 그러므로 체찰사 이하 여러 장수들을 불러들여 성을 지킬 방법을 정하고 군사들의 마음을 안정시키는 것이 급선무이므로, 감히 옮기자고 하는 자가 있으면 극형으로 다스리라고 아뢰었다. 김홍욱이 말을 채 마치기도 전에 임금이 땅을 차고 일어서면서 "이 말이 매우 옳다."고 반복하였다.

김홍욱이 임금의 성지를 전하고 체찰사 이하 신료들은 들어오라고 독촉하였다. 그러면서 여러 사람에게 큰 소리로 말하였다.

> 성안에 많은 곡식이 있어서 몇 달은 버틸 수 있습니다. 강화도로 향한다면 위급함이 눈앞에 다가옵니다. 눈앞의 근심은 걱정하지 않고 어찌 몇 달 후의 일을 근심합니까. 이 성을 굳게 지키면서 근왕병이 달려오기를 기다린다면 어찌 포위를 풀 희망이 없겠습니까.[07]

---

07 『학주선생전집』, 부록 권 4, 연보 상.

이처럼 김홍욱이 강화도로 옮겨가는 일의 위험함과 남한산성 수성의 필요함을 간절하게 설명하였으나, 재신(宰臣)들은 아무 반응이 없었다. 아마도 재신들이 강화도로 옮기기를 고집한 이유는 강화도가 상대적으로 안전해서이기도 하지만, 그들의 가족이 이미 강화도에 대피한 경우가 적지 않았기 때문에, 가족의 안전을 위해서일 것이다. 김홍욱은 체찰사 김류에게 말하였다.

> 오랑캐가 비록 강화를 말하고 있으나, 그 속내는 성안으로 뛰어들어 승여(乘輿), 즉 임금의 가마를 탈취하려는 것입니다. 적들의 교활한 흉계를 분명히 알 수 있습니다. 공께서 군사 일에 전념하시어 계책을 내고 성을 지키소서.[08]

김홍욱의 이러한 건의에 김류는 "그럽시다. 그럽시다."를 반복할 뿐이었다. 이 일 후로 김류는 사람들에게 "김한림은 가장 강개한 사람이다."라고 말하였다. 이날 이후로 임금이 다른 논의는 하지 말고 성을 지킬 방책만을 꾀하라고 하면서 이 도둑을 물리치지 못하면 체찰사도 책임을 면치 못할 것이라고 경고하였다. 이제 강화도로 옮기는 논의는 더 거론되지 않았다.

조정에서는 남한산성을 지키면서 근왕병의 승전 소식과 같은 반전의 기회를 엿보고 있었다. 반면에 청군은 압도적인 무력으로 성을 포위하고 지구전을 펴면서 조선 조정이 스스로 항복하기를 기다렸다. 수성 초기에는 조정 내에서도 화의를 논의하는 가운데 항전하자는 의지가 팽배하였다.

---

08 『학주선생전집』, 부록 권 4, 연보 상.

남한산성 일부   경기도 광주 위치. 통일신라 때 축조한 산성, 사적 57호, 세계문화유산 등록. 조선시대의 대표적 산성으로
병자호란 때 국왕 인조와 신료들이 이곳에서 항전하였다. ©저자 촬영

17일에 김홍욱은 '화(和)'란 한 글자를 믿지 않는 것이 좋겠다면서 강
경론을 주장하였고, 이에 임금도 "나도 사실 화의를 믿지 않는다."라는
말로 화답하였다. 그러나 병조판서 이성구는 화의는 이미 정해졌다고 하
면서 화의를 기정사실로 여겼다.

김홍욱이 다시 "병사들이 모두 격동이 되어 있다."라고 말하면서 한번
해볼 만하다고 하였다. 18일에도 김홍욱은 교문(敎文) 가운데 화의를 말하
는 자는 용서할 수 없다는 뜻을 추가하자고 하여 관철하였다.

그러나 시일이 지나면서 날로 전황이 불리해지자 화의하자는 의견이
강력하게 제기되어서 저지할 수 없었다. 최명길이 청군에게 사례하는 글
을 짓자, 김홍욱은 유계(俞棨, 1607~1664)와 함께 임금 앞에 나가 이렇게 대
응하는 것은 항복하는 것과 마찬가지라고 하면서 화의 시도를 강력히 비
판하였다.

남한산성 수어장대　1624년(인조 2) 남한산성을 축조할 때 지은 4개의 수어장대 중에 유일하게 남아 있는 건물로, 팔작지붕의 목조 건물이다. 수어청의 장관들이 이곳에서 군사를 지휘하였다. 2021년 보물로 지정되었다. ⓒ저자 촬영

오랑캐가 조유(詔諭)라는 이름을 붙였으니, 그 형세는 아마도 양성(兩聖: 임금과 왕세자)께서 성에서 나오기를 요구할 것입니다. 전하께서는 이를 따르실 것입니까. 국서는 중지하고 몸소 성문에 나아가 오랑캐 글을 불사르십시오. 그리고 신민에게 죽음을 무릅쓰고 지키겠다는 의리를 알린다면 회복할 가망이 있을 것입니다.[09]

　임금은 김홍욱과 유계의 강력한 건의에 대해 "젊은 무리가 멀리 내다보지 못하고 오늘의 근심을 가져왔다. 그대들은 다시 많은 말을 하지 마라."라는 경고와 함께 묵살하였다. 사람들이 모두 김홍욱의 충정에 감복하였으나, 항복의 논의가 이미 정해졌기 때문에 그 이상은 어찌할 수 없

---

09 『학주선생전집』 부록 권 4, 연보 상.

는 일이었다.

김홍욱이 병자호란 때 신진 관료로서 왕을 호종하여 남한산성에 들어가는 과정에서 나름의 역할을 하였고, 남한산성에 들어간 이후에는 강화도로 옮기는 데 반대하였으며, 화의론을 배격하고 수성을 강력하게 내세웠던 사실은 기존에 잘 알려진 내용이 아니다.

병자호란 당시 주전파였던 김홍욱이 어쩔 수 없이 청나라와 강화해야 하는 상황에 대해서 심경을 표현한 자작시 한 편을 소개한다.

오랑캐 사자가 의주로 건너왔다는 말을 듣고	聞胡使渡灣
서쪽에서 오는 소식 반은 거짓이라지만,	西來消息半傳訛
들으니 오랑캐 수레가 압록강을 건넜다 하네.	聞說氈車已渡河
강화가 하늘의 뜻인 것은 알겠으나,	和好足知天意在
교만은 오랑캐에게 어이할 것인가.	驕矜無奈虜人何
충신은 진(秦)나라 정장(庭墻)에서 통곡한 일을 본받지 못하고,[10]	忠臣未效秦庭哭
장사는 부질없이 역수의 노래만 부르네.[11]	壯士空吟易水歌
오늘의 계책 일찍이 정해야 하는데,	今日謀猷宜早定
망할진대 오직 크고 날카로운 칼이 있을 뿐이라네.	等亡惟有劍橫磨

---

10 진나라 정장에다 통곡한 일: 춘추시대 초나라의 오자서(伍子胥)가 오나라의 군사를 이끌고 나라를 전복하자, 신포서(申包胥)가 진나라 궁정의 담에 기대어 7일 동안 통곡하여 드디어 구원병을 얻어 나라를 구해오기를 기대했다는 고사이다(『좌전』 정공 4년).

11 역수의 노래: 연(燕)나라 태자 단(丹)이 형가(荊軻)에게 청해 진시황을 죽이려고 보낼 때 역수에서 전송하였는데, 형가는 역수가(易水歌)를 부르고 떠났다(『사기』 86).

김홍욱은 청나라가 항복을 요구하며 강압적으로 강화를 요구해오는 현실을 보고도 아무것도 할 수 없는 안타까운 자신의 처지를 이 시를 지어 표현하였다. 조선이 명나라에 원병을 요청하려고 하여도, 명나라도 스스로 보전을 장담하기 어려운 상황이었다. 그러므로 우리의 힘으로 국방을 키우고 대비했어야 했는데, 현실은 그렇지 못하여 항복하는 상황에까지 내몰린 것을 한탄하였다. 그러면서도 오직 크고 날카로운 칼이 있을 뿐이라면서 기개를 내보이고 있다.

김홍욱은 병자호란이 일어나자 신진 관료로서 임금을 호종하였고, 비록 항복으로 끝나긴 하였지만, 청군과 대적하는 데 앞장섰다.

『승정원일기』에 따르면, 검열 김홍욱은 1637년(인조 15) 2월에 병자호란 때 인조를 호종한 일을 인정받아 『호종록(扈從錄)』에 올랐다. 병자호란 때 김홍욱의 공로를 공식 인정한 것이다.

큰형의
유해를 찾다

병자호란은 조선에 치명적 후유증을 남겼다. 전쟁으로 인한 전사, 살상, 인질과 같은 인명 피해나 경제 수탈, 토지 황폐화 같은 경제적 피해, 백성들의 공포심 조장과 이로 인한 정신적 충격 같은 다른 전란에서도 볼 수 있는 전형적 피해가 재현되었다. 조선왕조는 임진왜란을 겪은 지 채 1세기도 되기 전에 또다시 대규모의 전란을 경험한 것이다.

특히 정치적으로는 인조가 굴욕적으로 항복 의식을 거행하였다. 이 의식을 통하여 지금까지 오랑캐로 치부해왔던 청나라와 군신 관계를 맺었다. 우리는 제후국이 되고 청나라가 황제국이 되었다는 뜻이다. 소현세자와 봉림대군이 청나라 심양으로 인질이 되어 떠나갔고, 김상헌(金尙憲, 1570~1652)과 삼학사(三學士)를 비롯한 척화파 신하들뿐만 아니라 강화를 주도한 최명길(崔鳴吉, 1586~1647)마저 청나라로 잡혀갔다.

김홍욱 집안도 감당하기 어려운 슬픔을 겪어야 했다. 병자호란 중에 그의 큰형 홍익(弘翼)이 전사한 것이다. 연산 현감 김홍익은 관찰사 정세규(鄭世規, 1583~1661)가 이끄는 광주(廣州)의 험천(險川) 전투에 참여하였다가 전사하였다. 정조 때 기록에 의하면, 연산 현감 김홍익이 관찰사 정세규를 따라 근왕의 길에 올라 험천에 진을 치고 칼날을 무릅쓰고 적을 꾸짖으며 전투에 임하다가 전사하였다고 한다.[12]

비변사의 건의로 조정에서는 김홍익에게 표창하고 증직을 내렸다. 이후 김홍익을 정려하였다. 그리고 영조 때에 김홍익은 전망인(戰亡人)으로 뽑혀 나라에서 직접 제사하였다. 정조 때는 김홍익의 손자가 벼슬이 없으므로 초사(初仕)에 차차 수용하라고 하였다. 그리고 김홍익에게 이조판서를 증직하였고, 충민(忠愍)의 시호를 내렸다. 순조 때에는 그 후손에게 벼슬을 내렸다.

큰형 김홍익이 전사했다는 소식은 김홍욱의 집안에 그야말로 청천벽력과 같은 충격을 가져왔다. 연로하고 평소 건강이 좋지 않은 부모님이 장남의 전사 소식을 듣고 식음을 전폐하고 드러누운 것이다. 김홍욱은 부모님을 간호하고 위로해드려야 했으나, 조정에서 벼슬을 하고 있던 처지라 서울을 떠나기가 쉬운 일이 아니었다. 그래서 조정에서의 비난을 무릅쓰고 '걸군'까지 해야 했다.

김홍욱은 전사한 큰형 홍익의 시신을 찾아 동기로서의 우애와 도리를 다하고 실의에 빠진 부모님을 조금이라도 안심시켜 드리고자 했다. 그리하여 김홍욱은 큰형이 전사한 지 약 3개월 만에 그 시신을 찾기 위해 전장이었던 광주의 험천으로 직접 가서 며칠 간의 수색 끝에 유해를 수습하였다. 그리고 큰형 홍익을 고향 서산에 장사지냈다.

---

12 『정조실록』 권 33, 정조 15년 11월 20일, 신묘 3번째 기사.

김홍익의 묘 김택모 제공. 충청도 서산 소재. 김홍욱 큰형의 묘이다. 연산 현감이었던 김홍익은 병자호란이 일어나자 충청도 관찰사 정세규와 함께 광주의 험천 전투에 참전하였다가 전사하였다. 이조판서에 증직되었고, 충민(忠愍)의 시호를 받았다.

김홍욱은 큰형이 순절한 곳을 지나다가 격정에 겨워서 시 한 수를 지었다.

글썽이는 피눈물 옷에 가득 찼으니,	汪汪血淚滿衣裳
곡을 마치자 가을 산이 햇빛에 누렇더라.	哭罷秋山日色黃
모래 위 할미새[13] 울음 끊어졌고,	沙上鶺鴒聲斷絶
하늘가 기러기 그림자 처량하구나.	天邊鴻雁影凄涼
부자의 사사로운 정 도탑지 않음이 없으련만,	非無父子私情篤
어쩌다 군신의 대의를 잊으리오.	爭奈君臣大義忘

---

13 형제를 상징하는 새를 말함.

이튿날 아침 말을 몰아 호외로 나가며,　　　　　　　　　明發征驂湖外路

흰 구름에 머리 돌리니 다시 망망하구나.　　　　　　　白雲回首更茫茫

선조 김자수의
유적을 찾다

　김홍욱에게는 자신의 가문과 조상에 대한 적지 않은 자부심이 있었던 것 같다. 이를테면 김홍욱은 그의 8대조인 상촌(桑村) 김자수(金自粹, 1351~1413)에 대한 자부심을 갖고 있었다.

　김자수는 고려 때 명신이다.[14] 그는 경상도 안동에 살면서 효자로 정려를 받았다. 1374년(우왕 즉위년)에는 문과에 장원급제하였고, 벼슬이 충청도 관찰사에 이르렀다. 그는 포은 정몽주(鄭夢周, 1337~1392), 가정 이곡(李穀, 1298~1351), 목은 이색(李穡, 1328~1396)과 같은 당대의 쟁쟁한 인물들과 교제하였다. 그러다가 고려말에 혼탁한 정치에 실망하여 고향으로 돌아갔다.

　조선 태종 때 김자수는 영남에서 행차하여 광주(廣州)의 남쪽 마을 추령(秋嶺)에 도착했을 때 탄식하며 다음과 같은 말을 남겼다.

14　상촌 김자수에 대해서는 박한남, 「고려말 상촌 김자수의 생애와 정치활동」, 『상촌 김자수와 그 후예』, 상촌사상연구회, 2003 참조.

신하가 되어 나라를 위해 죽는 것은 의리이다. 내가 평생 충효에 힘써 왔는데, 조정에서 효로써 우리 집 문에 정려하였다. 충이란 효를 옮긴 것인데, 이제 절개를 잃는다면 무슨 면목으로 지하에서 군부를 뵙겠는가.[15]

상촌 김자수는 이와 같은 말로 자신의 심경을 피력하였다. 이어서 "나의 죽음은 스스로 신하의 도리를 다하는 것일 뿐이다."라고 자손에게 유언하고 나서 자결하였다고 한다. 두 조정을 섬기지 않겠다는 의리를 분명히 한 것이다. 그의 유언에는 또 "죽은 뒤에 무덤가는 길에 비석을 세우지 마라. 그리고 나는 여기서 죽으니, 이곳에서 장사를 지내라."는 내용도 있었다고 한다. 그러므로 자손들은 추령에서 장사를 지내고 비석도 세우지 못하였다.

후에 후손들이 자금을 갹출하여 비석 건립을 추진하였다. 그러나 임진왜란으로 말미암아 비석 건립은 완성하지 못하였고, 상촌 김자수의 사적은 서서히 묻혀 갔다. 김홍욱의 부친 김적(金積, 1564~1646)은 늘 상촌 김자수 비석이 없는 것을 안타까워하면서 자손의 수치라고 하였다. 그러면서 홍욱에게 훗날에 "네가 비석 건립에 힘쓰라."고 당부하였다. 김홍욱은 아버지의 이러한 전언을 마음에 간직하고 잊은 적이 없었다.

김홍욱의 아버지 김적은 안기찰방으로 재직할 때인 1611년(광해군 3) 안동 남문 성 아래 풀더미 속에서 효자비를 찾아내었다. 그는 효자비를 깨끗이 닦은 다음에 다시 세웠다. 그리고 한 칸짜리의 집을 지어서 비를 보호하였다고 한다.

---

15 『학주선생전집』 권 8, 묘갈 1수, 8세조 상촌공 묘갈명 병서.

이후 1640년(인조 18)에 김홍욱이 경차관(敬差官)으로 경상도에 갔을 때 안동에서 상촌 김자수를 정려(旌閭)한 내용 등이 담겨 있는 효자비를 찾았다. 그러나 효자비를 보호하기 위해 김적이 지은 집은 이미 부서져서 남아 있지 않았고, 비석은 가시덤불 안에 쓰러진 채 있었다. 김홍욱은 주위를 깨끗이 정리하고 쓰러진 비를 닦았다. 그러고 나서 그는 감동에 겨워 상촌 김자수를 추모하는 시 한 편을 지어서 안동부 동헌의 벽 위에 매달았다.

선조의 명성 한때 제일이었으니,	先祖名聲冠一時
늠연한 자태 송백과 설상 같았네.	凜然松柏雪霜姿
고려조에 충신의 절의를 다하였고,	前朝自盡忠臣節
후세에 오히려 효자비를 전하였네.	後世猶傳孝子碑
추령 길 가 옛 무덤을 쳐다보고,	秋嶺路傍瞻古墓
화산 성 밖 옛 터전을 물었다네.	花山城外問遺基
지나가는 이 날의 무궁한 뜻은,	經過此日無窮意
말에서 내려 머뭇거리니 눈물이 흐르네.	下馬蜘蛛涕淚垂

김홍욱은 고려말에 충절을 지킨 상촌 김자수가 자신의 선조라는 사실에 대단한 자부심을 지니고 있었다. 그리하여 그를 마음으로 존숭하였고, 자신의 우상으로 생각하고 있었다. 그는 고려 말에 절의를 지키다가 죽은 신하가 포은 정몽주와 야은 길재 등 몇 분밖에 없다고 생각하는데, 상촌 김자수의 충절도 그들과 비교해 모자라지 않다고 말하였다. 그리하여 알려지지 않은 사실을 밝히고 큰 업적을 드날리게 하는 것이 자손의 도리라고 말하였다.

김자수의 묘 경기도 광주 소재. 경기도 기념물 98호. 김자수는 김홍욱의 선조로 자는 순중(純仲), 호는 상촌(桑村)이다. 고려조에서 충청도 관찰사 등을 역임하였다. 조선 태종 때 벼슬을 내렸으나 받아들이지 않고, 광주 부근에서 자결하였다. ⓒ저자 촬영

김홍욱은 광주의 추령에 있다고 전해지는 상촌 김자수의 묘를 직접 찾아보고 싶었다. 1649(인조 27)년에 김홍욱은 광주에 가서 추령을 수소문하였고, 우여곡절 끝에 선조인 상촌 김자수의 묘소를 찾았다. 묘소는 관리가 안 되어 거의 방치되어 있었다. 그는 묘소가 방치되고 비석도 없음에 자손의 수치라고 하면서 안타까워하였다.

그나마 세월이 흐르고 세대가 바뀌면서 분묘의 소재를 알지 못하게 될까 봐서 우려하였는데, 지금 장소를 알게 되어 다행이라고 하였다. 산언덕의 형세와 주위에 흩어져 있는 여러 묘소의 소재를 자세히 기록해 둬서 후손들에게 알려줘야겠다고 하였다.

이제 김홍욱에게 남은 것은 상촌 김자수의 비갈을 세우는 일이었다. 이 일은 부친의 당부이기도 하였다. 마침 김홍욱은 충청도 관찰사에 제수

김자수의 신도비 경기도 기념물 98호, 채유휴가 글을 짓고 윤용구가 글씨를 썼다. 전액은 후손 김문제의 글씨이다. ©저자 촬영

되었다. 김홍욱은 이 기회에 비갈을 세우는 일을 추진하였다. 그는 1652년(효종 3)에 충원(忠原)에서 돌을 마련하고 강을 따라 운반하여 상촌 김자수의 묘소에 비갈을 세우고 그의 행적을 기록하였다.[16]

김홍욱이 상촌 김자수의 비갈을 건립한 일은 그로서는 부친의 명을 완수한 것이요. 자신의 우상이라고 할 수 있는 선조인 상촌 김자수에 대한 효의(孝義)를 다한 것이다. 아래는 김홍욱이 상촌 김자수의 비갈을 건립하면서 지은 묘갈명 중 일부이다.

충과 효는,	惟忠與孝
임금을 섬기고 부모를 섬기는 것으로,	事君事親
모든 행실의 으뜸이고,	百行爲首
인간의 큰 윤리이다.	人之大倫
이를 모아 아름다움을 이루는건,	集此成美
세상에 흔치 않은 일이다.	世罕其人
효에는 힘을 다하고,	孝則竭力
충에는 몸을 내던졌으니.	忠而殺身
아! 아름답다. 열렬한 선조시어,	於休烈祖
그 광채 빛나지 않으랴.	不顯其光
죽음은 나의 본분으로서,	死自吾分
나라가 망하자 함께 망하였으니.	國亡與亡

---

16 김홍욱의 14대 종손 김택모씨에 의하면, 비명을 돌에 각자하였으나, 상촌 김자수의 유훈에 따라 세우지 못하고 묘하에 묻었다고 한다.

구천에서 눈을 감았어도,   瞑目九原

웃음 머금은 채 아무 말씀 없으시네.   含笑無言

마음에 아무 부끄러움이 없으니,   於心不惡

알아주지 않은들 무슨 아쉬움이 있으랴.   不知何傷

삼사(三司)에서 언관의 명성을 얻다

－언로가 열려야 나라가 선다－

학주 김홍욱 평전

과거에 합격하고
사관으로 관료의 길을 걷다

    김홍욱은 1602년(선조 35)에 서울에서 태어났다. 어렸을 때부터 총명했다는 일화가 전한다. 김홍욱이 어릴 때 동네 아이들과 뛰어놀고 있었는데, 월사(月沙) 이정구(李廷龜, 1564~1635)가 홍욱의 부친을 돌아보며 "이 아이의 기상이 뛰어나서 군계일학이라고 할 수 있으니, 훗날 큰 그릇이 될 것이오."라고 칭찬하였다. 김홍욱 집안은 외가로 이정구와 인척이다.[01]

    이정구는 형조판서, 병조판서, 우의정, 좌의정 등 고위 관직을 지낸 관료이다. 특히 글씨와 문장이 탁월한 당대의 대문장가였다. 아울러 명나라의 사신 송응창(宋應昌)에게 경전 강의를 할 정도로 한문학의 대가로 알려졌다. 그는 명나라에서도 명망가로 대우받았기 때문에 명과의 외교에 중요한 역할을 하였다.

---

01 김적 어머니의 외삼촌이 이정구의 부친인 이계이다. 김적은 이정구와 함께 이계에게 글을 배웠다.

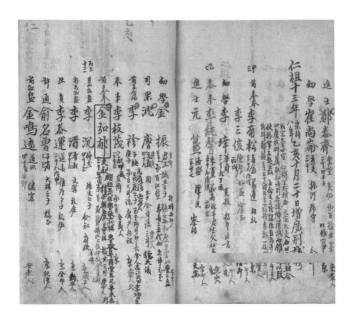

숭정 을해 증광문과방목 김택모 소장. 한국학중앙연구원 장서각, 『선비가의 여경』, 2006, 56쪽.
1635년(인조 13) 증광문과 합격자 명부이다. 동년록(同年錄)이라고도 한다. 증광시는 나라에 경사가
있을 때 시행하는 별시 중 하나이다. 1635년 증광문과에는 51명이 합격하였는데, 김홍욱은 전체 석
차 10위인 을과 7인으로 합격하였다.

김홍욱은 1618년(광해군 10)에 동복 오씨와 혼인하였다. 이후 김홍욱은
처조부인 만취(晩翠) 오억령(吳億齡, 1552~1618)에게 수학하였다. 문장과 글씨
에 능하였다고 알려진 오억령은 병조참판, 대사성, 대사헌, 형조판서, 개
성 유수 등을 지낸 명망가였다.

김홍욱은 1623년(인조 1) 8월에 증광 진사과에 합격하였다. 그러나 고
시에 비밀 유지가 되지 않았다는 이유로 시험이 무효가 되었다. 이해 10
월에 생원과와 진사과의 초시에 다시 합격하고, 이듬해 8월에 생원과 진
사 복시에 모두 합격하였다. 1630년(인조 8)에는 별시 문과 초시에 합격하
였다. 1631년 헌릉 참봉에 제수되었으나 나가지 않았다. 이때가 홍욱의

김홍욱의 문과 급제 시권 김택모 소장. 『선비가의 여경』 57쪽. 김홍욱의 문과급제 시권 중 일부이다. 김홍욱은 1635년(인조 13)에 34세의 나이로 증광 문과 전시에 합격하여 중앙의 주요 관직을 역임하기 시작하였다.

나이 30세였다.

드디어 1635년 10월에 증광 전시에 합격하였다. 이때 그의 나이 34세였다. 문과에 급제한 김홍욱은 승문원 권지부정자, 예문관 검열, 세자시강원의 겸설서로 임용되면서 본격적인 정통 관료의 길로 들어섰다.

김홍욱은 관료의 길로 나서자마자 중요한 직책을 맡았다. 특히 김홍욱이 예문관의 검열을 맡은 것은 주목할만하다. 예문관에는 봉교(정7품) 2명, 대교(정8품) 2명, 그리고 검열(정9품) 4명이 있다. 이들은 흔히 사관(史官)으로 불린다. 특히 이들 8명을 한림(八翰林)으로 부르며 격조 있게 대우하였다. 왕의 언사와 행적의 일거수일투족을 기록하는 자리이기 때문이다. 그

창덕궁 예문관 건물 예문관은 흔히 한림원이라고도 한다. 국왕의 말이나 명령을 담은 문서의 작성을 담당한다. 봉교 이하를 한림이라고 하는데, 기사관을 겸직하였다. ⓒ저자 촬영

리고 이들은 상번과 하번으로 나누어 좌사(左史)와 우사(右史)로 삼았으며, 역사편찬을 담당하는 춘추관의 기사관(記事官)을 겸하였다.

그러므로 예문관의 검열 직은 통상 문과에 합격하고 가장 촉망받는 신예 관료가 차지하였다. 예문관 검열은 기사관을 겸직하고 임금 측근에서 근무하였기 때문에 매우 중요하면서도 바쁜 직책이다.

그런데 김홍욱에게는 중요한 직책 하나가 더 주어졌다. 왕세자교육을 담당하는 세자시강원(世子侍講院)의 겸설서(兼說書) 자리가 그것이다. 겸설서는 정7품의 관직으로 통상 홍문관의 정7품 박사나 예문관의 봉교가 겸직하였으나, 정9품 검열인 김홍욱이 맡게 된 것이다.

흔히 겸설서는 서연에서 경서와 사적의 강독, 동궁의 기록 업무를 담당한다고 알려져 있다. 그러나 김홍욱의 사례로 보면 실제로 그 임무는 광범위하고 중요하였다. 특히 왕이 능에 행차할 때 따라가거나 왕실 제사에도 참여하였다. 이를테면, 김홍욱은 왕세자의 장릉 참배에 따라나섰고, 인조비 인열왕후의 혼전인 숙녕전(肅寧殿) 제

사에도 참석하였다. 이에 김홍욱은 제사 참여 등으로 겸설서 본연의 일인 서연에 빠지는 일이 자주 발생하고 있다면서 직무를 바꿔 달라고 상소하는 일도 있었다.

김홍욱은 예문관의 검열, 춘추관의 기사관으로 그리고 세자시강원의 겸설서로서 바삐 활동하다가 병자호란을 맞았다. 그리고는 인조를 호종하여 남한산성에 들어갔다. 이곳에서 신진 관료의 패기를 내세우며 청나라 군에 강경하게 맞설 것을 주장하였다. 김상헌(金尙憲, 1570~1652), 정온(鄭蘊, 1569~1641) 등과 같은 주전파의 일원으로 대청 강경론을 주장하였다.

김홍욱은 병자호란 후인 1637년 2월에 예문관 대교에 임용되었다. 같은 해 7월에 그는 강원도 암행어사에 임명되었다. 그는 8월에 암행어사로서 수행한 임무를 보고서로 작성한 서계(書啓)를 올려서 조정의 주목을 받았다.

삼사에서
언관으로 성장하다

　김홍욱은 병자호란 후에 강원도 암행어사로 민생을 살피고 귀경한 후부터는 주로 삼사에서 봉직하였다. 사헌부·사간원·홍문관의 삼사는 크게 언론을 관장하는 기관이라고 할 수 있다. 이 가운데 사헌부와 사간원을 양사라고 하는데, 이들 두 기관의 관원을 대간(臺諫)이라고 한다. 두 기관의 관료들이 함께 상소를 올리면 양사 합계(合啓)라고 한다. 여기에 홍문관이 합세하면 삼사 합계가 되는 것이다. 이 삼사의 관직은 청직(淸職)이라고 하여 대단히 명예로운 자리이며, 향후 큰 변수가 없는한은 고위 관료로 승진할 수 있는 출세가 보장된 자리로 인식한다.

　사헌부는 흔히 백부(柏府), 상대(霜臺) 등으로 부르기도 하는데, 주로 시정과 풍속, 관리의 규찰 등을 담당하며 관원의 자격을 심사하는 인사행정도 담당한다. 사간원은 흔히 간원(諫院)이라고 한다. 국왕에 대한 간쟁, 관료의 탄핵, 정치나 인사 문제 등도 관여한다. 홍문관은 옥당(玉堂)으로도 불리며, 주로 언론과 학술을 담당한다.

　이들 세 기관, 즉 삼사는 각각의 업무가 규정되어 있으나, 실제로는 국정 전반에 대한 언론 활동을 담당하며, 때로는 각자가 때로는 연합하여서 서슴없이 국왕에게 간쟁하고 판서나 대신 같은 고위 관료들을 주저 없이 탄핵한다. 이 때문에 국왕이나 고관들과 마찰이 생기는 일이 비일비재하였다. 그러므로 조선시대는 삼사와 국왕, 또는 삼사와 고관들의 대립과 견제를 통해 국정을 운영해나간 것이다.

김홍욱은 삼사에서 근무하면서 주요 보직을 섭렵하였지만, 그중에서도 홍문관에서 가장 오래 근무하였다. 홍문관 부수찬, 수찬, 부교리, 부응교, 응교 등 관직을 두루 맡았다.

김홍욱이 삼사의 관직에 임명되면서 나름의 큰 뜻과 포부가 있었을 터인데, 그의 삼사 생활은 처음부터 순탄하지 않았다. 앞에서 자세히 언

창덕궁 홍문관 건물　홍문관은 삼사 중의 하나로 흔히 옥당이라고 한다. 주로 언론과 학술을 담당하였다. 김홍욱은 삼사 중에서도 홍문관에서 가장 오래 근무하였다. ©저자 촬영

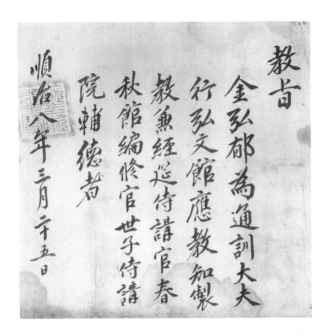

홍문관 응교 교지 김택모 소장. 『선비가의 여경』, 62쪽 1651년(효종 2), 정4품 관직으로 동
벽(東壁)의 일원으로서, 홍문관의 실무를 총괄하며, 경연관(經筵官)의 일원이 되기도 하였다.
교지에서처럼 지제교와 경연의 시강관, 춘추관의 편수관, 세자시강원의 보덕을 겸하였다.

급하였지만, 부모님의 병환 때문에 관직 생활에 매진하기 어려운 상황이
었기 때문이다.

　1637년(인조 15) 10월 그가 사헌부 지평 때 80세에 가까운 부모님의 병
환이 위중하여 사직상소를 올려서 간호에 전념하겠다는 뜻을 밝혔다. 그
러나 조정에서는 그에게 부수찬, 전적, 정언의 관직을 잇따라 내리며 서
울에 올라오라고 재촉하였다. 아마도 김홍욱은 같은 해 12월에 서울에
온 것 같고, 이때 사간원 정언과 홍문관 부수찬을 역임하게 되었다.

　그런데 김홍욱은 홍문관의 부수찬, 수찬을 역임하면서 양사, 즉 사헌
부와 사간원의 대간들과 갈등을 빚었다. 양사에서는 김홍욱을 탄핵하며

파직하라고 하였다. 처음에 사헌부에서 김홍욱이 정언에 제수되었을 때 서경(署經)이 있을 것을 알면서도 회피하였다고 하면서 파직하라고 건의하였다. 김홍욱은 이 일로 말미암아 관직이 교체되었다.

그러나 김홍욱은 곧 홍문관 부수찬에 제수되었다. 사간원에서는 김홍욱이 탄핵하는 글이 마르기도 전에 청반에 제수되었다면서 비판하였다. 즉, 김홍욱이 부수찬에 제수되었으면, 반성하고 공의를 기다려야 하는데 그렇지 않았다는 것이다. 그리고 김홍욱은 자신을 탄핵한 대간을 처치하였다고 비판하면서, 염치가 없다고 하였다.

아울러 사간원에서는 김홍욱이 고향의 지방 수령을 자원하여 공의를 무시하고 거리낌 없이 행동한 죄를 다스려야 한다면서 파직하라고 요청하였다. 이에 대해 임금은 김홍욱이 공무를 행해도 무방하다는 답을 내렸다.[02]

사간원에서는 김홍욱이 공의를 무시했음에도 임금이 "공무를 행해도 무방하다."라는 비답을 내린 것은 의아스럽다면서 다시 한번 파직하라고 주장하였다. 그러나 임금은 이번에도 번거롭게 하지 말라고 하면서 사간원의 요청을 받아들이지 않았다.[03]

김홍욱도 이에 대해 반론하였다. 그는 대간을 설치한 목적부터 말하였다. 이 대목은 김홍욱의 대간을 보는 원론적 시각과 함께 그의 철학을 말한 것이므로 중요하다고 생각하여 다음과 같이 인용한다.

---

02 『승정원일기』 62책, 인조 15년 12월 20일 갑인.
03 『승정원일기』 62책, 인조 15년 12월 21일 을묘.

대간의 설치 목적은 임금의 이목이 되라는 것이니, 옳고 그름을 주장하고 어질고 간사한

자를 분별하며, 논의 때에는 지극히 공정하게 하기를 힘쓰는 것이 바로 그 직분입니다.

혹시라도 한쪽에 편중됨으로써 혼란을 일으키려고 한다면 간관의 이름을 지니고 어찌

감히 하루라도 재직할 수 있겠습니까.[04]

김홍욱은 위와 같이 대간의 직분을 설명하고 이를 어긴다면 대간직에 종사할 수 없다고 하였다. 김홍욱의 이 글은 대간을 논한 일반적인 견해라고 할 수 있기는 해도 그가 삼사에 근무하면서 지키고자 하는 수칙이자 스스로 다짐을 한 것이다.

이어서 김홍욱은 자신의 처리한 일과 탄핵받은 내용에 대하여 조목조목 해명하였다. 그러면서 대간은 시비곡직이 어떠한지를 살펴야 하며, 대각(臺閣)에서 처치하는 것은 공정함을 다하고 여론에 부합되게 결정하여서 뒷말이 없게 하여야 하는데, 그렇지 못하다고 하였다. 이에 대해 지평 이도장(李道長, 1603~1644)이 김홍욱을 파직하라고 하였으나, 임금은 대답하지 않았다.[05]

그리고 홍문관 수찬 김홍욱은 대평(臺評)을 받은 상황이었기 때문에 자신의 관직을 삭탈하라고 상소하였다. 여기에는 어머니의 병환이 심해진 것도 상소의 큰 이유가 되었다. 임금은 사임하지 말고 직분을 다하라고 답하였다.

---

04 『인조실록』 권 37, 인조 16년 7월 5일 병인 1번째 기사.
05 『인조실록』 권 37, 인조 16년 7월 5일 병인 1번째 기사.

'걸군'으로
갈등을 겪다

　김홍욱은 이 무렵 부모님의 간병을 위해 고향으로 돌아간 것으로 보인다. 1638년(인조 16) 3월에 김홍욱에게 사헌부 지평 관직을 내렸을 때 '재외'라고 기록되어 있으므로 고향에 있었고, 같은 해 4월에 홍문관 부수찬 관직을 내렸을 때는 고향 서산집에 머무르고 있었다.[06] 이 무렵에 홍문관에서 김홍욱에게 하유하여 경연의 일이 많으므로 빨리 올라오도록 계를 내려달라고 청하였다. 김홍욱은 이때 귀경한 것 같다.

　서울로 올라온 김홍욱은 경연에 참석하면서 홍문관의 직임과 검토관으로서 경연에 참석하다가 당진 현감에 제수된 것으로 보인다. 김홍욱이 '효와 충'의 갈등 끝에 '걸군'을 하였고, 조정 신료들의 거센 반발에도 불구하고, 임금이 그를 당진 현감으로 임명한 것이다. 걸군은 부모를 봉양하기 위해 고향의 수령으로 나가길 임금에게 요청하는 것이다.

---

06 『승정원일기』 64책, 인조 16년 3월 25일 무자, 4월 27일 경신.

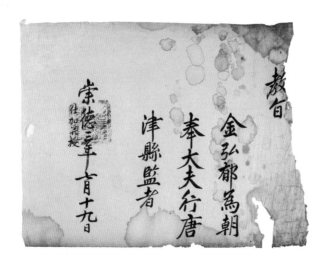

당진현감 교지 김택모 제공. 김홍욱은 노부모를 봉양하기 위해 걸군을 통해 당진현감이
되었다. 이 과정에 삼사에서 많은 논란이 일었다.

1638년(인조 16) 7월에 김홍욱이 당진 현감에 제수되자 사헌부에서는
재차 김홍욱을 탄핵하였다. 먼저 사헌부 장령 유석(柳碩, 1595~1655)이 상소
하였다. 김홍욱은 양친이 생존해 계신 데 '걸군'을 하였고, 승정원에서는
계를 들였으며, 담당 관청인 이조에서는 시행을 허락하였으니, 김홍욱을
파직하고 관련자들을 추고하라고 주장하였다. 이에 임금은 김홍욱의 부
모는 장수를 누려 인간사에 드문 일이므로 법례는 아니나 실정을 볼 때
용서할만하다고 하였다. 단, 해당 승지는 추고하라고 하였다.[07]

대사헌 김영조(金榮祖, 1577~1648)와 사헌부 관료들이 김홍욱의 일로 사
적인 일이 공적인 일보다 우선하여서 법과 기강이 해이해졌다면서 김홍

07 『승정원일기』 65책, 인조 16년 7월 23일 갑신.

김홍욱의 서산 본가 충청남도 서산시 한다리 소재. 김홍욱의 14대 종손 김택모씨에 의하면, 김홍욱과 그 종손들이 이 가옥에서 거주하였다고 한다. 이 가옥은 현재 충청남도 기념물 68호(정순왕후 생가)이다. ©이병유 촬영

욱을 즉각 파직하라고 주청하였다. 이에 임금은 김홍욱을 추고하라고 답변하였다.[08] 사헌부에서는 다시 한번 김홍욱의 파직을 요청하였으나, 임금이 윤허하지 않았다.

이처럼 김홍욱의 삼사 생활은 순탄하지 않았다. 그 이유는 무엇보다도 그의 성격이 유연한 타협보다는 원칙을 지키려는 성향이 강했기 때문으로 보인다. 그러므로 동료들과도 타협보다는 옳고 그름을 먼저 따지게 되었고, 이것이 종종 갈등으로 이어졌던 것 같다.

또 하나는 고향 서산에 계신 연로한 부모님을 모시는 일 때문에 삼사의 업무에 집중할 수 없었기 때문이다. 그리하여 김홍욱은 걸군하여 고향

---

08 『승정원일기』 65책, 인조 16년 7월 24일 을유.

인근에서 부모님을 모시려고 한 것이다. 원래는 결군하여 고향으로 가서는 안 되는 일이었다. 이걸 모를 리 없는 김홍욱이 결군한 것은 그만큼 연로한 부모님을 돌보는 일이 절박했기 때문이다.

그리하여 김홍욱은 원칙에 부합하지 않음을 알면서도 충과 효의 갈림길에서 효를 택하지 않을 수 없었다. 임금도 그의 처지를 이해하였기에 그에게 당진 현감을 제수하였다. 이 일로 김홍욱은 사헌부와 사간원의 공세를 받았다. 어쨌든 이 일은 김홍욱이 스스로 감당해야 할 일이었다.

우여곡절 끝에 김홍욱은 1638년 8월 2일에 당진 현감에 부임하기 위해 하직하였다. 이 자리에서 김홍욱은 수령으로 나가는 사람들과 함께 임금을 알현하고 부임 고을의 농사 상황 등에 대해 질의응답 시간을 가졌다.[09]

09 『승정원일기』 66책, 인조 16년 8월 2일 임진.

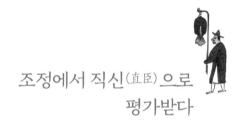

조정에서 직신(直臣)으로 평가받다

권력의 핵심 김자점을 탄핵하다

김홍욱은 효종이 즉위한 지 얼마 되지 않아 영의정 김자점(金自點, 1588~1651)의 탄핵을 준비하였다. 김자점은 당대 권력의 핵심이자 훈구세력의 대표였다. 그는 인조반정에 참가한 공로를 인정받아 공신이 되었다. 인조의 신임으로 승승장구하다가 병자호란 때 도원수로서 청나라군을 방어하는 데 실패함으로써 정치적 위기를 겪기도 하였으나, 이후에도 특유의 처세로 좀처럼 권력의 핵심에서 밀려나지 않았다. 특히 강빈옥사 때는 인조의 심기에 편승하여 권력을 더욱 공고히 하는 기회로 삼았다.

김자점은 효종대에 들어서도 여전히 권력의 핵심에 있으면서 부와 권력을 장악하였다. 그러므로 삼사를 비롯한 조정에서도 그를 견제하고 탄핵해야 한다는 데는 내심 동의하였지만, 그의 권력이 워낙 대단하였기에 누구도 선뜻 나서서 그를 공격하지 못하였다.

이때 김홍욱이 나섰다. 사헌부 집의 김홍욱은 장령 이석(李晳, 1603~1685)

과 함께 김자점을 탄핵하기로 마음먹고 상소를 올리기로 하였다. 김자점을 탄핵하는 상소를 준비하여 그 안을 사헌부와 사간원의 관원들에게 돌렸다. 양사 공동으로 다음과 같은 상소를 준비한 것이다.

영의정 김자점은 원훈 대신으로 선조(先朝: 인조)의 지우(知遇)를 입어 총애가 비할 데 없었습니다. 그러므로 힘껏 충성을 다해 보답할 것을 생각해야 마땅합니다. 그런데도 공의(公義)의 소중함을 생각하지 아니하고 오로지 사리사욕만을 꾀해 저택이 크고 화려함이 참람하게도 여러 궁전에 비길만하며, 토지와 저택이 온 나라에 널려 있고 뇌물이 그 문으로 폭주하고 있습니다. 대단한 권세로 조정을 제멋대로 하며 관원들을 노예처럼 꾸짖고 모욕합니다. 나라를 저버리고 거리낌이 없이 방자한 그의 짓거리를 사람들이 모두 좋지 않은 눈으로 보고 있습니다. 그런데도 존귀한 수상의 자리를 차지하고 앉아 맑고 깨끗한 정치에 누를 끼치고 있으니 여론이 분노하면서 침을 뱉지 않는 자가 없습니다.[10]

김홍욱은 김자점이 임금의 사랑을 많이 받아서 재상까지 되었으면 정치를 잘하여서 그 보답을 해야 하는데, 사리사욕을 채우는 데만 급급하였다고 강력하게 비판하였다. 김홍욱이 이처럼 과감하게 상소를 준비하고 있다는 소식은 조정 안팎을 깜짝 놀라게 하기에 충분하였다. 다들 마음은 있어도 앞장서 나서기가 쉽지 않은 상황이었기 때문이다. 이제 김홍욱은 상소문을 사헌부와 사간원의 관원들에게 돌리면서 그들의 동참을 끌어내려고 하였다.

탄핵 건은 양사의 관원들이 동참 의사를 밝히며 순조롭게 진행되

---

10 『효종실록』권1, 효종 즉위년 6월 16일 갑진 2번째 기사.

는 듯하였다. 그러나 이 과정에서 문제가 발생하였다. 대사헌 조경(趙絅. 1586~1669)이 몸이 아파서 휴가 중이기 때문에 출사하기가 매우 어렵다고 하였고, 사간원 사간 조빈(趙贇. 1587~?)은 장관, 즉 대사헌이 나오기를 기다리자고 하면서 결정을 미룬 것이다. 일사천리로 진행될 줄 알았던 상소가 제동이 걸린 것이다.

이에 김홍욱과 이석이 책임을 지고 물러나겠다고 하였다. 그러자 김홍욱과 뜻을 함께 했던 사헌부와 사간원의 관료들도 잇따라 직책을 교체해 달라고 요청하였다. 그들의 생각도 김홍욱, 이석과 같다는 것이다. 그러면서 김홍욱과 이석이 의논이 일치하지 않아서 물러나겠다고 하였으니, 자신들도 편히 자리를 차지하고 앉아 있을 수 없다고 하였다.

이에 처음에 장관을 기다리자고 하였던 조빈도 교체를 요청하였고, 더욱이 김자점의 육촌 동생인 김이경(金以鏡)도 조빈과 뜻이 같다고 하면서 직임을 교체해 달라고 요청하였다. 김홍욱의 김자점 탄핵 상소 건이 난관에 봉착하자, 양사 관원들은 스스로 사퇴 운동을 펼친 것이다.

사태가 커지자 홍문관에서는 차자를 올려서 모두 출사시키고 김이경만 교체하라고 요구하였다. 그러나 효종은 모두 출사시키라는 것은 참으로 뜻밖이라고 하면서 이번 사건을 주도한 김홍욱과 이석을 교체하라고 명령하였다.[11] 이러한 국왕의 조처에 대해 승정원에서 김홍욱과 이석의 교체를 반대하는 상소를 올렸다.

그러나 임금은 김자점은 훈구대신으로 국정운영에 고락을 함께 한 사람인데 그럴 리가 없다면서 김홍욱과 이석을 교체하지 않을 수 없다고

---

11 『효종실록』 권 1, 효종 즉위년 6월 16일 갑진 2번째 기사.

하였다. 그러자 이미 교체를 요청하였던 양사의 관원들이 그들 자신의 직임을 교체해 달라고 요청하니, 국왕이 그들의 직임을 교체하였다.

상황이 더욱 커지자 휴가 때문에 동참하기가 어렵다고 했던 대사헌 조경이 나섰다. 그는 현 상황을 보면 언로가 막혀 있음을 알 수 있다고 걱정하였다. 그는 김홍욱이 언관 직책에 있으면서 권세가 있는 자를 두려워하지 않고 거리낌 없이 할 말을 다 하였다고 하였다. 그의 강직하고 날카로운 풍도는 높여주어야지 막으면 안 되는 일이라고 하면서, 김홍욱 등의 행동을 높이 평가하고 자신의 직임을 교체해 달라고 요청하였다.[12]

이처럼 김홍욱과 이석이 주도한 김자점 탄핵 건은 삼사는 물론이고 조정 전체의 중요 현안이 되었다. 이 사건을 계기로 김홍욱은 김자점 일파의 견제를 받게 된 것으로 보인다. 그리고 국왕에게도 김홍욱이 다소 과격하다는 인식을 심어준 것 같다.

상대가 최고 권력을 장악하고 있는 영의정 김자점이라는 점에서 인사행정을 담당하는 이조에서도 오랫동안 김홍욱을 삼사의 관료로 추천하지 않았다. 임금도 관련자들의 임명을 꺼릴 정도였다. 송시열(宋時烈, 1607~1689)이 상소하여 김홍욱을 옹호하고 임금의 처사를 비판하고 나서야 김홍욱을 상의원(尙衣院) 정(正)에 임명하였다.

김홍욱의 김자점 탄핵 건이 정치 현안이 된 후에 송시열과 송준길(宋浚吉, 1606~1672) 같은 명망 있는 신료들이 논쟁에 가세함으로써 김자점에 대한 조치가 이루어졌다. 김자점이 홍양으로 유배된 것이다.

---

12 『효종실록』 권 1, 효종 즉위년 6월 18일 병오 1번째 기사.

이때 김자점은 정치적 위기를 모면하기 위해 청나라를 끌어들이는 일을 자행하였다. 그는 청나라 조정의 신임을 받고 있던 수석 통역관 이형장(李馨長, ?~1651)에게 부탁하여 국왕을 비방하는 말을 전하게 하였다. 즉, 조선 국왕이 새로이 왕위에 오르자 새 사람을 쓰면서 옛 신하를 내치고 대국인 청나라에 등을 돌리려 한다는 내용이다.

이에 청나라 조정에서는 이 일을 문책하기 위해 여덟 명의 칙사를 파견하였다. 영의정 이경석(李景奭, 1595~1671)이 국왕을 대신하여 이들을 영접하였는데, 그 과정에서 곤욕을 치렀다.

그리고 김자점 탄핵을 주도한 김홍욱이 일차로 피해를 볼 것은 자명하였다. 동료들은 김홍욱을 걱정하면서 화를 면하기 어려우니 피하거나 뇌물이라도 써서 화를 면하라고 하였다.

그러자 김홍욱은 구차하게 사는 것보다 도리어 죽어서 편안한 것만 못하다고 말하면서, 그렇게 할 수 없다고 타협을 거부하였다. 이 사건은 임금의 동생인 인평대군(麟坪大君, 1622~1658)이 적극적으로 주선하는 등의 우여곡절 끝에 별다른 피해 없이 해결되었다.

김홍욱은 김자점 탄핵 건과 청 칙사 파견 등의 일로 정치적 위기를 맞기도 하였으나, 이러한 과정을 겪으면서 언관으로서 강력한 이미지를 조정 안팎에 보여 주었고, 이후 사론을 대표하는 주자로 나설 수 있는 정치적 입지를 마련해 갔다.

인조 만사를 지은 일로 파직되다

잘 알다시피 인조의 장자 소현세자는 여러 의문을 남긴 채로 갑자기 죽었다. 이에 모든 신하는 인조가 소현세자의 장자인 원손을 세손으로 정하여 후계자로 삼을 것이라고 예상하였다. 그러나 인조는 예상을 깨고 원손 대신 차자인 봉림대군을 세자로 책봉하였다.

이 과정에서 종통(宗統)에 어긋난다는 신료들의 강력한 반대가 있었으나, 인조는 이들의 의견을 무시하고 둘째 아들을 세자로 세웠다. 이제 인조가 서거하고 차자인 봉림대군이 즉위하였으니, 그가 곧 효종이다.

효종은 김홍욱에게 선왕인 인조의 만사(挽詞)를 짓게 하였다. 만사는 죽은 이를 애도하고 추모하는 글이다. 김홍욱은 이때 홍문관 응교로 언관 역할에 전념하다가 대행대왕 인조의 만사를 지었다.[13] 그런데 그가 지어 올린 만사가 문제가 되었다. 효종은 김홍욱이 지어 올린 만사에 기롱하고 풍자하는 의도가 있다고 하면서 강하게 질책하였다. 김홍욱이 지은 만사를 보면, 절절하게 인조의 서거에 대한 애끓는 감정을 표현하였다. 만사답게 문장 하나하나 모두 절절한 조사(弔詞)의 글이다. 그러나 다음의 표현이 문제가 되었다.

효종은 김홍욱이 지은 만사의 내용 중에 "하필 오랑캐를 섬기겠는가(何必事戎氈)."와 "입을 다문 신의 죄가 크다(口緘臣罪大)."라는 표현을 문제 삼았다. 여기에 기롱하고 풍자하는 뜻이 들어 있다는 것이다.[14] '하필 오랑캐를 섬기겠는가'라는 표현은 병자호란 때 패전하여 오랑캐인 청나라를 섬기게 된 상황을 빗댄 것으로 볼 수 있다. 선왕 인조의 아픈 대목을 건드린 것이다. 효종은 '입을 다문 신의 죄가 크다'라는 표현도 선왕이 공

---

13 김홍욱이 지은 「인조대왕 만사」의 전문은 장문(長文)이어서 책 끝에 부록으로 실었다.
14 『효종실록』 권 1, 효종 즉위년 8월 25일 임자 6번째 기사.

장릉 경기도 파주 탄현면 소재. 사적 203호. 조선왕조 16대 왕 인조와 왕비 인열왕후 한씨의 능이다. 인조는 광해군의 이복동생 정원군의 아들 능양군으로서 반정에 성공하여 왕이 되었다. 병자호란으로 남한산성에서 항전하다가 삼전도에서 청나라에 항복하고 소현세자와 봉림대군을 볼모로 청에 보냈다. 원손 대신에 차자인 봉림대군을 세자로 책봉하였다. ⓒ국립문화재연구원

론화를 원치 않는 일들, 이를테면 소현세자와 관련된 일이나 강빈옥사 같은 일에 대해 언급한 것으로 받아들였다. 그야말로 받아들이는 사람에 따라 달리 해석할 수 있는 일인 것이다.

병자호란의 패전은 인조의 자존심에 큰 상처를 남긴 기억하고 싶지 않은 일이었다. 또 소현세자와 관련한 일, 특히 강빈옥사는 선왕 인조의 아킬레스건이었고, 효종의 정통성과도 관련 있는 일이었다.

효종이 김홍욱이 지은 만사에 기롱하고 풍자하는 뜻이 있다고 하여 강경하게 대처하자, 승정원 승지 이일상(李一相, 1612~1666)은 김홍욱이 지어 올린 만사에 부표한 곳은 조어(造語)가 온당하지 못하므로 되돌려줘서 고치게 하라고 건의하였다. 그러나 임금은 김홍욱이 지은 만사를 쓰지 말라

고 하교하였다. 이일상은 임금의 조치에 화평함이 부족하다고 하였다.

이에 김홍욱은 자신의 본의를 밝히는 상소를 작성하여 올렸고, 승정원에서 봉입하였다. 김홍욱은 이때 사직을 청하였다. 국왕은 상소를 받아들인 승정원을 엄하게 질책하였고, 대간의 논핵이 없으니 매우 해괴하다고 하였다. 임금은 김홍욱을 파직하라는 비망기를 내렸다.

이때 "대평(臺評)이 없다."라는 임금의 하교가 나오자, 대간들이 줄줄이 사의를 표명하면서 김홍욱의 일을 변호하였다. 즉, 지평 홍처윤(洪處尹, 1607~1663)은 계를 올려, 자신이 김홍욱을 변호하였다고 하면서 사직을 청하였다. 이어서 여러 대간이 잇따라 계를 올려서 국왕이 김홍욱의 본뜻을 고려하지 않았다면서 사직을 요청하였다.[15]

사헌부 장령 이재(李梓)와 지평 홍처윤은 시의 구절을 들춰내어 죄목으로 삼는 것은 국왕의 포용하는 도량에 흠이 된다고 하였다. 홍문관에서는 지은 글로 말미암아 신료를 죄 주는 것은 아름다운 일이 아니라면서 김홍욱의 죄를 사면하라고 건의하였다.[16] 이에 임금은 김홍욱을 적극적으로 옹호한 이재와 홍처윤을 파직 후 추고하라고 명령하면서 강경하게 대응하였다.[17]

이어서 영의정 이경석(李景奭, 1595~1671)이 관용을 베풀고 언로를 열 것을 건의하였다. 그는 김홍욱에 이어 이재와 홍처윤까지 추고하라고 하였다가 파직하라고 한 국왕의 조치에 놀라움을 금할 수 없다면서 이들을

---

15 『효종실록』 권 1, 효종 즉위년 8월 26일 계축 7번째, 8번째 기사.
16 『효종실록』 권 1, 효종 즉위년 8월 26일 계축 9번째 기사.
17 『효종실록』 권 1, 효종 즉위년 8월 28일 을묘 2번째 기사.

용서해주도록 청하였다. 국왕은 이경석의 건의를 받아들여 김홍욱과 이재와 홍처윤을 서용하였다.[18]

이경석이 도움을 준 일과 관련한 일화가 있다. 이경석의 도움으로 김홍욱이 곤경에서 벗어나자, 주위에서는 백헌(白軒) 이상공(李相公)의 구제로 일이 풀리게 되었으니, 이경석에게 사례하는 것이 좋겠다고 충고하였다. 그러자 김홍욱은 상공은 나라의 대신이 되어 임금을 보좌한 것이지, 개인적으로 나를 도와주려고 한 것은 아니라고 하였다. 그러면서 지금 찾아가서 사례하는 것은 상공을 사의(私意)로 대하는 것이므로, 상공을 대우하는 것이 아니라고 하면서, 끝내 가서 사례하지 않았다고 한다.[19] 사의 없이 한 일을 사의로 갚을 수는 없다는 뜻이다. 김홍욱의 곧은 공직 자세가 돋보인다.

김홍욱의 인조 만사 건은 국왕에 의한 언론 탄압으로 비쳤고, 삼사 관원을 비롯한 신료들이 김홍욱의 입장에 동조하고 그를 옹호함으로써 나름대로 언로 확보의 성과를 거둔 사례라고 할 수 있다.

이때 김홍욱에게는 삼사의 관직이 아닌 상의원(尙衣院) 정(正)이 제수되었고, 암행어사에 임명되었다. 잇따라 겸보덕(兼輔德)에 임명되고, 의정부 사인(舍人)에도 제수되었다. 오랫동안 삼사에서 활동해온 김홍욱을 삼사와 관련이 없는 다른 부서로 옮긴 것이다.

그는 이듬해 6월에 홍문관 부응교에 임용되어 다시 삼사에 들어왔다. 이는 조정에서 김홍욱이 삼사에서 영향력을 확대하는 것으로 보고, 그의

---

18 『효종실록』 권 1, 효종 즉위년 8월 28일 을묘 3번째 기사.
19 『학주선생전집』 부록 권 2, 행장.

영향력을 줄이려는 일단의 견제책으로 볼 수도 있지 않을까 한다.

임금은 김상헌과 정온의 공에 보답해야 한다

병자호란이 일어나자 임금인 인조는 청나라군의 추격을 피해 쫓기듯이 남한산성으로 들어갔다. 김홍욱은 이때 춘추관의 기사관으로 관직에 첫발을 내딛은 초급 관료로서 임금을 호종하였다. 청나라군은 질풍과 같이 서울로 진격하고 조선 국왕이 머문 남한산성을 포위하였다. 의기 있는 지방관과 장수들이 근왕병을 이끌고 출전하였으나, 연패하였다. 그들은 청나라군에 위협이 되지 못하였다.

그래도 인조를 비롯한 신하들은 청나라군과 결전을 치르려고 마음먹고 성곽의 방어를 튼튼히 하였다. 그러나 조선군과 청나라군 간의 전력 차이가 너무 심하였다. 강화에 치중하지 않을 수 없는 상황으로 몰렸다.

강화 협상은 최명길(崔鳴吉, 1586~1647)이 주도하였다. 정묘호란 때도 청나라의 전신인 후금과의 강화를 이뤄낸 경험이 있었기에 그가 강화 협상의 최적의 인물임은 두말할 나위도 없었다.

한편으로는 최명길로 대표되는 주화파의 대척점에 척화파의 대부 김상헌(金尙憲, 1570~1652)이 있었다. 여기에다 정온(鄭蘊, 1569~1641)이 강력하게 강화에 반대하였고, 이른바 삼학사로 불리는 홍익한(洪翼漢, 1586~1637)·윤집(尹集, 1606~1637)·오달제(吳達齊, 1609~1637)가 척화파의 선두에 서 있었다. 주화파는 실리에서 척화파는 명분에서 앞서고 있었다.

김홍욱은 신진 관료로서 인조의 측근에서 척화론을 주장하는 한편으로 군사들을 독려하곤 하였다. 그 역시 김상헌이나 정온과 같은 척화론에

김상헌(1570~1652)의 묘   경기도 남양주 소재. 김상헌의 자는 숙도(叔度), 호는 청음(淸陰)이다. 병자호란 때 예조판서로 척화파의 대부로 활동하였다. 이후 청나라에 볼모로 잡혀갔다가 귀국하였다. 사림의 원로로 대우받았다. ⓒ저자 촬영

힘을 보탠 것이다. 그러므로 신진 관료 김홍욱의 처지에서는 척화를 이끌고 있던 김상헌이나 정온은 우상이나 마찬가지였다.

이때 청나라 황제 태종이 성밖에 도착했다는 소식이 전해지자, 조정의 사기는 크게 떨어졌다. 청 태종에게 서신을 보내는 일로 최명길과 김상헌 사이에 한바탕 논쟁이 일었다. 최명길은 칸(汗)이 우리나라에 왔으므로 사람을 보내어 문안해야 한다는 것이고, 김상헌은 안 된다고 주장하면서 팽팽하게 맞섰다. 결국 홍서봉(洪瑞鳳, 1572~1645)·김신국(金藎國, 1572~1657)·이경직(李景稷, 1577~1640) 등을 청나라군 진영에 파견하였는데, 서신 한 통을 받아왔다.

그것은 "대청국의 관온 인성 황제(寬溫仁聖皇帝)는 조선의 관리와 백성

들에게 고유(誥諭)한다."로 시작하는 내용으로, 청 태종의 항복 권유 문서나 다름이 없었다. 이에 대한 답장을 쓰는 문제를 두고 조정에서 격론이 일었고, 대세는 답장을 보내지 않을 수 없다는 것이었다.

척화론이 명분에서 앞선다고 해도 압도적인 전력의 차이로 인하여 강화를 하지 않을 수 없었고, 척화를 주장하는 것은 더 이상의 현실적 대안이 될 수 없었기 때문이다. 이때 널리 알려진 대로 김상헌과 최명길 간의 갈등이 극에 달하였다.

김상헌은 그들의 요구대로 서신을 보내면 들어주기 어려운 요구를 해올 것이라고 하면서, 적의 서신을 전군에 반포하여 사기를 진작시키는 것이 마땅하다고 하였다. 반면에 최명길은 청의 칸이 들어온 이상 대적하기 어렵고, 대적하다가는 나라가 망하고 말 것이라고 하였다. 임금은 성을 굳게 지키면서 속히 회답하라고 하였다.

우의정 이홍주(李弘胄, 1562~1638), 호조판서 김신국, 예조판서 김상헌은 서신을 보내지 말고 말로 전달하자는 의견을 냈다. 그러나 김류(金瑬, 1571~1648), 홍서봉, 최명길은 허다한 이해관계를 말로 전달하기는 어렵다고 하였다. 국서가 임금의 명령으로 작성되었다. 임금이 최명길에게 국서를 검토하라고 하였다. 최명길이 비변사에서 국서를 검토하고 있을 때 김상헌이 들어오더니 울면서 문서를 빼앗아 찢어버렸다.[20] 그러고 나서 임금을 만나 뵈었다.

김상헌은 이 자리에서 "적이 반드시 우리에게 군신의 의리를 요구할 것이니, 성을 나가는 일을 면치 못할 것입니다." 그러면서 "국서를 찢어

---

20 한명기, 『병자호란』 2, 푸른역사, 2013, 174쪽.

이미 죽을 죄를 범하였으니, 신을 먼저 벌하고 나서 깊이 생각하십시오."
라고 아뢰었다.

이에 임금은 말하기를, "경의 말이 정대함을 모르지 않는다. 실로 어떻게 할 수 없기에 이런 것이다."라고 탄식하였다. 김상헌의 말뜻이 간절하고 측은하였으며, 말하면서 눈물을 줄줄 흘렸으므로, 입시한 신하들이 모두 울었다고 한다. 세자가 임금 곁에 있으면서 목놓아 우는 소리가 문밖까지 다 들렸다.

결국에는 임금이 성 밖으로 나가 삼전도에서 청 태종 앞에 엎드려 항복 의식을 치렀다. 세 번 큰절하고 아홉 번 바닥에 머리를 찧는 이른바 '3배9고두례'라는 굴종의 의식이 그것이다. 나라는 보존했지만, 상상하기도 싫은 혹독한 대가를 치른 것이다.

이처럼 항복과 같은 수준의 강화를 체결함으로써 앞장서 척화를 주장했던 사람들은 곤욕을 치르게 되었다. 김상헌이 청나라 심양에 잡혀갔고, 정온은 자결을 시도함으로써 자신의 의지를 굽히지 않았다. 삼학사도 청나라에 끌려갔다. 이들뿐만 아니라, 소현세자와 봉림대군도 청나라에 인질로 잡혀갔고, 주화파의 대부 최명길마저 심양으로 끌려갔다. 그만큼 패전의 대가는 가혹했다.

남한산성에서 척화를 주장했던 김홍욱은 척화론을 이끌었던 원로 김상헌과 정온에게 애틋한 마음을 갖고 있었다. 척화론으로 일관한 그들에게 존경심과 결국 청나라까지 끌려간 김상헌과 덕유산에서 죽음을 맞이한 정온에게는 마음의 빚을 갖고 있지 않았을까.

김홍욱이 김상헌에게 매료되어 지은 시 한 편을 소개하고자 한다.

청음 김선생 상헌의 소를 읽고   讀淸陰金先生尙憲疏

통곡은 지금 불이 섶에 닿는 것과 같은데,	痛哭如今火及薪
글월 올린 오직 한 외로운 신하가 있었네.	上書維有一孤臣
말마다 모두 강직한 충정의 격동이었고,	言言摠自危衷激
글자마다 대의를 들어 설명하였네.	字字仍將大義陳
임금을 높여 받든 백년 생애 우주를 붙들었고,	尊周百年扶宇宙
막아내고 담판함이 천리에 정신의 운용이라.	折衝千里運精神
강남의 그 누가 호전의 소를 새겼던가.	江南誰鋟胡銓疏
새로운 시 지어 뒤를 따르련다.	爲作新詩踵後塵

이 시는 김홍욱이 김상헌의 상소를 읽고 감동하여 지은 시이다. 김상헌을 흠모하는 김홍욱의 마음이 읽히는 시이다.

김홍욱과 그의 동료들은 임금이 김상헌과 정온에게 명예롭게 대우를 해줘야 한다고 건의하였다. 김홍욱 등은 김상헌을 적극적으로 변호하고, 정온에게는 시호를 내릴 것을 주청하였다. 그는 병자호란 때 남한산성에서 절의를 굳게 하고 끝내 굴하지 않은 사람은 김상헌과 정온 두 사람밖에 없었다고 하면서 이들에게 합당한 대우를 해줄 것을 주청한 것이다.

김홍욱이 말하기를, 김상헌이 청나라에서 귀국하였으나 조정의 오해로 인하여 성 밖에서 임금의 부름을 기다리다가 답장이 오지 않자 돌아갔다고 하면서 애석함을 금할 수 없다고 하였다. 아울러 정온은 초야에 묻혀 지내다가 사망하였는데도 합당한 예우가 없으니 안타깝다고 하면서 시호를 내려 달라고 요청하였다. 병자호란 직후 인조는 척화론의 상징

정온 생가 경상남도 거창 소재. 중요민속문화재 205호. 정온의 자는 휘원(輝遠), 호는 동계(桐溪)이다. 대사간, 대제학, 이조참판 등을 지냈다. 병자호란 때 이조참판으로서 척화파의 대표자였다. 청나라에 항복하자 자결을 시도하였다. ©문화재청

처럼 여겨졌던 김상헌과 정온을 부정적으로 인식하고 있었는데,[21] 김홍욱은 이러한 임금의 인식을 불식하려고 하였던 것 같다.

김홍욱은 효종대에 들어서도 김상헌과 정온에 대한 예우를 요청하였다. 즉, 사헌부 집의 김홍욱은 장령 이석과 함께 올린 상소에서 국왕에게 김상헌을 부르도록 간곡하게 주청하였다.

김홍욱은 주강(晝講)이 끝난 자리에서 김상헌과 정온의 예우를 다시 거론하면서, "지금 절의를 높이고 장려하는 것이 급한 일입니다. 김상헌의 일은 사람들의 이목에 훤히 남아 있고, 조정이 어려울 때 정온이 올린 소장은 일월과 빛을 다툴 만하니, 관작을 추증하고 시호를 내리는 일을 늦추

---

21 허태구, 『병자호란과 예, 그리고 중화』, 소명출판, 2019, 283쪽.

어서는 안 되겠습니다."[22]라고 아뢰었다. 결국에는 임금이 그대로 따랐다.

　김홍욱이 이처럼 김상헌과 정온을 옹호하고 그들에게 합당한 대우를 할 것을 주청한 것은 병자호란 때 그 자신이 남한산성에서 수성을 강력히 주장하면서 김상헌이나 정온 등 척화파의 중심인물과 뜻을 같이한 동지 의식의 발로로 이해할 수도 있다. 김홍욱은 임금을 호종하여 남한산성에 들어간 이후에는 '화(和)'라는 글자는 믿지 않는 것이 옳다면서 끝까지 척화의 입장을 견지하였다.

22　『학주선생문집』 권 7, 차자 삼수(箚子三首).

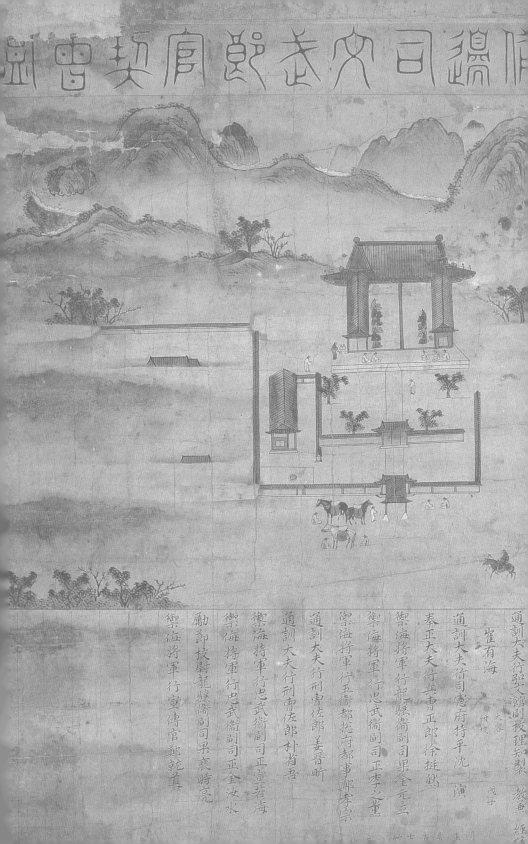

備邊司文武郎廳㫌會禊圖

通政大夫行弘文館副校理知製　教兼經

崔有海　大容　甲寅　戊午

通訓大夫前司憲府持平沈　演

奉正大夫行兵曹正郎徐挺然　戊午

禦侮將軍行龍驤衛副司果金元立

禦侮將軍行忠武衛副司果李之菶

禦侮將軍行五衛都摠府都事鄭孝宗

通訓大夫行刑曹佐郎姜晉昕

通訓大夫行刑曹佐郎朴省吾

禦侮將軍行忠武衛副司正宣若海

禦侮將軍行忠武衛副司正金汝水

勵節校尉龍驤衛副司果裵時亮

禦侮將軍行宣傳官鄭乾貞

민생 전문가의 면모를 보이다

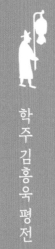

학주 김홍욱 평전

외직을 통해
민생을 이해하다

　김홍욱은 중앙의 삼사에서 주로 관료 생활을 하였다. 그 와중에 특별한 직책을 임명받고 지방에 나가거나 지방관으로 임명되기도 하였다. 병자호란 직후인 1637년(인조 15)에 강원도 어사에 임명되어서 강원도의 민심을 살피고 농사 현황을 파악하였다. 이듬해에는 당진 현감으로 근무하면서 해당 지역은 물론이고 충청도 일대의 여러 현안을 직접 파악할 기회를 가질 수 있었다.

　이 무렵은 병자호란을 겪은 지 얼마 지나지 않은 때여서 농토는 황폐하고 흉년이 잇따라서 민생이 도탄에 빠졌다. 조정에서는 각 지방의 피해 상황을 조사하여 보고하도록 하였다. 김홍욱은 홍문관 부수찬으로 재직하고 있었는데, 1640년 10월에 경상좌도 재상경차관(慶尙左道災傷敬差官)으로 임명되어 경상도에 파견되었다. 그의 임무는 지방의 재해 실상을 직접 돌아보고 해결책을 마련하여 조정에 보고하는 일이었다. 중앙에서 근무하던 그는 직접 민생의 실상을 목격할 기회를 가질 수 있었다.

그는 경차관의 임무 중에 꼼꼼하게 재해 지역을 답사하면서 피해 상황을 조사하였다. 이러한 사실은 그가 올린 상소를 보면 알 수 있다. 김홍욱은 처음에는 간단하게 재해를 입은 지역을 직접 돌아보면 임무를 마칠 수 있을 줄 알았다고 한다. 그러나 실제로 해당 지역들을 직접 답사해 보니, 곳곳의 피해가 너무 커서 언제 조사를 마칠 수 있을지를 모르겠다는 내용이다.

이처럼 김홍욱은 직접 농민의 삶 현장을 목격하고 나서 민생에 큰 관심을 기울였고, 체계적으로 민생 문제를 인식하기 시작하였다. 그리하여 수시로 상소하여 민생을 걱정하면서 정치를 바로 하고 민생을 돈독히 하라고 건의하였다. 그가 경차관으로 나갔을 때의 상소를 보기로 하자.

안으로는 각 기관의 모든 일이 어긋나서 조정의 훌륭한 법은 도리어 탐관오리의 바탕이 되고 후세의 흠 있는 정치가 금석 같은 법으로 지켜지고 있으며, 서리가 주인이 되어 그 권한을 가져 관원은 그 지휘를 우러러 받고 있습니다. 공가(公家)의 토지는 모두 종친과 인척의 농지로 들어가도 해당 관청에서 감히 문제를 제기하지 못합니다.

밖으로는 민생의 온갖 잡역이 거듭되고 있어서 간사한 아전이 법을 농간하고 수령은 포악하며 원망에 찬 백성은 물과 불 속에 있는 듯합니다.

군사 업무의 볼품없음을 말하면 기가 막힙니다. 지금 내외의 형세로 보면 언제 망할지 알 수 없는 상황인데도 대관은 희희낙락하면서 나날을 보내며 구차하게 관직을 보존하려 들고 소관은 유유히 세속에 따르며 밥 먹는 것만 일삼고 있습니다. …(중략)… 어느 누가 시대를 걱정하고 세속을 고민하며 말을 하면 모두 비웃고 비난하며 어리석고 망령되다고 합니다. 또 글을 올려 문제를 거론하면 으레 해당 부처에 보내고 회계(回啓)의 내용은 그저 문서양식이 있어서 겉으로는 칭찬을 하지만 하나도 채택되거나 시행이 되

는 것이 없습니다.[01]

이처럼 김홍욱은 열악한 민생을 걱정하면서 그 원인으로 서리와 관료의 잘못이 크다고 지적하고 있다. 그리고 시대를 걱정하고 세속을 고민하는 말, 즉 민생에 대한 개선책을 내놔도 그것을 받아들여 시행하지 않음은 물론이고 비웃기조차 하는 조정의 풍조를 비판하고 있다.

김홍욱이 민생에 대해, "오늘날 천만 가지의 말은 백성의 폐해를 구제하는 것보다 더한 것은 없습니다. 백성이 없으면 나라가 없고 나라가 없으면 임금이 없습니다. 임금을 사랑한다면 마땅히 백성 사랑을 우선해야 합니다. 지금 민생은 십분 위태로운 지경에 도달하였으므로 구제하는 방책은 마땅히 불과 물속에서 구제하는 것처럼 하여 한 시각도 늦출 수 없습니다."[02]라고 하였다.

김홍욱은 민생의 구제가 어떤 정치 현안보다도 최우선이라는 점을 원론적이면서도 화급한 사안이라고 말하고 있어서, 그가 민생에 대해 어떻게 생각하고 있었는지 알 수 있다.

김홍욱은 암행어사나 경차관으로 지방 곳곳을 둘러보고, 지방관으로 근무하면서 해당 지역의 민생을 살피고 나름대로 민생에 대한 전문성을 확보하였다. 그리고 이를 바탕으로 하여 민생 각 분야에 대한 해결책을 제시하게 되었다.

---

01 『학주선생전집』권7, 논시사차(論時事箚).
02 『학주선생전집』권7, 논시사차(論時事箚).

민생에 관심을 두어
편하고 어려움을 가리지 아니하다

　김홍욱의 민생에 대한 지속적인 관심과 지식은 조정에서 민생 전문가로 평가받기에 이르렀다. 이러한 사실은 효종 즉위 후 경기도에 물자난이 심각했을 때 비변사에서 이를 타개할 인물로 김홍욱을 추천한 사례를 보면 알 수 있다.

> 경기의 경우는 난을 치른 이후 민생의 여력이 이미 다하였습니다. 오늘날에는 민생이 더욱 고갈되어 수습하기 어려운 상황입니다. 그러므로 경기도는 억지로라도 처리하여 몇 년간 짐을 덜어주도록 하지 않을 수 없으며, 이를 담당할 사람 또한 선택하지 않을 수 없습니다. 당상의 경우 원래 선혜청과 상평청의 일을 담당한 관원이 있으나, 낭청(郎廳)에는 사인(舍人) 김홍욱이 백성의 일에 관심을 두어 편하고 어려움을 가리지 않으므로 참으로 이 소임에 적합합니다. 도청(都廳)이라 호칭하고 끝까지 담당하게 하십시오.[03]

---

03 『비변사등록』 14책, 효종 1년 4월 12일.

이처럼 김홍욱은 조정에서 "민사에 관심을 두고서 편하고 어려움을 가리지 않는다."라는 평을 받을 정도로 민생 전문가로 인정을 받고 있었다. 그리고 김홍욱이 민생 전문가로 인정을 받은 것은 하루아침에 이루어진 것이 아니었다. 그는 관료 생활을 통하여 백성의 어려운 삶을 직접 보면서 나름대로 해결책을 제시해 왔기 때문에 이러한 평가를 받을 수 있었다.

그리고 이러한 민생 전문가로서의 평가는 그가 이후에 충청도 관찰사로서 충청도에서의 대동법 시행을 주관하게 되는 계기가 되었다고 생각한다. 충청도에 대동법 시행이 결정되었고, 조정에서는 누구를 관찰사로 내려보내 대동법 시행을 주관할 것인지 논의하였다. 이에 김육(金堉, 1580~1658)이 김홍욱을 충청도 관찰사로 추천하였는데, 그 이유도 김홍욱이 민생 문제에 밝기 때문이었다.

김홍욱은 그리 긴 시간은 아니었으나 직접 백성들의 삶을 보고 느끼면서 민생에 관심을 가졌다. 그러므로 그의 민생론의 요체는 직접 목격한 민생의 여러 폐단을 조목조목 구체적으로 개선하려는 데 있었다고 생각한다.

김홍욱은 스스로 민생 개혁안을 논리적으로 정리하여 제시하였으며, 이를 실천하고자 하였다. 그는 실천을 담보로 하는 개선안을 마련하였고, 경기도의 민생 여력을 회복하기 위한 비변사의 실무 담당자로서 직접 참여한 것이나, 충청도 관찰사로서 대동법 시행을 주관한 것도 민생의 현장에서 자신의 민생론을 실현하려고 한 것이다.

연해 주민의 걱정을
덜어주기 위한 대책을 내다

김홍욱이 사헌부 집의로 있을 때인 1649년(인조 27)의 일이다. 김홍욱이 지방에 머물다가 서울로 들어오는 길에 여러 고을의 민생을 자세히 살폈다. 그는 서울로 올라오면서 보고 느낀 민생의 상황을 조정에서 자세히 아뢰었다.

지난해에는 풍년이 들었다고 해도 여러 해에 걸친 포흠(逋欠), 즉 조세 미납으로 인한 결손액을 일시에 징수하고, 봄갈이 전이라 민간에는 항아리에 담을 곡식도 남아 있지 않다고 하였다.

또 궂은 비가 지루하게 내려서 보리와 밀이 얼어 죽은 탓에 온전히 뿌리가 난 싹이 거의 없어서 갈아 엎어버리고 다른 작물을 심은 경우가 즐비하였다. 이로 말미암아 농민들은 속상해하고 보리 수확도 가망이 없을 것 같다고 보고하였다. 이렇게 몇 달을 지내다 보면 작년에 확보한 식량도 다 떨어지게 될 터이니, 백성들 걱정이 말이 아니라고 하였다.

특히 김홍욱은 서울로 돌아올 때 해안가 마을, 즉 연해를 거쳐서 왔기 때문에 그곳의 사정을 상세하게 볼 기회가 있었다. 그는 연해의 병폐가

일일이 거론하기 어려울 정도라고 하였다. 그가 말한 민폐의 대강을 보기로 한다.[04]

당시 농촌의 현실 가운데 백성들에게 가장 힘든 일이 고질적인 병폐인 공물을 감당하는 일이었다. 김홍욱은 공물은 연해 주민들에게 특히 고역이라고 하였다. 즉, 산군(山郡)은 베로 걷고 연해는 쌀로 걷는데, 베는 정해진 규정이 있어서 본래 풍년과 흉년의 구별이 없지만, 쌀의 경우는 흉년이라도 베 한 필의 값을 다섯 말로 한정하였으나, 근래 쌀값은 베 한 필에 다섯 말하는 일이 거의 없기에 연해 주민의 고통이 더 심하다고 한 것이다. 결국 공물 문제는 제도적으로 해결해야 할 국가 차원의 문제로서, 김홍욱은 이에 대해 큰 관심을 가졌다.

공물이 국가의 세제에 속하는 큰 문제라면, 주사(舟師), 즉 수군의 잡역 같은 좀 더 구체적이고 세세한 문제에도 관심을 두었다. 김홍욱은 바닷가 근처에 사는 주민의 고역 가운데 수군의 잡역도 매우 심각한 수준이라고 보았다. 이는 육지 주민들에게는 없는 제도이다.

이를테면 3년마다 배를 부분 수리하는 데에 100여 석의 쌀이 들어가고, 6년마다 배를 새로 바꾸는데 600여 석의 쌀이 든다. 그 밖에도 배에 들어가는 집기와 군기의 명목이 매우 많은 데다가, 봄가을에 행하는 수군의 훈련에 드는 비용도 적지 않았다. 이러한 비용이 모두 연해 주민들의 잡역과 잡세로 충당되고 있었기 때문에 그들의 고역은 이루 말할 수 없는 지경이었다.

그러므로 연해의 백성은 1년에 역에 응하는 수를 따져보면 수군으로

---

04 『비변사등록』 인조 27년 3월 19일, 『인조실록』 권 50, 인조 27년 3월 18일 정축 2번째 기사.

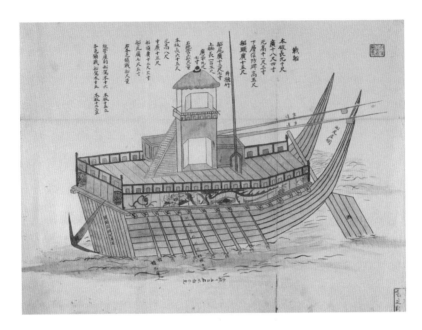

전선 서울대학교 규장각 한국학연구원 소장. 『각선도본』에 수록된 조선시대의 전선(戰船)이다. 채색을 곁들여 그린 전선 그림으로, 배의 길이, 넓이, 높이 등을 상세하게 기록하였다.

서 역이 반이나 된다고 하였다. 김홍욱은 연해 주민이 처한 힘든 실상을 상세히 알리려 노력했고, 서둘러 변통할 것을 촉구하였다.

연해 주민들은 백면지(白綿紙)와 소호지(小好紙), 그리고 수달피(水獺皮)와 같은 바닷가 마을에서 생산되지 않는 물품도 다른 지역과 같은 양을 배정받아서 납부하고 있었다. 이에 백성들은 모두 큰 역은 감면할 수 없다고 하더라도 이처럼 소소한 별도의 역에 대해서는 잘 살펴서 해결해 주길 원하였다.

김홍욱도 이 문제는 조금만 관심을 기울이면 해결할 수 있는 문제로 판단하고, 조정에 해결해 달라고 요청하였다. 다행히 비변사에서 논의 끝에 임금의 윤허를 받아냈다.

김홍욱은 수군의 갑옷과 투구 문제 등 세세한 부분까지 해결 방안을 제시하였다. 전선의 군사들에게 모두 갑옷을 착용하도록 하는데, 인근 고을 주민들이 갑옷의 제작을 감당해야 했다. 그런데 배 한 척당 보통 90명이 정원이므로 철갑 90령(領)을 만들어야 하는데, 해마다 추가하여 제작한다고 해도 한 고을이 감당할 수 있는 양이 아니었다.

김홍욱은 수군과 육군을 비교하여 설명하였다. 수군은 전선에서 근무하거나 비상사태가 발생했을 때 참나무로 만든 방패가 있어 군사들을 보호해주므로, 맨몸으로 화살에 맞서는 육군보다는 처지가 좋다고 보았다.

물자가 풍부하여 육군과 수군에게 다 갑옷을 입힐 수 있다면 최선이겠지만, 현실은 그렇지 못하므로 육군이 우선이고 수군은 다음이라는 논리이다. 대신에 수군은 선상 지휘관인 장령들에게만 갑옷을 입게 한다면, 갑옷 제작에 대한 부담이 사라지고, 실효성 있는 명령체계가 잡힐 것이라고 하였다.

또한 김홍욱은 정예군이었던 어영군(御營軍)이 전란 후에 나약해졌다고 하면서 변통할 것을 건의하였다. 어영군은 본래 대우가 후하여 보인(保人) 3인을 지급하고, 입번하면 식량을 지급해 주었다. 그러므로 전란 이전부터 어영군에 들어가기를 지원하는 자들이 많아졌다.

전란 전에는 5, 6년에 한 차례 입번하였는데, 전란 후에는 식량이 고갈되어 지급할 수 없게 되자 자주 번차를 정지하게 되었다. 이 때문에 10년 동안 입번하지 않는 경우까지 생기게 되었다고 한다. 그러므로 역이 헐해져서 어영군에 들어가기를 원하는 자들이 대거 늘어나면서, 이미 그 수가 많고 쓸모없는 자들이 대부분이라서 오합지졸이 되었다는 것이다.

그러므로 정예한 자만 뽑아서 그대로 어영군으로 삼고 나머지 재주 없고 무능한 자들은 모두 쫓아내어서 다른 역에 보충할 것을 건의하였다. 인원수는 많고 설 번은 드물어 역이 이미 가볍고 헐하므로, 입번할 때 요(料)를 지급할 필요가 없다고 하였다.

김홍욱은 조운선에 승선하여 조운 활동에 종사하는 선원들인 조군(漕軍)의 역 또한 폐단이 많다고 지적하였다.[05] 나라에서는 열 명 남짓한 조군에게 직접 대맹선(大猛船) 1척을 제조하도록 하였다. 그리고 배 위의 물건들을 모두 마련하게 하며, 양식을 스스로 준비하여 조운하고 상납하도록 해 왔다. 이것은 역 자체가 매우 과중할 뿐만 아니라, 여기에다 서리들의 탐학이 심각한 수준이었다고 한다.

이러한 병폐 때문에 배를 만드는 역을 한 번 치르면 흩어져 달아나는 자가 열 명 중에 여덟, 아홉 명이나 되었다. 또 승선하는 역을 한 번 치르고 나면 집과 토지를 보전하는 자가 열에 2, 3명도 안 되었다. 실제로 이당시 조역(漕役) 폐단이 심해져서 조군의 부담이 계속 늘어났다. 이 때문에 역을 피하여 도망하는 현상이 만연하였다. 조군 제도는 더 이상 운영할 수 없을 정도로 무너져 갔던 것이다.

김홍욱은 이러한 문제를 해결하기 위한 대책을 제시하였다. 원래 각 진과 읍의 전선을 6년마다 제조한 다음에 옛 전선을 방매하도록 허용하고 있었다. 그러나 김홍욱은 배의 가격이 매우 적어 공공 재정에 아무 도움이 되지 않는다고 하였다. 그러므로 이 배를 조군에게 내주어 수리하고 보완하면 조운에 5, 6년을 쓸 수 있을 것으로 판단하였다.

또 김홍욱은 아전의 탐학을 막기 위해서는 해운판관이 여러 고을을 순회하며 수납하는 것이 좋겠다고 하였다. 수납을 마친 뒤에는 곧 서울로

---

05 조군의 역 폐단에 대해서는 최완기, 『조선후기 선운업사연구』, 일조각, 1989 참조.

올라와서 물류 창고인 경창에 납부하는 날에 함께 참석하도록 함으로써 서리들의 부정을 막을 것을 제안하였다. 김홍욱의 이러한 제안은 매우 실용적인 것으로 인식되어 조정에서도 큰 호응을 얻었다. 그러나 낡은 배를 옮겨 지급하는 안은 실행되지 못하였다.

김홍욱은 또 작미(作米)에 대해서도 건의하였다. 작미는 공물을 쌀로 납부하는 것이다. 전란 이전에 전곡을 관리하는 관아인 구관청(句管廳)에서 작미한 것으로, 이미 거둬들인 것은 상납하였고, 거둬들이지 못한 것은 민간에 흩어져 있는 것뿐이라고 하였다. 10년이나 지난 뒤에 거둬들이려고 하다 보니 많은 문제가 있었다.

즉, 이사한 집들이 적지 않고 문서는 헷갈려서, 사망하여 처리하기 어려운 일도 있고 중복으로 징수하여 원통함을 호소하는 일도 있다는 것이다. 수령은 어떻게 기준을 세울지 몰라 무조건 더 걸으려고만 하니, 백성의 원망이 잇따르고 있다고 하였다.

김홍욱은 전란 후에 미처 거두지 못한 원곡도 모두 면제해주었는데, 하물며 자질구레하게 이 작미분을 뒤늦게 거두느냐고 비난하였다. 그는 만약에 완전히 감면해줄 수 없다면, 문서가 명백하여 징수할 수 있는 것 이외에 따져서 밝힐 것이 없거나 납세자가 사망해서 징수하기 어려운 경우에는 모두 감면해줄 것을 건의하였다.

김홍욱이 상소를 통하여 민생 구제책 내지는 개혁안을 제출하자 임금은 즉각 비변사에서 검토하여 조치하라고 지시하였다. 김홍욱의 민생 개혁안이 조정에서 크게 주목받게 되는 순간이었다.

비변사에서 김홍욱의 개혁안을
긍정적으로 검토하다

김홍욱은 사헌부 집의 때 고향에서 상경하는 길에 곤경에 처해 있는 백성을 살피고, 민생에 도움을 줄 수 있는 개혁안을 구상하였고, 서울에 와서 이를 작성하여 건의하였다.

비변사에서는 임금의 명령에 따라 즉각 김홍욱의 상소 내용에 대한 검토에 착수하였고, 바로 이튿날에 검토 결과를 보고하였다. 보고의 대의는 대체로 김홍욱의 건의가 '식견이 있는 말'이라거나, '문제를 제대로 본 것'이라고 하는 등 매우 긍정적으로 평가하였다. 반면에 김홍욱의 주장 가운데는 사실과 다른 점도 있다는 의견도 없지 않았다. 이때도 식견이 있는 의견이라는 말은 빼놓지 않았다.[06]

비변사에서는 먼저 김홍욱이 제기한 주사(舟師)의 과도한 역에 대한 문제 제기와 수달피와 종이 분정(分定)에 대한 의견에 대해서 문제를 제대로

---

06 『비변사등록』 인조 27년 3월 19일, 『승정원일기』 105책, 인조 27년 3월 19일 무인.

본 것이라고 높이 평가하였다. 그러나 주사 문제는 충청도뿐만 아니라 삼남 지방의 공통적인 역이기 때문에 경솔하게 의논하기는 어렵다면서 한 발 빼었다.

수달피와 종이에 대해서는 매우 절실한 용품이기 때문에 완전히 폐지하기는 어려울지라도 변통할 방법이 없지 않을 것이니, 해당 부서인 호조에서 잘 헤아려서 안을 내도록 하는 것이 좋겠다고 하였다.

다음으로 전선의 군인들에게 모두 갑옷을 착용하게 하는 데 문제가 있다는 김홍욱의 의견에 대한 검토이다. 비변사에서는 이에 대해서도 식견이 없지 않다고 하면서도 사실관계의 오류를 지적하였다.

비변사에서는 원래 배 한 척의 사수와 포수의 정원은 40명이라고 하였다. 그러므로 90명이라고 한 것은 김홍욱이 잘못 알고 있는 것 같다고 하였다. 또 장교에게만 갑옷을 입게 하자는 의견도 합리적이지는 않다고 하였다. 대신에 각 고을의 물력에 따라서 편의대로 마련하면 될 것이고, 기한을 정해서 독촉하지 않도록 해야 할 것이라고 하였다.

비변사에서 김홍욱의 주장을 수렴하고 있지는 않지만, 민생의 부담을 덜어주려는 데는 의견이 같다는 점에서, 김홍욱의 개혁안이 나름대로 효과를 거둔 측면이 있는 것이다.

한편, 김홍욱은 배 한 척의 정원이 90명이라고 말한 것에 대해 자신이 사실을 잘못 알고 있었다며 직책을 교체해달라고 요청하였다. 자신이 고향에서 서울로 올 때 지방 수령에게서 들은 이야기를 믿고 그대로 전달하였는데, 그것이 사실과 다르게 전달된 것은 본인 책임이라는 것이다. 임금은 김홍욱의 체직 요청을 받아들이지 않았다.

다음에는 어영군 문제이다. 비변사에서는 김홍욱이 어영군의 보인이 3인이라고 하였는데, 실제로 어영군에게 지급하는 보인은 한 명뿐이고,

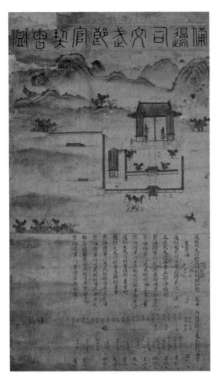

비변사 문무낭관계회도 국립중앙박물관 소장. 비변사의 실무 관료인 낭관들의 친목모임을 그렸다. 그림의 위쪽에 비변사문무낭관계회도라는 글씨가 쓰여 있다. 건물 안에 참석자들이 있으며, 아래에는 최유해, 심 연, 서정연 등 참석자의 명단이 적혀 있다.

때로는 한 명의 보인도 받지 못할 때도 있다고 하였다. 김홍욱이 상세히 듣지 못해서 그럴 것이라고 하였다. 계속하여 비변사에서는 어영군의 번을 나누거나 정예를 뽑는 문제는 어영대장이 차출된 후에 함께 상의하여서 변통하는 것이 마땅하겠다고 하였다.

김홍욱은 어영군의 보인이 3인이라고 한 것은 주변 사람이 경험한 일을 자신이 직접 보고서 말한 것이라고 하였다. 그리하여 김홍욱이 비변사의 회답을 받고 나서 의아하여 어영청의 서리를 불러서 상세히 물었더니, 사목에는 보인 1인을 받는다고 되어 있으나, 본관에서 더해서 3인의 보인을 얻는 자도 많다는 대답을 들었다고 하였다. 이에 따라 김홍욱은 자기의 말이 터무니없는 것은 아니며, 규정과 현실 사이의 괴리에 기인하는 것이라고 하였다.

비변사는 김홍욱의 조군에 대한 건의를 '참으로 식견이 있는 말'이라고 높이 평가하였다. 그리하여 퇴선한 전선은 김홍욱이 말한 대로 조군에게 주고, 해운판관도 올라와 함께 참여하여 중간에 침탈하는 자가 있으면 낱낱이 해당 부처에 보고하여 처리하게 하는 것이 좋겠다는 의견을 내었다.

끝으로 비변사는 김홍욱의 작미에 대한 건의에 대해 민정에 관계되는 일이므로 해당 부처에게 잘 헤아려서 처리하라는 의견을 내었다.

임금은 김홍욱의 건의에 대한 비변사의 회신을 보고 퇴선을 내주는 문제에 대해서만 부정적인 의견을 냈고, 나머지는 비변사에서 아뢴 대로 하라는 지시를 내렸다.[07]

이처럼 김홍욱이 민생 문제를 해결하기 위한 건의문을 제출하자, 국정 최고의 의결 기관인 비변사에서는 즉각 검토에 들어갔다. 그리고 비변사는 김홍욱의 민생 개혁안에 대해 높이 평가하면서 적극적으로 수용하려는 태도를 보였다. 이처럼 김홍욱의 민생 개혁안이 조정에서 큰 관심을 받으면서 내외에 알려지자, 김홍욱은 이 일을 계기로 조정에서 자타가 공인하는 민생 전문가로 인식되었다.

07 『비변사등록』 인조 27년 3월 19일.

김홍욱의 개혁안에
호조와 어영청이 답하다

비변사에서는 김홍욱이 건의한 정책 가운데 실현 가능성이 있는 것들은 해당 부처에서 처리하도록 조치하였다. 이에 따라 호조에서는 수달피와 종이 문제, 그리고 작미(作米) 문제에 대한 검토에 들어갔다. 즉, 호조에서는 비변사의 "해당 부처에게 알려서 잘 처리하게 하십시오."라는 의견과 임금의 "아뢴 대로 하라."는 명령에 따라 처리 의견을 내놓은 것이다.[08]

호조에서는 먼저 수달피의 분정에 대한 의견을 내놓았다. 수달피는 병자호란으로 명나라를 대신하여 조선의 상국으로 자리 잡은 청나라의 요구 때문에 수요가 급증하였다. 특히 1647년(인조 25)에는 봄가을로 청나라에서 사신이 와서 많은 양의 수달피를 요구하였고, 우리 측에서는 확보한 물량이 없어서 곤욕을 치렀다.

이 무렵에 충청도에도 수달피 70장을 나눠 배정하였고 그 대신 노비

---

08 『비변사등록』 인조 27년 3월 28일.

의 공목(貢木)을 덜어주었다. 그 뒤에 청나라에서 두 차례 사신이 왔을 때는 서울에서 구매하여 사용하였다고 아뢰었다. 그러나 지방민에게 끼치는 폐해가 적지 않으므로 상황에 따라 분정하지 않는 것이 좋겠다는 의견을 내었다. 호조에서 '수달피 분정 폐지'라는 김홍욱의 의견을 전폭 수용한 것이다.

다음은 종이에 대한 의견이다. 종이도 청나라의 요구로 폐단이 심해졌는데, 청의 요구가 전보다 배나 된다고 하였다. 그리고 상세하게 종이의 수급 현황을 설명하고 있는데, 종이 조달에 적지 않은 어려움이 있었던 것 같다.

호조의 주장을 좀 더 살펴보기로 하겠다. 금년 1월 이후에 쓰인 종이의 양만 하더라도, 백면지(白綿紙) 13,300권과 상화지(霜華紙)가 290권인데, 앞으로 세폐(歲幣) 및 동지 등의 세 차례 방물에 쓰일 수량도 9,000권에 이른다고 하였다. 그러므로 삼남 지방에 분정하지 않는다면 달리 종이를 마련할 방도가 없다는 것이다. 호조에서는 계속하여 분정하지 않을 수 없는 이유를 다소 장황하게 설명하고 있다.[09]

그러나 김홍욱의 주장에 따르면, 이것은 연례적인 역이므로 관찰사와 수령이 미리 잘 헤아려서 닥나무 껍질이 많이 생산되는 계절에 맞추어 기일 전에 구매하여 종이를 만들면, 관에서 지급하는 그 값으로도 마련할 수 있다고 하였다. 그러함에도 불구하고 이를 예삿일로 보아서 방치해

---

09 상목(常木) 1필은 백면지로는 3권, 상화지로는 12장으로, 노비의 공목 1필은 백면지로는 7권, 상화지로는 30장으로, 세폐에 쓸 대호지(大好紙) 1권은 세폐 차목(次木) 1필로, 소호지(小好紙) 4권은 차목 1필로 규정을 정하여 구매해서 납부케 하고 있었다(『비변사등록』 인조 27년 3월 28일).

탁지지의 본아전도 중 호조(좌)와 만기요람(우)　서울대학교 규장각 한국학연구원 소장. 호조는 중앙 관서인 6조 가운데 하나로, 전국의 재정을 총괄하고, 호구(戶口)·공부(貢賦)·전량(錢糧)·식화(食貨)에 관한 업무를 관장하였다. 지부(地部) 또는 탁지부(度支部)로도 불렸다. 본아전도 중 호조(탁지부)는 호조의 공간배치를 그린 그림이고(좌측), 만기요람은 정부의 재정과 군정의 내역을 종합한 책으로 재용편과 군정편으로 되어있다(우측).

놓고는 전혀 관심을 두지 않다가 분정할 때에 되어서야 기한을 엄히 정하여 민간에서 다 마련해 내도록 책임을 지우고 있다는 것이다. 그러므로 백성이 원통함을 호소하는 것은 당연한 일이라고 하였다.

호조에서는 이런 내용으로 각 도에 통지하였으며, 또 각 도에서 보내 온 공문에 제사(題辭)를 매겨서 보낸 것이 한두 번이 아니었는데도 아직 효과가 전혀 없으니, 매우 개탄스럽다고 하였다. 그리고 호조에서는 계속해서 각종 종이의 지방별 분정 상황을 자세히 설명하고 있다.

호조가 밝힌 근년에 각 고을에 종이를 나누어 배정한 상황은 이렇다. 대호지 1,000권은 빛깔과 품질이 가장 좋아야 하므로 경상도와 전라도 2개 도에만 정해 주었고, 소호지 1,500권 중에서 500권은 충청도에, 백면지 14,900권 중 5,200권은 경상도에, 6,500권은 전라도에 배정하고, 3,200권은 충청도에 정해 주었다고 한다. 나누어 정할 때 더하거나 줄인 것은 해당 도의 물력이 쇠잔한 지 번성한 지와 종이가 귀한지 흔한지를 참작하였기 때문에 그러한 것이라고 하였다.

호조도 백성의 기쁨과 걱정이 국가 재정을 담당하는 호조에 달려 있다는 것을 알기에 지방의 조세 병폐에 대해 깊이 생각해왔음을 항변하였다. 그러나 모든 백성이 원통하다고 하고 대간이 이처럼 그 폐단을 지적하는데도 사세에 몰리다 보니 변통할 계책이 없어 몹시 답답하고 걱정이라면서 안타까워하고 있다.

다음은 비변사에서 호조에 처리를 맡긴 구관청의 작미에 대한 문제이다. 호조에서는 지난해에 작미 면제가 타당한지는 대신의 의견을 거쳤다고 하면서 별도의 언급을 하지 않고 있다. 그 대신 지난해 함께 제기되었던 각 고을의 수령을 추고하는 문제에 대한 의견만을 피력하였다.

지난해에 이미 관찰사를 통하여 수령들에게 "여러 해가 지나도록 거두지 못하여 징수할 데가 없게 된 곡절을 자세히 알아본 뒤에 처리하라."는 조처가 내렸는데, 아직도 거행하지 않고 있다고 비판하였다. 이는 죄인의 사면을 반포하는 이른바 반사(頒赦)를 기다렸다가 요행히 모면하기를 바라는 것이라고 하였다. 그러므로 관찰사가 덮어둔 것은 매우 부당하다는 것이다. 그러나 충청도 관찰사가 부임한 지 얼마 되지 않았기 때문에 미처 거행하지 못하였을 수도 있다고 하였다.

그러므로 각 고을의 수령을 추고하는 문제는 전에 지시받은 대로 분부하여 문서로 보고하도록 한 뒤에 그 서면으로 심문하는 문서인 함사(緘辭)를 살펴본 다음에 당초 의견을 수렴한 대로 보고하는 것이 좋겠다고 건의하였다. 임금은 아뢴 대로 하라고 하였다. 단지, 전선(戰船)이 있는 각 고을에는 분정하지 않는 것이 마땅하다고 하였다.

한편, 김홍욱이 어영군에게 보인을 지급하는 문제와 관련해 건의하였

어영청인 서울대학교 규장각 한국학연구원 소장. 어영대장 명의로 이천부사 원중희에게 보내는 전령이다. 본청의 중군으로 계하하였으니, 전령이 도착하면 와서 직임을 살피라는 내용의 문서이다.

고, 이를 비변사에서 검토하여 어영청에 이첩하여 처리하게 하였다. 이에 따라 어영청에서도 이첩 사항을 처리하기 위한 검토에 착수하였다.[10]

어영청에서는 먼저 정예군과 관련한 정황을 설명하였다. 어영청을 설립할 초기에는 포와 활쏘기, 모래주머니 들어 올리기를 시험하여 군병을 선발하였다. 그러므로 그들은 신체가 건강하고 나이가 한창때였으므로 사람들이 모두 그들을 정예병으로 불렀다고 한다. 그 후에 모집하는 길이 넓어졌고 어영청에 속하려는 자들이 많아지면서, 사람들이 도리어 쓸모 없는 자들이 많음을 근심하게 되었다고 한다.

---

10 『비변사등록』 인조 27년 4월 21일.

어영청에서는 이렇게 현황을 설명하고 나서 다음과 같이 그들의 견해를 내놓았다. 어영청은 군병들이 지방에 흩어져 있으므로 그 체력이나 재능 여부를 갑자기 파악하기가 어려운 형편이라고 하였다.

이 문제는 도제조 김자점(金自點, 1588~1651)이 이미 임금에게 여러 차례 아뢰었다고 하였다. 즉, 대장 이완(李浣, 1602~1674)에게 가을 수확기를 기다렸다가 삼남 지방을 순시하며 검열하게 하되, 그들의 재주와 기예를 시험하여 정예를 선발하고 쓸모없는 자들을 퇴출하는 방식을 제시하였으므로 그대로 하면 될 것이라고 설명하였다.

다음으로 어영청에서는 보인을 지급하는 문제를 설명하였다. 비변사의 설명과 마찬가지로 당초 사목에는 보인 1명만 지급한다고 하였다. 그러나 병자년(1636) 9월에 고(故) 완풍부원군 이서(李曙, 1580~1637)가 어영청의 군병에게 각기 전마, 갑옷과 투구를 갖추게 하고 3명의 보인을 지급하라는 의견을 내어 윤허를 받았다.

그렇지만 일이 시행되기 전에 전란이 일어났고 군병들이 말과 갑옷을 갖추는 일이 없는데도, 3명의 보인을 차지한 자들이 많이 있었다고 하였다. 또한 군인 명부인 군안(軍案)을 살펴보면 3명의 보인이 있는 자는 560명인데, 김홍욱이 "염치없이 3인의 보인을 차지하였고, 곳곳이 모두 그러하다."라고 비판한 것은 이러한 현상을 가리킨 것이라고 하였다.

이에 따라 어영청에서는 이완이 점검할 때 어영군에게 갑옷과 전마를 갖추게 하고, 갖추기 어려운 경우에는 3인의 보인을 뽑아서 보인이 없는 사람에게 지급하는 것이 합당할 것 같다고 의견을 내었다.

끝으로 번을 나누는 문제는 대오를 편성하고 있으므로, 이 일이 끝난 뒤에 다시 여쭈어서 결정하는 것이 좋겠다는 의견을 내놓았다.

福建按察司金文点公畫像
憲宗大王 御賜詩
答肖相國龍心 仏瓜風旅依
惟恩尓相口大警之後依来
考忠王之己居囿黃府曰胴初一
口禮闍胂呵丁立朝尓九亙
小子欽宗

4부

충청도 대동법 시행의 책임자가 되다

학주 김홍욱 평전

조(租)·용(庸)·조(調)법과
조세제도 개혁

조선왕조의 조세제도를 합리적으로 이해하기 위해서는 동양 전통사회 조세제도의 원류라고 할 수 있는 당나라의 조(租)·용(庸)·조(調)법을 우선 파악할 필요가 있다. 우리나라 전통 시대의 조세제도도 조·용·조법의 큰 틀에서 벗어나지 않았기 때문이다. 여기에서 조(租)는 토지 소유자에게 세금을 부과하여 곡물을 거둬들이는 것이고, 용은 사람에게 역역(力役)을 부과하거나, 그 대신 물품으로 거두는 인두세의 성격을 지녔으며, 조(調)는 호세(戶稅), 즉 가옥세로서 지역 토산물을 바쳤다. 우리나라의 조세제도도 이 조·용·조법을 근간으로 큰 틀이 유지되어왔다.

조선의 조세제도도 이 틀에서 벗어나지 않았다. 전세, 군역과 요역, 그리고 공물을 바치는 공납제가 그것이다. 그 가운데서도 지역 토산물을 공물로 바치는 공납이 백성들에게 가장 큰 부담이었다. 비록 자연재해 등으로 생산에 차질이 생기더라도 부·목·군·현과 같은 지방 관아의 책임 아래 그 지역 특산물을 공물로 바쳐야 했다.

국가에서는 '방납'의 방식을 채택하였는데, 중개인을 두어 공물을 납부받았다. 이들이 백성들을 대신하여 특산물을 납부하고 대신 백성에게서 그 대가를 받아내는 것이다. 그런데 이 과정에서 방납인들이 몇 배의 이익을 취하는 경우가 적지 않았다. 이러한 방납 과정에서의 폐단으로 농민들의 삶이 피폐해졌을 뿐만 아니라 국가의 재정 수입도 감소하게 되었다.

공물, 즉 공납은 조선의 조세 가운데 가장 심각한 폐단이 된 지 오래되어 더 이상 개혁을 미룰 수 없게 되었다. 반면에 조·용·조 제도 아래서도 토지가 없는 사람에게는 전조(田租), 즉 전세가 부과되지 않았다. 전조의 부과 대상은 토지였기 때문이다.

그러나 문제는 비록 토지가 없다고 하여도 용(庸)과 조(調), 즉 역역과 공납을 피할 수는 없었다. 이것은 사람, 즉 인정(人丁)과 호(戶)에 부과되었기 때문이다.

이를테면, 흉년이 들어 조정에서 백성의 전세를 줄여주어도, 그들이 내야 하는 용과 조(調)는 그대로 남아 있었다. 더욱이 이 당시 조선에서는 지역에 따라 차이가 있었지만, 평균적으로 용(庸)과 조(調)는 조(租)보다 10배 이상 무거운 부담이었다. 오히려 전조는 백성들이 감당해야 하는 조세 가운데 적은 편이었다.

조정에서 가난한 백성의 부담을 줄여주려는 정책을 펴려고 해도 조·용·조 제도 아래서는 쉽지 않았다. 조·용·조 제도는 토지를 가진 사람들의 세 부담을 줄여줄 수는 있어도, 인두세와 호세는 토지와 무관하게 부과되고 있었기 때문에 토지가 없거나 약간의 토지를 소유한 농민에게는 실질적 혜택이 돌아갈 수 없는 구조였기 때문이다. 다시 말해, 전세를 줄여주면 그 혜택은 땅 없는 백성이 아닌 지주들에게 돌아갈 뿐이었다.

현종 때 봉교(奉教) 유명윤(兪命胤, 1629~1669)은 이런 현상을 빗대어서

자운서원 경기도 파주 소재. 사적 525호. 율곡 이이의 학문과 덕행을 기리기 위해 건립된 서원이다. 자운서원 뒤편으로는 이이와 신사임당 등 일가의 묘가 있다. ©문화재정

"세금의 감면 혜택은 중민 이상에게만 미칠 뿐입니다. 소작인이나 땅이 없는 자에게는 조금의 혜택도 없어서 그들은 끝내 죽음을 면하지 못합니다."[01]라고 직설적으로 말한 것도 과장된 표현이라고는 할 수 없다.

그러므로 진정한 개혁은 전세를 줄여주는 것이 아니라, 공물을 변통해야 한다는 주장이 잇따라 나오게 된 것이다. 임진왜란 이전부터 율곡(栗谷) 이이(李珥, 1536~1584)가 공물 변통론을 주장함으로써 조야에 큰 반향을 불러왔다. 이이의 개혁안은 이후 공물 변통을 주장하는 후학들에 의해 큰 틀의 규범이자 표준이 되었다.

---

01 『현종실록』 권 3, 현종 원년 9월 9일 신유.

임진왜란 이후 공물 변통 논의가 활기를 띠었다. 그것은 크게 공안 개정론과 대동법이었다. 여러 특징이 있지만 크게 보면 공안 개정론은 공물의 총액을 줄이는 것이고, 대동법은 전결을 대상으로 공물 가를 부과하고 그것을 쌀이나 포로 받는 것이다.

원래 공안 개정론과 대동법은 미분화 상태로 있다가 인조 때의 재생청(裁省廳) 활동을 통해서 분화되었다. 즉, 이들의 원형은 이이가 제시한 공안 개정안이었다. 재생청 활동 이후에 이이의 공안 개정론 일부는 대동법으로, 일부는 공안 개정론으로 흡수되었다.[02]

다시 말해 조정 관료와 학자들은 공물 개정을 위해 크게 공안 개정론의 방식 또는 대동법의 시행을 주장하면서 이를 현실화하려고 노력하였다. 그리고 당연하지만, 그러한 논의의 대세는 점차 대동법 시행으로 옮아갔다.

---

02 이정철, 『대동법』, 역사비평사, 2010, 167쪽.

공안 개정을 통한
공물 변통 주장과 대동법에 대한 견해

김홍욱은 민생에 깊은 관심과 함께 전문성을 갖추고 있어서 조정에서도 그를 '민생 전문가'로 부를 정도였다.

그렇다면 김홍욱의 공물 변통에 대한 견해는 어떠하였을까. 결론부터 말하면 김홍욱은 처음에 대동법 지지자가 아니라 강력한 공안 개정론자였다. 그의 공물 변통론은 개혁안을 정리한 논전제 6조 중의 「공물」조에 잘 나와 있다. 그는 전제 6조 중에서 「공물」을 최우선 개혁안으로 제시하였다.

김홍욱은 공물 납부가 가중된 근본 원인을 지적하면서, 그 운영상 폐단 원인으로 '사주인(私主人)'을 지목하였다. 그가 생각하기에 사주인 때문에 생겨난 폐단을 보면, 첫째, 사주인에게 방납을 독점하도록 조장하였다는 것이다.

이들 사주인은 배당받은 토산물이 해당 지역에 없는 경우, 다른 곳에서 그 특산물을 구입해 와서 납부하고 그 대가를 받았다. 이 과정에서 다양한 폐단이 생긴 것이다.

두 번째는 이 사주인들은 그 자리를 대대손손 전하면서 유지하고 있으며, 심한 경우 자리를 매매하기까지 한다고 비판하였다. 그리하여 이들은 이미 큰 이익을 누리면서, 모두 부자가 되어 호화롭게 살고 있다고 꼬집었다.

김홍욱은 공물의 폐단은 곧 사주인의 폐단에서 비롯되었다고 하였다. 이 때문에 개혁을 주장하는 지식인이나 관료들이 개선하려고 논의를 시작하면, 사주인들은 권력으로 조정에 항거하곤 한다. 이때 세속에 물든 재상은 시비를 살피려는 것이 아니라 유언비어에 현혹되어서, 이들을 진정시켜 세속에 따르자는 논의를 주창하고 개선하려는 시도를 막는다.

김홍욱은 이러한 관행들을 과감하게 개선해야 한다고 주장하였다. 사주인들 때문에 나라를 망하게 둘 수는 없다는 논리이다. 이처럼 김홍욱은 사주인의 폐해를 극복하고 현지 토산물을 납부하게 하여 공물가를 낮추어주면 공납제의 병폐를 해결할 수 있다고 주장한 것이다. 이것이 이른바 공안 개정론에 입각한 공물 개선안이다.

그렇다면 공물 개선안을 작성할 무렵 김홍욱은 전국에 걸친 대동법, 즉 팔도 대동법에 대한 견해는 어떠하였을까. 그도 팔도 대동법이 가장 편리하다는 데는 크게 이의를 제기하고 있지는 않다. 그러나 과연 대동법이 성사될 수 있을지에 대한 의문을 나타내고 있다.

김홍욱이 팔도 대동법 시행이 어려울 것이라고 주장하는 가장 큰 이유로는 임금이 변혁을 어려워하고 지체하여서 전면적 대동법 시행을 허락하지 않을 것이라는 점을 들고 있다. 임금이 허락하지 않으면 혼란만 초래할 뿐이고, 시행할 수 있는 도리가 없다는 것이다. 그러므로 현 단계로서는 대동법이 아닌 현실적인 개선안을 시행해야 한다는 것이다.

김홍욱은 임금이 시행하기 어렵다고 생각하지 않으며 사주인들도 유언비어를 퍼뜨리면서 저지하지 못할 안이 필요하다고 생각하였다. 그것은 대략의 규정을 고쳐서 시행하는 일이었다. 새로운 방식이라기보다는 공물 납부의 가장 전통적인 방식인 현지 토산품 '본색(本色)으로 상납'하게 하는 일이다. 그렇다고 하여 전통의 방식을 그대로 따르는 것은 아니다. 전통을 지키면서도 김홍욱 나름의 개선안을 마련한 것이다. [03]

김홍욱은 본색으로 상납하게 해야 한다고 하면서, 사주인의 사역 대가는 종전처럼 본 고을로 가져와 모두 바친 다음, 청대(請臺)한 자리에 사주인을 불러와 하나하나 나눠주면 남봉(濫捧)하는 폐단을 없앨 수 있다고 하였다. 청대는 원래 각 관청에서 12월 말에 일년간의 업무를 마치고 창고를 봉할 때 사헌부 감찰의 입회를 요청하는 일이다. 김홍욱은 이처럼 사주인이 자행하는 비리와 폐해에는 단호히 대응하면서도 그들의 생업은 보장해주어야 개선안이 성공할 수 있을 것으로 본 것 같다.

이미 공물을 배정한 후에는 각 읍에 반드시 본색으로 상납하게 하고, 부근의 4, 5읍을 돌려가며 아울러서 정하게 한다. 이때 각 읍의 수령이 본색을 준비한다. 그러면 호조에서 차사원(差使員)을 해당 지역에 파견한다. 그에게 수령과 함께 거둬들인 후에 직접 챙겨서 서울로 운송하게 하는 것이다.

김홍욱은 호조에서 공물을 수납할 때 해 온 관행을 개선할 것도 요청하였다. 이를테면 공물을 상납할 때 호조주인의 인정작지(人情作紙)에 대한 개선이 필요하다는 것이다. 관행이기는 하지만, 이를 최대한 줄이고,

---

03 본색으로 상납해야 한다는 주장에 대해서는 5부 경제와 국방개혁안을 제시하다, 중 '공물은 본색으로 상납하자'에서 상세하게 기술하였다.

사사로이 사용하는 사례들이 늘어난다면 이를 없애야 한다고 주장하였다. 아울러 여러 관아에서 사주인에게 공적·사적인 잡일을 맡기는 폐단도 없애야 한다고 주장하였다.

김홍욱은 이러한 자신의 개혁안에 대한 자부심이 매우 컸던 것 같다. 그는 자신의 제안이 실행된다면, 공물 방납에 대한 폐단이 변통될 것이므로 대동법을 시행하지 않아도 해결될 것이라고 주장하였다.

요컨대 그 지방 토산물로 상납하면 비용을 낭비하지 않고도 일을 해낼 수 있고, 물품이 정결하고 좋음도 방납 때보다 낫고, 민간의 요역도 팔도 대동법을 시행하는 것보다 가벼워진다는 것이다.

또 예전부터 진성(陳省)은 모두 본색으로 상납하였기 때문에 지금 본색으로 상납하게 하면, 옛법을 준수하게 하는 것이기 때문에 임금도 윤허하지 않을 수 없을 것이라고 하였다.

김홍욱은 옛법을 준수하는 것, 즉 본색으로 상납하는 것이 공물을 거두는데 효율적이라고 생각하였다. 그는 이때의 옛법을 공물의 본색 상납으로 이해한 것이다. 즉, 현지 토산물을 현물로 바치는 본색 상납에서 필연적으로 발생하기 마련인 방납은 조정에서 엄격히 금지하면 막을 수 있다고 생각하였다. '임토작공(任土作貢)'을 주장하는 사람들이 방납 대책으로 생각하는 것이 조정에 의한 엄금주의였다.

김홍욱도 이와 같은 생각이었다. 그리고 공납 문제 폐단의 핵심은 방납에 있는 것이지, 현물납에 있다고는 생각하지 않았다. 다시 말해 방납과 현물납의 연관성을 인정하지 않은 것이다.[04]

---

04 이정철, 앞의 책, 163쪽.

김홍욱이 주장한 개혁안의 핵심은 임토작공과 공물의 전결 기준 분정을 결합한 형태였다. 종래의 공안 상정론자들도 공물의 분정이 어느 정도는 각 고을의 전결 규모에 따라야 한다는 점에 동의하였지만, 김홍욱은 이를 최고도로 발전시킨 형태로 제시하였다. 이 과정에서 사주인의 이익을 보전해주는 것을 잊지 않았다. 사실, 이 시기에 공물 변통을 주장하는 논자들 간에 사주인의 존재와 역할을 인정하는 분위기가 지배적이었다.[05]

조익에게 서신을 보내다

포저(浦渚) 조익(趙翼, 1579~1655)은 경기도 광주 출신으로 1602년(선조 35)에 문과에 급제하였다. 1611년(광해군 3년)에는 김굉필(金宏弼, 1454~1504)·조광조(趙光祖, 1482~1519)·이언적(李彦迪, 1491~1553)·정여창(鄭汝昌, 1450~1504) 등 조선 전기의 대표적 유학자들을 문묘에 배향해야 한다고 주장하였다. 이 일로 고산도 찰방으로 좌천되었다. 이후 인목대비가 유폐되자 벼슬을 그만두었다. 인조반정이 성공하자 삼사의 인사권을 주관하는 이조 좌랑으로 복귀하였다. 20대부터 우정을 지킨 최명길(崔鳴吉, 1586~1647)·이시백(李時白, 1581~1660)·장유(張維, 1587~1638)와 함께 사우(四友)로 불리기도 하였다. 조익의 아들이 이시백의 딸과 결혼함으로써 사돈이 되었다. 송준길, 송시열과도 우호적 관계를 맺었다.

---

05   이정철, 위의 책, 164~165쪽.

포저유서 및 송곡문집 판각 충남 공주시 마곡사 소재. 충남 유형문화재 126호. 포저 조익의 시문집인 포저유서와 그의 셋째 아들 송곡 조복양의 시문집인 송곡집을 새긴 목판이다. 포저유서 목판 377매, 송곡집 목판 256매이다. 조익은 김육과 함께 대동법 시행에 진력하였고, 우의정, 좌의정 등을 역임하였다. 조복양은 김상헌의 문인으로 예조판서를 지냈다.

　　그는 김육과 함께 대표적인 대동법 시행론자이다. 인조 초의 삼도 대동법의 사목은 사실상 그가 만든 작품이다.

　　'민생 전문가'의 칭호를 가진 김홍욱은 상중에 있는 동안에도 늘 민생을 걱정하면서 본인 생각을 정리해 갔다. 이 무렵 김홍욱은 고향에 머물면서 백성들의 노고와 병폐를 목격하였다. 폐단의 실상을 정확히 파악하기 위해 지속적인 노력을 기울였고, 병폐를 구제할 방법들을 조목조목 적기 시작하였다. 그리하여 공물 개혁안이 포함된 「논전제 6조」를 저술한 것이다.

　　김홍욱은 처음에 공물 개혁안을 작성하였다는 사실을 외부에 공개하지 않았던 것 같다. 겸양의 표현이긴 하지만, 그가 스스로 생각하기에 채택할 만한 것이 못되어서 상자 속에 놔두고 남에게 보여 주지 않으려 했기 때문이라고 한다. 그러나 김홍욱의 개혁안은 알음알음으로 주위에 알려진 것 같다.

이때 조익의 아들 조복양(趙復陽, 1609~1671)을 비롯해 몇몇이 김홍욱이 작성한 개혁안을 보고 싶다고 요청하였다. 대동법 시행을 강력히 주장하던 조익의 아들이 김홍욱을 방문한 것이다.[06]

이에 김홍욱은 서신으로 그의 개혁안을 조복양에게 보낸 것 같다. 그러므로 김홍욱은 조익도 이 내용을 읽었을 것으로 생각하였다. 그리하여 조익에게 자신의 공물 개선안에 대한 의견을 받고 싶다는 서신을 보내게 되었다. 김홍욱은 조익에게 서신을 보내 자신이 구상하는 공물 개선안을 설명하고 동의를 구한 것이다.

김홍욱은 조익에게 보낸 서신에서 급선무는 공물 변통보다 중요한 것이 없다고 전제하면서 자신이 작성한 공물 개선안을 요약해서 설명하고 이해를 구하였다. 사람들이 모두 팔도 대동법이 가장 편리하다고 말하는데, 정말 편리하다고 해서 반드시 시행할 수 있을 지 모르겠다고 하였다. 편리하다고 해도 대동법은 대변혁이므로 반드시 위, 아래의 의혹을 사서 성사될 리 없다는 뜻이다. 그러면서 호패법이 실패한 사례를 들었다.[07] 이때 '위'는 임금을 말하고, '아래'는 방납에 관계된 이해 당사자들을 가리킨다.

그러므로 김홍욱은 변혁해서 성사되지 못한다면 이전의 법을 약간의

---

06 『학주선생전집』 권 8, 서독 육수, 상포저조상국익서 무자.
07 『학주선생전집』 권 8, 서독 육수, 상포저조상국익서 무자.

절목을 바꾸어 시행할 수 있도록 하는 것이 낫다고 하였다. 이때 김홍욱이 주장하는 핵심 내용은 방납은 엄금하고 본색은 그대로 보존하라는 것이다. 김홍욱은 이렇게 함으로써 백성을 편하게 하고 역을 가볍게 하는데 이보다 더 좋은 방도가 없다고 하였다. 그는 대동법은 여러 논의를 거친 뒤에야 시행할 수 있지만, 자신의 안은 당장 시행해도 꺼릴 것이 없다고 하면서, 실용적임을 강조하였다.

호서대동법 시행을
결정하다

인조 때 대동법을 시행하려는 노력이 몇 차례 있었으나, 국왕이 반대하였고, 관료들도 다수가 공안 개정을 주장하면서 대변혁인 대동법의 시행은 시기상조라고 하였다. 이처럼 여러 면에서 여건이 성숙하지 못하여 대동법은 성사되지 못하였다. 그러나 삼도 대동법이 시행되었고, 재생청 활동 등이 이뤄짐으로써 대동법 시행을 위한 분위기는 커지는 상황이었다. 인조 때는 아무래도 전면적인 대동법 시행보다는 공안 개정을 통해 공물을 변통하려는 것이 대세였다.

김홍욱도 이때까지는 공안 개정을 통한 공물 변통, 즉 방납의 폐단 제거와 토산물의 현물 납부를 통해 농민의 부담을 줄이는 것이 최선이라고 생각하였다. 그리고 '민생 전문가'로서 그의 개선안은 여러 사람의 관심을 불러일으키기도 하였다.

효종이 즉위하자마자 대동법 시행에 대한 논의가 시작되었다. 연천군(延川君) 이경엄(李景嚴, 1579~1652)이 선혜법, 즉 대동법 시행을 위해 삼남에 먼저 시험적으로 시행할 것을 요청하자, 임금이 대신들의 의견을 물었다.

좌의정 이경석(李景奭, 1595~1671)과 우의정 정태화(鄭太和, 1602~1673)는 담당 자에게 호서의 민역과 현재 경작하고 있는 전결을 참작해서 반드시 납부 할 미포의 수를 정확하게 파악하게 한 후에, 이를 자료로 삼아서 관찰사 와 함께 여러 차례 심도 있게 논의해서 폐단이 없겠다는 확신이 들면 시 행하고, 이후 다른 도까지 확대해서 시행하라고 건의하였다. 영돈녕부사 김상헌(金尙憲, 1570~1652)은 민생의 고통을 덜어주기 위해 서둘러야 할 일 이지만, 만약 일이 잘 안되어 폐해가 생긴다면, 비난하는 사람들이 있을 것이므로, 아예 몇 달을 기다렸다가 선왕의 상을 마치고 나서 시행하라고 아뢰었다. 임금은 김상헌의 건의를 받아들였다.[08]

이 무렵 대동법 시행을 찬성하는 사람들 가운데서도 실시 범위에 대해 의견 차이가 있었다. 팔도 실시안, 삼남 실시안, 양호 실시안, 충청도 실시 안 등 다양하였고, 이중 충청도 실시안은 가장 신중한 안이었다. 비변사 도 이 안에 동의하였다.[09]

대동법 시행에 대한 구체적 논의는 우의정 김육(金堉, 1580~1658)의 주 도로 1649년(효종 즉위년) 11월에 시작되었다. 그는 대동법은 새 임금의 즉 위 초에 실시해야 하며, 이듬해에 바로 시행할 수 있도록 겨울 전에 모든 논의를 마치자고 하였다. 김육은 "오직 전하만 믿는다."라고 하면서 강력 하게 임금의 결단을 촉구하였다. 좌의정 조익도 김육을 지원하면서 대동 법 시행을 촉구하였다. 김육은 "옳다고 여기시면 행하시고 불가하면 신

08 『효종실록』권 1, 효종 즉위년 7월 11일 무진 2번째 기사.
09 이정철, 앞의 책, 177쪽.

을 벌주소서."[10]라고 하면서, 마치 '목숨을 건 듯이' 대동법 시행에 집착하였다.

이듬해 연초에도 김육은 대동법 시행을 촉구하였다. 이에 효종이 이조 판서 김집(金集, 1574~1656)에게 의견을 구했으나 '불가하다'라는 답변을 들었다고 하면서, 시행이 어렵다고 하였다. 김상헌도 이미 대동법 시행에 부정적 의견을 표명한 바 있다. 김육은 임금이 김집의 반대를 이유로 대동법 시행을 주저하자 즉각 사의를 표명하였다. 김집은 대동법 시행으로 김육과 마찰을 빚자 사의를 표하고 고향 연산으로 돌아갔다.[11]

1650년(효종 1) 6월에 사간원에서 대동법 시행을 요청하였다. 대사간 민응형(閔應亨, 1578~1662)이 주도하였다. 삼남에서 동시에 대동법을 시행하기는 어려움이 있기에 일단 충청도에서 시행하자고 요청하였다.

같은 달 조강에서 조익이 '요역을 균등하게' 해야 한다는 말을 꺼내며 대동법 시행에 대한 논의를 이끌었다. 대동법 찬성론자인 호조판서와 형조판서에게 이 일을 주관하게 해야 한다는 것이다. 호조판서 이기조(李基祚, 1595~1653)는 유보적으로 의사를 표명하였고, 형조판서 이시방(李時昉, 1594~1660)은 편리하다고 하였다. 임금이 추후 논의하겠다고 하였다.[12]

6월 12일에 비변사에서는 사간원이 대동법 시행을 건의한 것을 참작해서 의견을 아뢰었다. 아울러 지금까지 대동법 시행에 대해 논의해 온 과정 전반을 아뢰었다. 비변사에서는 삼남의 공안이 고르지 못한 점이 가

---

10 『효종실록』 권 2, 효종 즉위년 12월 3일 정해 1번째 기사.

11 『효종실록』 권 3, 효종 1년 1월 21일 을해 3번째 기사.

12 『효종실록』 권 4, 효종 1년 6월 10일 임진 1번째 기사.

장 큰 걸림돌이었음을 밝히면서, "각도 전결의 원수를 계산하여 공물의 많고 적음을 정하고 이에 따라 쌀과 베로 나누어 내게 함으로써 너무 무겁거나 가볍게 매겨지는 일이 없도록 하는 일이 가장 중요하다."[13]라고 아뢰었다. 그리고 이 일은 호조에서 전담해야 하겠지만, 형조판서 이시방이 시무에 밝기 때문에, 그에게 겸하여 살피게 할 것을 건의하였다.

비변사에서 아뢴 다른 건은 양호, 즉 충청도와 전라도의 결당 공물가를 정하는 문제이다. 조익의 말을 인용하여, 1결당 쌀 3~4말을 거두어서 각사의 공물가로 삼는 것이 합리적이고 최선책이라고 하였다.

1651년(효종 2) 초에 대동법 시행을 위해 전력투구해온 김육이 영의정에, 강력한 대동법 시행론자 이시백이 좌의정에 임명되었다.[14] 우의정 한흥일(韓興一, 1587~1651)도 대동법 시행에 별다른 반대를 하지 않았다. 김육으로서는 자신이 총력을 기울였음에도 흐지부지한 대동법 시행을 실현할 수 있는 절호의 기회를 맞이한 것이다.

대동법 시행에 우호적 조건이 조성된 시기인 1651년(효종 2) 6월에 김육은 민응형이 제안한 '공물가로 전라, 충청도에서 1결당 쌀 3말을 수취하는 방안'을 논의에 붙였다. 이른바 삼두미법(三斗米法)[15]이다.

효종은 이시방에게 민응형의 상소에 대한 의견을 물었다. 이시방은 이 법을 시행하는 것이 편리하겠다고 말하면서도, 시행 여부는 전적으로 지부(地部), 즉 호조에 달려 있다고 대답하였다. 호조판서가 강력한 대동법

---

13 『효종실록』 권 4, 효종 1년 6월 12일 갑오 2번째 기사.
14 『효종실록』 권 6, 효종 2년 1월 11일 기축 2번째 기사.
15 『효종실록』 권 6, 효종 2년 6월 3일 무신 1번째 기사.

반대론자인 원두표(元斗杓, 1593~1664)이기 때문에 그를 의식한 발언이다.

원두표는 1결당 3두를 거둔 뒤에 더 걷지 않을 수 있으면 좋겠지만, 부득이 더 걸을 일이 생기면 폐단이 클 것이라면서 반대하였다. 이때 대동법 시행에 우호적이던 형조판서 허적(許積, 1610~1680)도 반대하였다. 그는 호서에만 시행하려면 결당 3두로는 부족하다고 하였다. 결당 3두만 거두려면 호서에서 부담하는 일정 부분을 호남으로 이전해야 하는데, 이 과정에서 폐해가 있을 것을 염려하였다.

대동법 시행에 대한 논의는 계속되었다. 1651년 6월 20일에 비변사에서는 호서에 국한해서 대동법을 시행하자고 건의하였다. 호서에 부역이 편중되어 있기에 이를 변통하기 위해서이다.[16]

이날의 논의를 거치고 나서, 우의정 한홍일이 삼남에 대동법을 시행하자고 주장하였다.[17] 이에 임금은 삼남에 시행하는 것은 어렵다고 하였다. 효종은 비변사가 건의한 '호서대동법'이 현실적이라고 생각한 것 같다.

1651년 7월 13일에 임금과 영의정 김육을 비롯해 대신과 비변사의 주요 신료들이 모인 가운데 삼두미법에 관한 논의가 있었다.[18] 이 자리에서 효종이 호서에 시행할 삼두미법에 대한 여론을 물었다.

---

16 당시 호서지역의 부역 부담이 크다는 것은 상식으로 생각되었던 것 같다. 이를테면, 이기조는 "호서는 경작지는 적은데 역은 무거우며, 양남(兩南) 즉, 경상도와 전라도는 경작지가 많은데 역이 가벼우니, 역을 고르게 하는 것이 어찌 바른 뜻이 아니겠습니까."라고 하였다.(『효종실록』 권 4, 효종 1년 6월 10일 임진 1번째 기사). 또 허적은 "전결로 논하면 호서는 14만 결이고 호남은 19만 결입니다. 그러나 호서의 부담이 호남보다 무거우므로 균역의 청이 이 때문에 나오게 되었는데, 호서 우도의 부역을 좌도로 옮겨 분담시키면, 좌도의 백성이 감당하지 못할 것입니다"라고 하였다.(『효종실록』 권 7, 효종 2년 7월 13일 무자 1번째 기사).

17 『효종실록』 권 7, 효종 2년 7월 9일 갑신 2번째 기사.

18 『효종실록』 권 7, 효종 2년 7월 13일 무자 1번째 기사.

김육이 비록 대동법을 시행하지 않더라도, 먼저 이 법을 시행하면 편리하고 좋겠다고 하였다. 이시방은 충청도에서만 시행하면 삼두가(三斗價)가 부족할 것이라고 하였다. 이에 대해 효종은 호서와 호남에서 동시에 시행할 수는 없다고 하였다. 허적도 이를 호서에만 시행하면 대동법보다 못할 것이라고 하였다. 대동법은 일시에 세미로 바친 후에는 잡역이 없기 때문이다. 반면에 삼두미세로 호서에서 결당 3두를 거둬서는 공물이 부족할 것이 예상되었고, 그러면 추가 징수로 이어질 수밖에 없기 때문이다. 논의 끝에 김육의 건의로 이시방과 허적에게 삼두미법을 관장하게 하였다.

이때 비변사에서 조석윤(趙錫胤, 1606~1655)을 대동법 당상으로 추천하였다. 그러나 그는 극구 사양하였다. 그는 대동법을 시행하려면 호서와 호남이 동시에 시행해야 하고, 공안을 바로잡는 일이 시행하기 쉽고 백성들이 동요하지 않을 것이라고 주장하였다. 그러면서 대동청 당상 직은 맡지 않겠다고 한 것이다.[19] 그러자 비변사에서는 조석윤의 의견을 반박하면서 대동청 당상을 바꿔서 임명하라고 건의하였다.

이에 효종은 조석윤에게 호서대동법도 반대하면서 양호에서 시행하자고 한다면서 핀잔을 주었다. 조석윤은 상소를 올려 대동법에 반대하는 이유를 적시하였다. 내용의 핵심은 선대에도 백성들이 대동법을 불편하게 여겨서 시행하지 못했다는 점과 땅을 많이 가진 백성은 일시에 미와 포를 마련하기 어렵다는 점을 들었다. 이러한 이유는 대동법을 반대하는 지방의 유력 부호들의 핵심 저항 논리와 맥을 같이하는 것이다.

---

19 『효종실록』 권 7, 효종 2년 7월 23일 무술 3번째 기사.

그러나 이러한 조석윤의 반대 논리가 지방 토호들의 여론에 동조하는 것이 아니라, 현실적으로 가장 우려하는 부분이었다. 왜냐하면, 대동법 시행으로 공물 납부가 전결세로 바뀌는 것은 지방 토호들 또한 전결에 따른 납부를 피할 수 없게 되기 때문이다. 이에 따라 전결의 다과에 따른 공물을 납부하게 된 토호들의 저항이 충분히 예상되었고, 이를 해결하는 것이 대동법 성패의 과제 중 하나였다.[20]

조정에서는 호서대동법 시행을 결정하였지만, 여전히 원두표와 같이 반대하는 신료들이 있었다. 그러므로 호서대동법 시행을 조율하기 위한 최종 작업이 있었던 듯하다. 이를테면 김육이 원두표가 거만하다고 아뢰는 장면이 이러한 사례이다.[21]

이러한 과정을 거치고 나서 '호서대동법을 비로소 정하였다'. 조선왕조실록에서는 그 과정을 요약하여 다음과 같이 서술하고 있다.

> 영의정 김육이 극력 주장하였고, 또 충청도는 공법(貢法)이 더욱 고르지 못하다고 하여 먼저 시험할 것을 요청하였다. 임금이 여러 차례 여러 신하에게 물으니, 혹자는 그것이 편하다고 말하고, 혹자는 불편하다고 말하였다. 이에 임금이 김육 등 여러 신하를 인견해서 대동법이 편리한 지 여부를 익히 강론하여 비로소 호서에서 먼저 행하기로 하였다.[22]

---

20 이정철, 앞의 책, 198쪽.
21 『효종실록』 권 7, 효종 2년 8월 3일 무신 2번째 기사.
22 『효종실록』 권 7, 효종 2년 8월 24일 기사 3번째 기사.

호서대동법 사목 표지 서울대학교 규장각 한국학연구원 소장. 호서대동법의 시행규칙을 정리한 책. 김육의 호서대동절목 서에 이어 대동사목 81조와 호서선혜청 좌목으로 구성되어 있다. 좌목에는 선혜청 책임 관원이 기재되어 있다. 도제조에 영의정 정태화, 좌의정 김육, 우의정 이시백, 제조는 호조판서 이시방, 예조판서 남선, 호조참판 허적 등이 겸직하고 있다.

　　이처럼 삼남 지방의 특수성을 고려하여 그중 농민의 부담이 가장 무거
웠던 충청도에서만 시험적으로 시행해 보자는 타협안이 채택된 것이다.[23]

　　호서대동법의 내용은 1도를 통틀어서 1결마다 쌀 10두씩을 징수하되,
봄가을로 나눠서 각각 5두씩 징수하였다. 그리고 산중에 있는 고을은 매
5두마다 무명 1필씩을 공납하였다. 대·중·소읍으로 나누어 관청의 수요
를 제하여 주고, 또 남은 쌀을 각 고을에 맡겨 헤아려 주어서 한 도의 역
에 응하게 하고, 그 나머지는 선혜청에 실어 올려서 각사의 역에 응하게
하였다.[24]

23　한영국, 「대동법의 시행」, 『한국사』 30, 국사편찬위원회, 1998, 487쪽.
24　『효종실록』 권 7, 효종 2년 8월 24일 기사 3번째 기사.

충청도 관찰사로서
호서대동법 시행을 지휘하다

효종 때 김육이 대동법 시행의 중추적 역할을 했다는 사실에는 논란의 여지가 없을 것이다. 그가 호서대동법의 시행을 결정하는 과정과 이후 운영을 설계하는 과정에서의 역할은 크게 두 가지로 생각해볼 수 있다.

하나는 김육이 대동법 시행의 정치적 후원자, 즉 대동법 시행에 반대하는 사람들로부터 대동법을 지켜내는 방패막이 역할을 했다는 점이다. 조정에서 대동법 시행에 가장 강력하게 반대하는 사람은 호조판서 원두표였다. 조정에서 그의 영향력이 적지 않았기에, 그를 설득하거나 낙마시켜야만 원활한 대동법 시행을 기대할 수 있었다. 그리고 중앙에서 공물 업무를 총괄하는 자리에 있는 호조판서를 대동법 찬성론자로 앉히는 게 중요하였다.[25]

그래서 김육은 자신을 대신하여 조정에서 대동법을 총괄할 인물로 이

---

25 이정철, 앞의 책, 189~190쪽.

시방을 내세웠다. 즉, 김육은 호조판서 원두표가 자신과 대동법에 대한 논의 한번 없었다고 하면서, 국왕에게 교체할 것을 요청하였다. 결국 호조판서 원두표가 물러났다. 그리고 대동법 시행에 강력한 의지를 가진 이시방이 호조판서가 되었다.[26]

두 번째 김육의 역할은 대동법을 시행하는 현지에서 그 법이 원활하게 시행할 수 있도록 지원하는 일이었다. 방법은 여러 가지가 있었겠으나, 김육은 누구에게 호서대동법을 총괄할 충청도 관찰사를 맡기느냐에 주목하였다. 왜냐하면 관찰사는 실제로 한 도의 대동법 시행을 총괄함은 물론이고, 그의 역량에 따라서 시행의 성패를 좌우할 수도 있기 때문이다. 그러므로 충청도 관찰사는 해당 업무에 대한 해박한 지식과 업무능력, 그리고 해당 지역에 대한 폭넓은 이해가 전제되어야 했다.

김육은 충청도 서산 출신의 김홍욱을 주목하였다. 김홍욱이 누구보다도 '민생 전문가'로 이름이 나 있었고, 특히 공물 개혁안을 비롯한 민생 개혁안을 제출하여 조야의 관심을 끌었기 때문이다. 물론 그가 대동법 시행론자는 아니었다.

그러나 김육은 대동법 시행이 현실이 된 상황에서 김홍욱도 대변혁인 대동법을 마다할 이유가 없다는 것을 알고 있었을 것이다. 더욱이 김홍욱의 고향은 서산이다. 이곳에서 부모를 봉양하기도 하였고, 민생 개혁안을 집필하기도 하였다. 그는 또 당진 현감을 지내기도 하였다. 그는 누구보다도 충청도의 지리와 물산, 풍속과 민심에 대한 애정과 지식을 갖고 있었다. 그리하여 김육은 김홍욱을 충청도 관찰사로 추천하였다. 그를 충청도

---

26 이정철, 위의 책, 202~204쪽.

김육 초상　실학 박물관 제공. 자는 백후(伯厚), 호는 잠곡(潛谷)이다. 개성부 유수, 우의정, 영의정 등을 지 냈다. 대동법 시행을 주도하였으며, 김홍욱을 충청도 대동법 시행의 적임자로 판단하고 그를 충청도 관찰 사로 추천하였다. 문집 『잠곡유고』가 있다.

관찰사로 임용하면서 내린 교지를 보면 그 임용 배경을 짐작할 수 있다.

> 금영(錦營, 충청도) 지역을 돌아보면 자나 깨나 걱정이 된다. 가뭄과 홍수가 잇따라서 지
> 금도 기근이 들었다. 부역을 고르게 하려고 하나 백성들은 도리어 의혹을 품는다. 고을
> 의 이롭고 병통이 되는 바를 모두 경이 두루 아는 바이며, 정사를 늦추고 넓힘을 또한
> 경이 깊이 강구하였다. 이에 감사의 소임을 명함은 대체로 '그 일에 익숙한 재능'을 지녔
> 기 때문이다.[27]

즉, 김홍욱은 충청도에 대해서 누구보다도 잘 알고, 공무에도 해박하
여서 그를 임명한다는 내용이다. 김홍욱은 1651년(효종 2) 10월 3일에 홍
청도(洪淸道) 관찰사, 즉 충청도 관찰사가 되었다.[28]

이때 충청도 관찰사 자리는 충청도에서의 대동법을 총지휘하여 성공
적으로 완수하라는 특명과도 같았다. 김홍욱도 이러한 사실을 잘 알고 있
었다. 그리하여 그는 여러 차례 "어떠한 비방과 원망에도 흔들리지 않고
맡은 일을 해나갈 것이다."[29]라는 다짐을 하였다. 그가 비록 대동법 시행
보다는 공안 개정을 통한 공납 개선을 주장하였지만, 상황이 바뀌었다.
이제 대동법을 시행하게 된 마당에, 대동법 시행을 현장 지휘할 해당 지
역의 관찰사로 임용되었으니, 그는 이 일의 성공적 완수를 위해 최선을

---

27 『학주선생전집』 부록 권 3, 금백시 교서.
28 충청도는 1628년(인조 6)에 역모와 관련되어 공청도로 바뀌었고(『인조실록』 권 18, 인조 6
  년 2월 13일 2번째 기사), 1646년(인조 24)에 역적이 이곳에 태어났다고 해서 홍청도로 바
  꿨었다가(『인조실록』 권 47, 인조 24년 5월 1일 병오 2번째 기사), 1653년(효종 4)에 충청
  도의 이름을 회복하였다(『효종실록』 권 10, 효종 4년 4월 10일 을사 2번째 기사).
29 『효종실록』 권 8, 효종 3년 4월 10일 신해 4번째 기사.

다할 뿐이었다.

김홍욱은 충청도에서 수령을 지냈고, 큰형 김홍익이 병자호란 때 전사하여 충의의 표상이 된 사실, 부모의 병간호로 서산에 머물면서 지역의 유력자들과 교류를 한 일 등이 김홍욱의 관찰사 임명에 유리하게 작용하였을 것이다.

더욱이 김홍욱은 삼사에 재직하면서도 지속적으로 충청 지역의 민심에 큰 관심을 기울이고 있었다. 이를 바탕으로 충청 지역의 민역(民役)의 어려움을 해소하기 위한 정책을 제시한 사실은 그가 고향 충청도를 속속들이 알고 있었다는 것을 의미한다. 대동법을 성공적으로 시행하기 위해서는 무엇보다도 지역 수령들을 장악하는 것이 관건이었다. 지역 수령들은 대민 행정을 직접 수행하기 때문에 대동법의 성공 여부도 이들의 활약에 달려 있다고 해도 과언이 아니기 때문이다.

그러므로 대동법에 대한 전문지식과 지역에 대한 폭넓은 이해를 바탕으로 해당 지역의 수령들을 통제할 수 있는 최적의 인물이 김홍욱이었을 것이다. 그렇다고 수령들의 반발이 없었던 것은 아니다.

김홍욱과는 인척 관계에 있던 모 수령이 여러 동료 수령들을 이끌고 와서 대동법을 저지하려고 들었다. 이에 김홍욱이 반복하여 설득하였으나 따르지 않자 상소를 올려 그를 파직시켰다. 이후에야 수령들이 모두 명령을 따랐다고 한다.[30] 공무를 시행할 때는 개인적인 정리에 얽매이지 않고 일을 처리하는 그의 품성을 보여준 사례이다. 그러므로 김홍욱을 관찰사로 임명한 것은 호서대동법의 성공을 보장하는 하나의 요인으로 작

---

30 『학주선생전집』, 부록 권 2, 시장(諡狀).

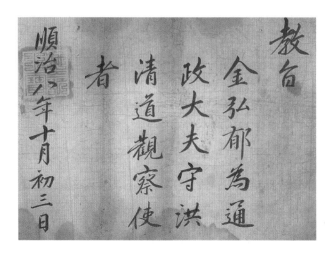

홍청도관찰사 임명 교지 김택모 소장. 『선비가의 여경』 64쪽. 1651년(효종 2)에 김홍욱을 홍청도 관찰사로 임명하는 교지이다. 이때는 역모 사건과 관련해 충청도→공청도→홍청도로 바뀐 상태였다. 이후 1653년(효종 4) 4월에 충청도 이름을 회복하였다.

용한 것이라고 할 수 있다.

호서대동법 시행 과정에서 김홍욱의 역할이 어느 정도였는지를 평가하는 것은 쉬운 일이 아니지만, 충청도 현지에서 호서대동법 시행을 긍정적으로 말한 내용이 있다. 보수적이라고 할 수 있는 충청도의 유생들이 대동법 시행에 대해, "대동법은 위로는 나라의 쓰임에 손해가 없고, 아래로는 백성에게 편하다."[31]라고 하였다. 일반 농민뿐만 아니라, 지배 계층이라고 할 수 있는 유생들도 충청도에서의 대동법을 긍정적으로 평가했다는 점에서 주목할만하다.

---

31 『승정원일기』 159책, 현종 즉위년 12월 19일.

이만웅이 대동법 시행의 주역들을 공격하다

김홍욱은 조정과 전 백성의 관심 속에 충청도에서 대동법 시행을 총지휘하였다. 시행 과정에서의 약간의 착오는 불가피한 일이었고, 그래도 예상했던 것보다 큰 시행착오 없이 대동법은 시행되기 시작하였다. 국왕 또한 충청도에서 대동법 시행을 총괄하는 김홍욱을 신뢰하기 시작한 것으로 보인다.

이때 사간원 정언 이만웅(李萬雄, 1620~1661)이 상소하여 김홍욱과 허적 등 대동법 시행의 주역들을 강력하게 비판하였다.[32] 그는 상소하여 조정의 현안인 전화(錢貨)와 대동법의 시행 문제를 비판하였는데, 여기서는 이만웅의 상소 가운데 대동법에 관련된 사항에 대해서만 살펴보기로 하겠다.

이만웅은 충청도에서 시행하고 있는 대동법에 폐단이 많다고 하면서 해당 관찰사인 김홍욱, 조정에서 호서대동법 시행 여부에 대한 논의에 참석했던 대사헌 허적, 그리고 우의정 한흥일과 영의정 정태화(鄭太和, 1602~1673)까지 비판하였다.

이만웅은 대동법 시행자들을 구체적으로 비판하기에 앞서 대동법 시행에 대한 충청도의 여론이 부정적이라는 것을 전제하였다. 그는 충청도의 여론이 이 법이 과연 좋다면 왜 다른 도에는 시행하지 않느냐고 하면서, 충청도민들은 대동법의 혜택을 받기 전에 원망부터 하고 있다고 주장하였다. 그리고 이는 관찰사 김홍욱의 책임이라는 것이다.

이같이 이만웅은 대동법 시행이 충청도 여론을 무시한 것이라는 점을

---

32 『효종실록』 권 8, 효종 3년 4월 1일 임인 2번째 기사.

전제한 위에서 김홍욱 등을 비판하였다. 다시 말해 충청도 여론이 대동법에 우호적이라면 이 비판은 성립 자체가 안되는 것이다.

그런데 충청도의 여론과 관련하여 우의정 한흥일의 주목할만한 발언이 있다. 한흥일이 대동법 시행을 강력하게 건의한 것은 호서의 선비들이 올린 상소 때문이라는 것이다.[33] 즉, 호서 선비들이 충청도에서 대동법 시행을 요청하였고, 이에 따라 우의정 한흥일이 대동법 시행을 주장했다는 것이다. 물론 호서 선비들의 상소가 곧 호서 농민들의 여론이라고 할 수는 없다. 그러나 간접적으로는 호서의 여론 향배를 알 수 있는 사례로 충분하다고 생각한다. 반면에 이만웅이 주장한 호서의 부정적 여론 실체에 대한 자료가 무엇인지는 명확하지 않다. 이만웅이 비판한 대상과 내용을 세 가지로 나누어 살펴보자.

첫째, 이만웅의 김홍욱에 대한 비판이다.

이만웅은 김홍욱이 충청도 관찰사에 제수된 것은 대동법을 설치한 본뜻을 잘 알고 있기 때문이라고 인정하였다. 김홍욱이 그렇게 본의를 잘 알고 있으므로 대동법 시행에 따른 책임 또한 크다는 것이다.

대동법의 본의를 잘 알고 있는 김홍욱은 대동법이 백성들의 실정에 맞는지와 법조문이 정당한지를 잘 살펴서 보고해야 하는데, 그렇지 못했다고 비판하였다. 그리고 김홍욱은 확고한 소견이 없어서 조처할 바를 몰라 도내 백성들의 실정을 조정에 전달하지 못하였고, 조정의 은택을 백성에게 선포하지 못하였기 때문에 시행하는데 실책이 많았다고 비판하였다. 그런데도 김홍욱은 회피하려는 마음으로 대간의 평을 기다리겠다고

---

33 『효종실록』 권 8, 효종 3년 4월 10일 신해 4번째 기사.

말하고 있으니, 당초에 관찰사로 선출하여 보낸 본뜻을 져버린 것이라고 비판하였다.

계속하여 이만웅은 김홍욱이 대동법을 시행하면서 실무적으로도 잘못하였다고 비판하였다. 처음에 세 말의 쌀을 잘못 징수하고서는 열 말의 쌀을 뒤에 또 징수함으로써 일정한 부세 외에 또 추가 할당이 있는 것처럼 했다는 것이다. 시기적으로는 양곡을 내주어 백성들을 구제해야 할 때인데, 전세와 함께 일시에 독촉하면서 명령은 느슨하게 하고 납부 기한은 다그쳐 각박하게 했다고 하였다.

그러므로 본래는 백성을 편리하게 하기 위한 것이었는데 부역이 더 무겁게 되었다고 혹독하게 비판하였다. 이렇게 하면 부자도 감당하기 힘들 터인데, 피폐한 백성들은 결국에는 집을 잃고 떠돌게 될 것이라고 하면서, 조정에서 이러한 사실을 인지하고 있으면서도 아무도 임금에게 알리지 않고 있다고 하였다.

이처럼 이만웅의 김홍욱에 대한 비판은 사실 여부를 떠나서 강력하면서도 구체적이었다. 김홍욱과 이만웅의 개인적 연결고리는 보이지 않는다. 그러므로 이만웅은 그가 보고 들은 정보를 바탕으로 대간으로서의 소신에 따라 비판 상소를 올린 것으로 보인다.

둘째, 대사헌 허적에 대한 비판이다.

이만웅은 조정에서 대동법 시행에 대해 논의하는 과정에서 허적의 태도에 문제가 있었다고 비판하였다. 허적은 대동법 논의 자리에서 그의 소신을 분명하게 말하지 않았고, 일을 맡고 난 이후에도 실제 연구를 해보지도 않고서 받들어 시행하겠다는 말만 하였다는 것이다. 짐짓 이래도 좋고 저래도 좋다는 계책으로 지내오다가, 이제야 호서의 일이 이러한 지경이 된 것을 알고는, "이 법이 결국에는 폐단이 있을 줄 알았으므로 상소를 올렸었다. 지금 다시 무슨 말을 하겠는가.”라고 하면서, 자신과는 관계 없는 것처럼 말하고 있다고 비판하였다.

셋째, 우의정 한흥일과 영의정 정태화에 대한 비판이다.

이만웅은 우의정 한흥일이 호서 지방에 갔을 때 지역 백성들이 글을 올려 그들의 실정을 조정에 전달하길 원했다고 하였다. 그렇다면 우의정 이 즉각 조정에 보고를 올려야 했었는데, 보고하였다는 말을 듣지 못했으 니, 실정을 말하지 않은 것이라고 하면서 비판하였다. 이 일은 한흥일이 앞에서 거론한 호서 지방 선비들의 상소문을 말한 것 같다. 같은 사안에 대해 허적의 말과 이만웅의 말이 상반되고 있음을 알 수 있다.

이만웅은 또 영의정 정태화가 평소 대동법 시행에 소극적이었는데, 국 가의 주요 현안인 대동법의 시행을 결정하는 중차대한 때에 좌의정 김육 의 입장을 고려한다면서 수수방관한 측면이 있다고 비판하였다.

이만웅은 이렇게 여러 사례를 들어가면서 대동법의 지역 책임자와 조 정의 해당 관료, 대신들까지 비판하였다. 그리고 이들만이 아니라, 조정 의 신료들이 이에 대해 분명하게 말하지 않음을 비판하고 있다.

이만웅은 중앙의 여러 관료가 논리적이고 실제적인 의견제시가 없다 고 하였다. 다만, 그들은 좌의정 김육이 경륜으로 제안한 것이므로 하루 아침의 소견으로 논의할 수 없다고 한다면서 그들의 무책임한 행태를 비 판하였다. 김육이 나라와 백성을 위해서 시행하자고 한 것이므로, 시행해 서 폐단이 생기지 않으면 다행이고, 폐단이 있어 백성들이 좋아하지 않는 다면, 관계자들은 물론이고 방관자들도 책임을 져야 할 것이라고 비판하 였다. 그러면서 이만웅은 시행하는 과정에서라도 대동법의 실패를 인정 했으면 빨리 혁파하는 것이 최선책이라고 강조하였다.

그러나 효종은 이만웅의 상소에 대하여 비답을 내리지 않음으로써 이 상소에 대해 동의하지 않는다는 뜻을 우회적으로 표명하였다.

허적이 변론하다

충청도에서 대동법이 시행되고 있는 가운데 사간원 정언 이만웅이 충청도 관찰사 김홍욱과 대사헌 허적, 그리고 우의정과 영의정까지 비난하는 상소를 올리자 이름이 거명된 관계자들은 깜짝 놀랐다.

영의정 정태화가 이만웅이 상소한 다음 날에 바로 사직상소를 올렸다.[34] 정태화는 자기가 영의정 자리에 있으면서 외부 논의에 동요하여 경솔하게 왈가왈부할 수 있었겠느냐면서, 가부에 대해 언급한 적이 없고, 조정 회의 때 말하지 않은 것은 의도한 바가 있었기 때문이라고 하였다. 태연히 영상의 자리에 앉아 있을 수 없다면서 면직해달라고 요청하였다. 임금은 괘념치 말라고 만류하였다.

아울러 좌의정 김육도 이 일로 차자를 올려 면직해달라고 요청하였다.[35] 국왕은 너그러운 비답을 내리고 허락하지 않았다.

잇따라 동지중추부사 허적이 소를 올려 해명하고 사직을 청하였다.[36] 먼저 대동법 논의 현장에서 발언한 문제에 대한 해명이다. 자신은 그 자리에서 대동법이 백성을 편리하게 하는데 그 의도가 있으나, 시행할 때는

---

34 『효종실록』권 8, 효종 3년 4월 2일 계묘 6번째 기사.
35 『효종실록』권 8, 효종 3년 4월 2일 계묘 6번째 기사.
36 『효종실록』권 8, 효종 3년 4월 10일 신해 4번째 기사.

일이 막히고 불편한 점이 적지 않을 것이라는 의견을 내었다고 하였다. 그러므로 이만웅이 소신을 분명하게 말하지 않았다고 문제 제기한 것은 사실과 다르다고 한 것이다. 그리고 허적 자신은 유사를 맡고서는 스스로 최선을 다했다고 하였다.

다음으로 허적은 진상물 종류를 자세히 결정하여 그 세부 규칙을 정할 때는 대신과 상의하였다고 해명하였다. 다만 매달 초하루에 각 도에서 나는 산물로 임금께 차려 올리는 삭선(朔膳)과 방물은 서울에서 밀봉하여 올려야 한다는 일과 관련해서 대신이나 동료 관료들과 자신이 의견 차이가 있어서 그들의 의견을 따른 일밖에 없다고 하였다. 설마 이 일을 가지고 이만웅이 실상이 없다고 말했느냐는 뜻이다.

한편으로 허적은 충청도 관찰사로서 대동법을 총괄하다 대간의 논박을 받은 김홍욱을 적극적으로 변호하였다. 효종실록에 실린 허적의 상소문이다.

> 지난번에 충청도 관찰사 김홍욱이 저에게 여러 번 편지를 보냈습니다. 하나는 큰일이 성
> 과를 거두려고 하는데 중간에 그만둘 수 없다는 뜻이었고, 또 하나는 스스로 백성들의
> 원망을 책임질 것을 기약하며 비방하는 말에 흔들리지 않겠다는 것이었습니다. 그리고
> 이 말로 신을 격려해주기에 신 또한 내외가 한마음이 되어야만 일을 할 수 있다는 답서
> 를 보내 격려하였습니다. 김홍욱이 설혹 절목 사이에 실책을 범하였다고 하나, 도리어
> 귀찮다는 생각이 들어 대간의 평을 기다리고자 한다는 말에 있어서는 실상이 아닙니다.
> 끝까지 원망에 대한 책임을 지고 흔들리지 않겠다는 자가 오히려 대간의 논박을 받았는

허적 초상　양천 허씨 문중 소장. 자는 여차(汝車), 호는 묵재(默齋)이다. 관료로서 외교, 국방, 경제 등의 행정 능력을 인정받았다. 정치적으로는 남인이었고, 탁남(濁南)의 영수가 되었다. 삼정승을 역임하였다. 경신환국으로 남인이 대거 실각되었고, 서자 허견의 역모 사건에 휘말려 사사되었다.

데, 신이야 어찌 한할 것이 있겠습니까.[37]

이처럼 허적은 김홍욱을 적극적으로 변호하였다. 그것은 허적이 김홍욱과 편지 왕래를 통하여, 그가 주위의 비방에도 자기의 뜻을 굽히지 않고 충청도 관찰사로서 대동법 시행의 성과를 내겠다는 의지가 충만하였음을 읽은 것이다. 아울러 김홍욱이 자기의 일을 충실히 하였는데도, 사실과 다른 내용으로 말미암아 대간의 공박을 받았다는 사실을 매우 안타까워한 것 같다. 그리하여 허적은 소를 올린 김에 김홍욱이 대동법 관련 업무 수행에 최선을 다했다는 사실과 그의 결백함을 밝혀주려고 하였다.

허적은 상소를 마무리하면서 자신의 본직과 상평창 그리고 비국의 임무를 삭탈해 달라고 요청하였다. 임금은 이에 대해 사직하지 말고 직무를 보라고 답하였다.

김홍욱이 반격하다

이만웅에게 제일의 공격 대상이 된 김홍욱은 단순히 해명하는 데에 그치지 아니하고 신속하게 그리고 적극적으로 방어하고 반격하였다. 그는 의례상 대간의 평에 대하여 자신의 죄이고 조정의 처분을 기다리겠다고 하였지만, 하나하나 변론하지 않을 수 없다고 하면서 강력하게 자기 생각을 밝히기 시작하였다.

---

37 『효종실록』 권 8, 효종 3년 4월 10일 신해 4번째 기사.

첫째, '호서 백성이 모두 동요하고 원망이 먼저 일어나는 것은 관찰사가 잘 대처하지 못한 소치'라는 이만웅의 말에 반론하였다.[38] 김홍욱은 이만웅이 체통과 정세를 헤아리지 못하고 이러한 말을 했다고 노골적으로 반격하였다.

지난해 초가을에 조정 회의에서 의견이 일치되어 사목을 만들었고, 10월 초에 충청도 관찰사에 임명되었으므로, 자신이 논변하는 것은 나라의 체통과 관계되는 일이라고 하였다. 그리고 법 조항의 장단점은 사유를 갖추어 아뢰기도 하였고 해당 관청에 낱낱이 보고하여 이익을 취하려는 경우도 많았다고 하였다. 그런데도 한 도의 민정이 위로 전달되지 못하고 조정의 은덕을 펴려는 뜻이 아래로 펴지 못했다고 하여, 자기가 그 속에서 막는 역할을 하는 것처럼 말한 것을 억측이라고 하였다.

둘째, 김홍욱은 대간의 비난인 이른바 '대평(臺評)'을 기다린다는 말에 대해 반격하였다. 근래에 이 일로 말미암아 조정에서 논의가 일어나 공격하거나 동참하는 이들이 태반인데, 일의 실상에 대한 질의는 대부분 답변하지 못한다고 하였다. 그러면서도 오늘날에는 김홍욱이 법을 받들어 행하는 것을 죄라고까지 말한다고 하였다. 더욱이 홍욱을 아끼는 사람은 사직하여 신상을 보호하라고 권유하고, 그를 걱정하는 사람은 논박당해 결국에는 쓰러질 것을 염려하였다고 하였다.

호서대동법 시행에 대한 뒷말이 얼마나 많았는가를 알 수 있는 대목이다. 그리고 김홍욱이 충청도 관찰사를 맡으면서 겪었던 고초 또한 짐작할 수 있다. 김홍욱은 이러한 주위의 견제와 비난, 우려와 걱정 속에서도

---

38 『학주선생전집』 권 7, 인이만웅논핵대거소, 임진(효종 3) 4월 재호영시.

자신의 소신을 굽히지 않았다.

> 이 일을 만약 처음 논의하는 때라고 한다면, 주도면밀하게 검토해서 시행할 수 없는 일
> 이라면 시행하지 않는 것이 옳습니다. 그러나 이미 한 해를 넘겨 충분히 생각하고 결단
> 하여 시행하고 있습니다. 1~2년을 시행하다가 해로움이 있어 그만두면 모르겠지만, 시
> 행하기도 전에 곧 멈춘다는 것은 아이들 장난과 같으므로 결코 할 수 없는 일입니다. 또
> 관찰사로서 국가의 중요한 책무를 받고 이해를 따져 사사로운 편의를 도모한다면, 신하
> 로서의 의리가 아닙니다.[39]

　김홍욱은 이제 막 대동법을 시행하는 시점에서 새삼스럽게 그 법의
시행 여부에 대한 논란은 무의미하다고 생각하였다. 또 자기가 관찰사의
직임을 맡아 시행을 총괄하고 있는 상황에서 사사로움을 생각하지 아니
하고 국가의 책무에 최선을 다하겠다는 스스로의 다짐을 말하고 있는 것
같다.

　그러므로 자기가 그만두는 것은 '대평'을 기다려 파직되어 돌아가는
일뿐이라고 말한 것은 직무에 최선을 다하겠다는 강력한 의지를 표현한
것인데, 주변에서 자기의 본의를 오해하여 잘못 전한 것 같다고 하였다.
이러한 사실은 그가 정말로 꺼리고 피하려고 하였다면, 병이라고 핑계를
대고 사임하지 '대평'을 기다리겠냐고 말한 데서도 알 수 있다.

　셋째, 1651년(효종 2)에 가을에 거두는 조세인 추봉(秋捧)으로 3두를 거

39　『학주선생전집』 권 7, 인이만웅논핵대거소(因李萬雄論劾對擧疏), 임진(효종 3) 4월 재호영
　　시(在湖營時).

둔 뒤에 또 10두를 거뒀다는 이만웅의 비판에 대한 변론이다.

김홍욱은 이러한 비판에 대해 자세하게 해명하고 있다. 지난해 즉, 1651년(효종 2)에 해당 관청인 호조에서 각 읍에 분부하여 추봉을 멈추고 결말을 기다리게 하였다. 이와 관련해 도내의 역사, 즉 노동력이 필요한 공공의 일과 관련된 재용을 융통할 수 없어서 충청도 관찰사가 상소하였다가 체직되었고, 김홍욱이 그 보직을 대신 맡게 된 것이라고 하였다.

김홍욱은 이곳에 내려와 수령들을 불러 모아 이 일에 대해 의논하였다. 수령들이 모두 추봉이 정지되고 나서 관의 필수 재용과 진상가 등을 확보할 곳이 전혀 없어 걱정스럽다고 하였다. 그리하여 김홍욱은 우선 삼두미를 거두어 관의 수요와 시급한 용도로 쓰되, 각 고을에서 임의로 사용하지 못하도록 하고 원수(元數)와 사용한 수를 낱낱이 책으로 만들어 감영에 보내 근거 자료로 삼게 하였다.

그런데 금년 봄에는 호조에서 지난해 가을 오두미를 거둬야 하는데 삼두미만 거뒀다고 추궁하면서 2두미를 더 거둬 이전에 거둔 삼두미와 함께 대동미 5두에 맞추라고 하였다.

이에 따라 김홍욱은 각 읍을 순회하면서 봄에 거둘 5두를 모두 상납하되 2두는 본도의 관용과 여러 역가(役價)에 쓰게 하고, 이는 각 고을의 창고인 사창(社倉)에서 백성에게 꾸어주었던 쌀을 가을에 받아들이는 쌀인 환상미(還上米)에서 빌려 쓴 뒤에 가을에 거두겠다는 내용을 각 읍에 알리라고 하였다. 이것이 3두를 거둔 본말이라는 것이다.

그러므로 이것은 가을에 거둬야 할 쌀로써 별도로 더 거둔 것이 아니라고 하였다. 이를 대동법으로 말하면, 이전에 거둔 3두와 이후에 거둔 2두를 합한 5두는 단지 일 년 중에 가을에 거둘 분량이었다는 것이다. 따라서 3두를 거두고 다시 10두를 거뒀다는 이만웅이 주장은 전혀 사실이 아니라는 반론이다.

넷째, 1652년(효종 3)에 춘봉이 늦어진 것에 대한 변론이다. 김홍욱은 정해진 기간 안에 모두 거둬들이지 못한 데에는 연유가 있다고 하였다. 그는 원래 지난해 겨울에 각 읍에 물어서 미진한 조항을 하나의 책으로 만들어 12월 10일에 해당 청에 올려보내 그 회답에 따라 거두려고 하였다.

그런데 역변(逆變)을 만나서 조정 대신과 해당 청 당상이 오랫동안 국청에 있어서 즉시 회답하지 않았고, 여러 차례 재촉하였음에도 1월 26일에야 회답 관문을 받았다고 하였다. 이에 즉시 행회(行會)하여 상납하도록 하였으나, 전세와 겹치면서 약간 늦어졌다고 하였다. 그러면서 김홍욱은 일이 이렇게 된 것인데도 고의로 일을 늦춘 것처럼 말했다면서 이만웅의 상소를 비판하였다.

실제로 근래에 충원 등 30여 고을에서 발송한 서류가 이미 도착하였고, 나머지 읍에서도 모두 차례로 발송하여 열흘에서 보름 정도면 모두 경창(京倉)에 도착할 것이라고 하였다.

이처럼 일이 잘 진행되고 있어서 별로 어려운 일이 없는데도 소란이 여기저기서 생겨나 분란을 일으키니 민망하다고 하였다. 그러면서 김홍욱은 이미 법을 시행하고 있으니, 떠도는 말에 현혹되지 말고 몇 년을 지켜본 뒤에 다시 논의하고 대처한다면, 모든 게 잘 될 것이라고 하면서 상소를 마무리하였다. 이에 효종은 김홍욱의 상소에 다음과 같이 답변하였다.

모든 일에 있어 한쪽의 말만 들어서는 안 되는 것이 정말 말한 대로이다. 이 상소가 없었다면 경의 바른 뜻을 어떻게 알겠는가. 길옆에 집을 짓는다는 말은 참으로 오늘의 약석(藥石)이니 깊이 생각하지 않을 수 있겠는가. 경은 잘못한 것이 없으니, 공사(控辭: 진술

서)를 만들지 말고 더욱 조심하라.[40]

이렇게 효종이 적지 않은 분량을 할애하여 '김홍욱은 잘못이 없다.'라는 호의적인 답변을 하면서 김홍욱의 손을 들어주었다. 이로써 김홍욱은 대동법 시행을 총괄하면서 겪은 논쟁에서 공식적인 정당성을 확보할 수 있었다.

대동법 시행에 대한 김홍욱의 소견

김홍욱은 처음부터 대동법을 지지했던 것은 아니다. 그는 대표적 공안 개정론자라고 할 수 있다. 그러함에도 불구하고 김육이 그를 충청도 관찰사로 추천한 것은 김홍욱의 공물 개혁에 대한 해박한 지식과 소신을 높이 평가했기 때문이다. 김육과 김홍욱 간에 공물 개혁을 바라보는 시각과 견해의 차이가 있었으나, 사주인의 폐단을 개혁해야 한다는 데는 의견이 일치하였다.

더욱이 김홍욱도 평소 대동법을 너무 큰 '대변혁'이기 때문에 현실적으로 추진하기가 쉽지 않음을 강조한 것이지, 그 본질 자체를 부정한 것은 아니었다. 이때 김육이 대동법 추진을 강력히 주창하고 그 시행이 현실화되면서, 김홍욱으로서도 대동법 시행을 마다할 필요는 없었다. 또 김육의 충청도 관찰사 추천을 고사할 이유도 없었다.

---

40 『승정원일기』 123책, 효종 3년 4월 13일 갑인.

이렇게 충청도 관찰사가 되어 대동법 시행의 야전 사령관으로서 역할을 한 김홍욱에게 대동법은 무엇이었을까.

첫째는 철학 내지는 사상적인 면이다. 조선왕조는 임진왜란과 병자호란을 겪으면서 국토는 황폐되고 백성은 정상적으로 일상을 영위하기 어려운 상황이었다. 더욱이 각종 조세가 백성을 옥죄면서 민심은 조정을 외면하였다. 그 가운데서도 백성들에게 공물의 부담은 가장 큰 고역이었다.

김홍욱은 이러한 면을 잘 알고 있었다. 그러므로 그는 관직 생활을 하면서 줄곧 민생 문제를 고민하고 민생의 고역을 줄이는 방안을 찾고자 하였다. 특히 그는 충청도에서 수령을 역임하면서, 그리고 암행어사로 지방의 현장을 직접 보면서 구상한 민생 해결책을 정리하여 제시하였다.

그러므로 그의 민생 철학은 '민생 현장의 목소리'가 반영되어 있다고 생각한다. 즉, 공허한 담론이 아닌 실사구시를 바탕으로 한 것이다. 그는 여러 민생 개혁안 중에 공물 개혁안을 제시하면서도 '쉽고 현실 가능한 방안'에 방점을 찍었다고 밝힌 것이다.

그러므로 그는 '대동법'이 좋은 줄 몰라서 찬성하지 않은 것이 아니라, 이는 '대변혁'으로서 현실성이 떨어진다고 보았기 때문이다. 그리하여 대동법 시행이 현실적으로 가능한 시점이 되었을 때는 과감히 대동법 시행의 야전 사령관으로 나서게 되었다고 생각한다.

두 번째는 그의 전문지식이다. 인조와 효종 때에는 대동법을 비롯해 공물 개선에 대한 논의가 적지 않았다. 그러나 관료 대부분은 공물을 포함한 조세 문제에 대한 전문지식이 없었다. 따라서 그들은 운영상의 부정부패와 같은 문제점 등을 지적할 뿐 구조적 모순에 대한 이해와 이에 따른 올바른 대안을 제시하지는 못하였다.

공물을 비롯해 조세 문제에 해박한 지식을 가지고 있던 관료들은 몇

명 되지 않았기 때문에 이들 소수만이 논의의 중심에 있었던 것은 자연스러운 일이었다. 김홍욱도 그들 중 한 사람이었다. 그가 사헌부 집의로 있을 때 '민생 개혁안'을 내어서 조정의 시선과 관심을 집중시켰고, 그중에 일부는 실제로 정책에 반영되기도 하였기 때문이다.

그의 개혁안은 조야의 큰 관심을 받았다. 김홍욱이 평소 조정에서 민생 전문가로 평가받고 있었기 때문에 그의 개혁안이 더 관심의 대상이 되었던 것 같다. 먼저 대동법 시행론자 조익이 그의 개혁안에 큰 관심을 표명하였다. 이에 김홍욱이 조익에게 서신을 보내 자기의 공안 개정 내용을 설명하기도 하였다. 대동법 시행의 실질적 책임자 김육도 김홍욱의 개혁안에 관심을 가졌고, 결국 김홍욱을 충청도 관찰사로 추천하는 직접 계기가 되었다.

셋째로 김홍욱은 충청도 관찰사로서 대동법에 시행에 강한 의지를 표명하였고, 또한 전문 관료의 능력을 보였다. 많은 논란 끝에 호서대동법 시행이 확정되고 김홍욱이 해당 지역 관찰사로서 시행을 총괄하였다. 대동법 시행에 반대하는 관내 수령의 반발이 만만치 않았다. 그러나 김홍욱은 개인적 친분 관계에 개의치 않고 강력하게 대응하여 그들의 반발을 무산시켰다.

또 김홍욱은 조정에도 대동법 시행에 반대하는 사람이 많이 있음을 알고 있었다. 이러한 조정 여론을 대변한 것이 충청도 대동법 시행 관련자들을 비난하는 이만웅의 상소였다. 이만웅은 여러 명의 대동법 시행론자들을 비판하였지만, 그중에서도 김홍욱에 대한 비난의 강도가 가장 셌다. 김홍욱은 즉각 반격하는 상소를 올렸고, 이 상소에서 김홍욱은 그의 진면목을 보여주었다.

그는 주위의 무모한 비난으로 직임을 그만둘 수 없다고 하면서 대동법 시행에 대한 강력한 의지를 보였다. 그러면서 충청도에서 어떻게 대동법을 시행하기 시작했는지에 대해 조목조목 정리하여 설명하였다. 수령들과 논의 과정에 대한 설명, 삼수미와 대동미 수령의 양에 대한 문제, 공납 지체의 원인 등에 대해 막힘없이 설명하였다. 효종이 만족을 표시할 만큼 대동법에 대해 해박한 지식을 갖춘 민생 전문가의 면모를 보여주었다.

넷째로 대동법에 대한 김홍욱의 소견이다. 그는 우선 대동법을 시행하게 된 이유가 공납이 고르지 못해서, 즉 '균등'이 무너졌기 때문이라고 보고 있다. 충청도를 예로 들면, 충청우도 내포(內浦)의 몇 개 읍은 병화가 미치지 않았다. 피난자들이 모두 이곳으로 몰려와서 황무지를 개간하니 전결이 많이 늘어났다. 이 때문에 공물을 배당할 때 그 종류가 매우 많았다.

반면에 충청좌도 충원 등의 고을들은 왜구의 침략을 받았을 뿐만 아니라, 명나라 군사가 남하하는 길목이 되면서 큰 피해를 입었다. 이로 인해 토지가 황폐되고 전결의 수가 크게 줄었다. 이에 따라 공물의 배정 또한 줄일 수밖에 없게 되었다.

갑술양전(1634년, 인조 12) 이후에 전결은 거의 평시 상태로 회복되었으나 공물은 이전대로 배정하고 변통하지 않음으로써 충원의 전결은 당진의 열 배나 되지만 공물의 수는 별로 차등이 없었다. 이러한 사례가 김홍욱이 말하는 대동법을 시행하게 된 이유이다.

다음으로 대동법을 시행하고 나서의 변화에 대한 견해이다. 대동법으로 쌀을 내게 되면 모두 전결 수에 따르게 되므로 예전에 가볍던 곳은 더 내게 되고 이전에 역이 많았던 곳은 줄어들기도 한다. 즉, 줄어드는 자들은 좋아하고 더 내는 자들은 원망하게 된다. 그래서 김홍욱은 우도의 여러 읍은 이 법이 편리하다고 하면서 시행되지 않을까 걱정하고, 좌도의 여러 읍은 모두 불편하게 여기지만, 그 가운데서 열악한 읍으로써 이전부터 부역이 많았던 곳은 편리하다고 말한다고 하였다.

그리고 김홍욱은 좌도나 우도를 막론하고 모두 불편하다고 하는 것은 수령과 토호들이라고 하였다. 대동법이 편리하여 시행할만하다고 여기는 이들은 당시 실효를 거두지 못하고 또 그 뜻을 조정에 전달하지 못하였다. 이에 비해, 대동법을 불편하게 여기는 이들은 유언비어를 퍼뜨리고 도서 지역에까지 소란스럽게 하니, 조정 관료들이 이를 듣고서 의심하고 의혹을 지니게 된다고 하였다. 즉, 수령과 토호들이 대동법과 관련한 유언비어를 퍼뜨림으로써 혼란을 일으켰다고 비판하는 것이다.

이들의 목적은 대동법을 파기하는 데 있으므로, 이에 굴복한다면 이들의 뜻대로 되는 것이다. 이것이 지금 당장은 그만둘 수 없는 이유라는 것이다. 그리고 대동법 시행규칙도 이미 제대로 갖추어져 있어서 이대로 시행하면 문제가 없고, 대동법은 정상적으로 운영되기 시작했다고 하였다. 이제 성과가 나오기를 지켜볼 때라는 것이다. 그리고 이에 대한 평가는 몇 년 후에 하는 것이 타당하다고 하였다.[41]

이처럼 김홍욱은 충청도 관찰사로서 호서대동법을 현장에서 총지휘하면서도 독단적으로 하지 않고 수령들과 의논하면서 매우 꼼꼼하게 일을 처리하였다. 그리고 대동법 시행규칙인 '대동사목'대로 처리하려고 노력하였음을 알 수 있다.

그리고 스스로 일이 제대로 진행되고 있다고 판단할 정도로 자신도 있었다. 그러므로 김홍욱은 대동법 시행을 불편하게 여기고 발목을 잡으려는 세력에 대해서는 소신을 굽히지 않고 강력하게 대응한 것이다.

---

41 『학주선생전집』 권 7, 인이만웅논핵대거소, 임진(효종 3) 4월 재호영시.

경제와 국방개혁안을 제시하다

학
주
김
홍
욱
평
전

공물 개혁을
논하다

김홍욱이 민생 전문가로 조정 안팎의 명성을 얻고 있었음은 앞에서 여러 차례 말한 바 있다. 그가 충청도 관찰사가 되어 대동법 시행을 주관하게 된 것도 민생 전문가로서 능력이 널리 알려졌기 때문이다. 김홍욱은 민생에 대한 관심의 연장선상에서 경제와 국방에 관한 이론적 논리를 마련하기 시작하였고, 이것이 상호 작용하면서 민생전문가로서 입지를 더욱 굳히게 되었다고 생각한다. 그리고 이러한 그의 민생 관심은 민생론으로 정립되기에 이르렀고, 이것이 마침내 그의 민생 개혁안으로 완성되었다. 「논전제 6조」와 「논병제 9조」 및 「논성지 2조」가 그것이다. 이 개혁안은 김홍욱 문집인 『학주선생전집』에 전문이 실려 있다.

공물에 대한 나름의 생각

김홍욱은 임진왜란 이후에 조선팔도가 어지럽고, 전란 와중에 고향을 떠나거나 거주지에서 도망간 백성이 원래 살았던 곳으로 돌아가지 않았고, 농사지을 수 있는 전결도 예전대로 회복되지 않았음을 염려하였다. 다른 정치가나 관료들도 크게 다르지 않았지만, 김홍욱은 공물의 개혁이야말로 이러한 암울한 현실을 타개하기 위해 시급한 방안이라고 생각하였다. 다시 말해 공물의 운영, 즉 공납제도를 바로잡는 것이 그의 개혁안의 첫째 목표였다.

먼저 김홍욱은 원론적으로 공물은 무엇이며, 공물 제도가 내포한 문제의 핵심이 어디에서 비롯되었다고 생각하였을까.

김홍욱은 「우공(禹貢)」의 예를 들어 공물을 설명하였다. 즉, 공물은 이른바 칠(옻칠), 누에 실(絲), 짐승 털(毛), 치아, 가죽 따위라고 하였다. 일종의 지역 특산품인 셈이다. 조선은 개국 초에 국가에서 거둬들일 토산품을 각 읍에 나누어 배정하였는데, 연산군 무렵부터 그 배정 양이 늘어나면서 문제가 되었고, 지금은 평상시에도 폐단을 구제할 수 없게 되었다고 하였다.

그런데 공물은 국가 재정의 반 이상을 담당해 왔을 만큼 재정의 큰 비중을 차지하였다. 김홍욱도 "우리나라의 세금은 가볍고 공물이 무겁다."라고 하였다. 문제는 국가 경제의 큰 부분을 차지하는 공물을 운영하는 데 폐단이 적지 않았다는 점이다. 물론 이러한 인식은 당대 지식인들의 일반적인 생각일 것이다.

김홍욱은 공물을 배정할 때 물산의 유무와 전결의 다소를 고려하지 않고 이미 정해진 각 읍의 등급에 따라 대강대강 하였으니, 여러 도의 대소 읍에 나누어 배정하는 데 고르지 못한 폐단이 적지 않았다고 보았다. 그러므로 이러한 폐단을 해소하지 않고는 국가 재정을 제대로 운용할 수가 없다고 생각하였다. 공물의 폐단을 개혁하는 데 국가 재정이 성패가 달려 있다고 해도 과언이 아니었다.

공물을 운영하는 제도, 즉 토산품을 국가에 납부하는 공납제는 이미 분배받은 지역의 토산물 납부를 원칙으로 삼고 있다. 그러나 실제로 운영

호조낭관 계회도 국립중앙박물관 소장. 작자미상, 1550년대 작품, 조선시대 공물과 조세 등 경제 전반을 담당하던 호조의 실세이자 실무 관원인 정랑과 좌랑, 즉 낭관들의 모임을 그린 작품이다. 안홍, 이지신, 강욱 등이 참석하였다.

하는 데에는 해당 지역에서 생산되는 토산물 외의 물품을 배정받는 경우가 허다하였다. 이러한 경우에, 공납을 원활히 하기 위해 관에서 위탁받아 공물을 대납하는 방납(防納)제도를 운영하였지만, 그 폐단이 심각하였다. 그리고 방납은 이른바 사주인(私主人)에 의하여 운용되었다. 그러므로 사주인은 곧 방납하는 사람인 것이고, 방납을 개혁하려면 사주인 제도를 개혁해야 하는 것이다.

사주인 폐단을 혁파하라

김홍욱에 따르면, 사주인들은 호조 관리들과 결탁하고, 관리들은 그들이 납부한 물품의 품질이 나쁘더라도 받아들인다고 하였다. 사주인들은 방납을 직업으로 삼아서 대대로 그 자리를 물려주며 호의호식을 한다고 비판하였다. 이처럼 사주인의 뿌리 깊은 기득권 때문에 강력한 감찰과 다방면의 개혁 시도, 이를테면 강직한 감찰(監察)을 동원하여 강력한 감찰 활동을 하거나, 뜻있는 식자들이 변통 논의를 하여도 사주인의 조직적 저항으로 말미암아 별다른 성과를 낼 수 없었다고 한다.

김홍욱은 이들의 폐단을 가리켜서, "후한 이익을 누리기 때문에, 모두가 부자가 되어 높은 누각에서 바둑 장기나 두면서 날마다 술과 고기를 먹고 놀고 있다."[01]라고 적나라하게 비판하고 있다. 또 이 사주인들은 진성(陳省), 즉 관아에 올리는 물품 명세서를 관할 관아에 바치는데, 이미 관

---

01 『학주선생전집』 권 10, 논전제 6조, 공물.

아의 하급 아전, 즉 서리들과 결탁해서 일을 처리한다고 하였다.

김홍욱은 사주인의 폐단을 현장에서 뒷받침하는 것은 서리라고 보았다. 그리하여 "우리나라는 서리들이 나라를 망친다."라는 남명(南冥) 조식(曺植, 1501~1572)의 말로써 서리의 폐단을 지적하였다.

사주인과 서리의 결탁으로 그 물품의 품질이 낮더라도 하자가 없다고 하면서 받아들이고, 각 관아의 관원들은 가타부타하지 못하고 손 놓고 지켜보기만 하였다. 사주인이 평소 권세가의 집안과 결탁하고 있었기 때문이다. 만약에 강직한 관원이나 감찰이 퇴짜라도 놓으면, 이 사주인은 권세가의 힘을 빌려 그들을 무력화시켰다. 이것이 김홍욱이 인식하는 공물납부제도, 즉 공납제 폐단의 핵심이다.

좀 더 덧붙이면, 만약에 식자들이 공납제의 폐단을 개선하기 위한 논의를 시작하면, 이 사주인들이 권력을 동원하여 조정에 항거한다. 이에 세속에 물든 재상은 시비를 살피지 않고 유언비어에 현혹되어서 세속에 따르자고 하면서 식자들의 논의를 무산시킨다. 대궐까지 유언비어가 들어가도 임금으로부터 제도의 개선을 위해 어떠한 윤허를 얻어낸 적이 없다. 사주인의 폐단은 아래로는 서리들과 결탁하고 위로는 재상과 궁궐까지 연결되어 있어서, 공납 운영을 총체적으로 어렵게 하였다.

일부에서 말하기를, 사주인에 의한 방납이 폐단이 많다고 하나, 오랫동안 유지해왔는 데 일시에 바꾸게 된다면 그들은 삶을 영위할 수 없게 된다고 하면서 현상 유지를 원하는 자들이 적지 않다고 하였다. 그러나 김홍욱은 사주인의 총 숫자는 한 고을의 인원 정도에 불과하다고 하면서, 한 나라 백성의 원성은 참으면서 한 고을 백성의 원성을 참지 못할 이치는 없다고 하였다. 대다수 백성의 이익을 희생하면서까지 소수 사주인들 형편만 봐줄 필요는 없다는 것이다.

우리나라는 고위 관료라 하더라도 퇴직을 하면 집안 경제가 어렵게 되고, 그가 사망하기라도 하면, 처자식이 의탁할 곳이 없는 경우가 허다하였다. 김홍욱은 그런데도 이 사주인들은 무슨 공덕이 있기에 대대로 그 이익을 누리며 놀고먹느냐면서 한탄하였다. 이러한 폐단을 고치지 않는다면, 어진 정치가 시행될 수 없고, 민생이 안정되지 않을 것이라고 주장하였다.

공물은 본색으로 상납하자

김홍욱은 공물 납부 방식에 대해 어떠한 해결책을 모색하였을까. 그의 공물 개혁안을 '임토작공(任土作貢)'으로 표현하기도 한다.[02] 이에 따르면, 현재 각 읍의 공물은 방납을 통하여 조달하고 있지만, 여전히 관아의 진상 공물 명세서인 진성공문(陳省公文)을 모두 본색으로 써서 보내고 있는데, 이것은 국초에 반드시 현물납인 본색으로 상납하게 한다는 뜻이 유지되고 있기 때문이라고 하였다.

그리고 문제의 핵심인 방납의 폐단을 제거하기 위해서는 애초 방납의 시발점이 된 산지와 어긋나는 공물을 찾아 생산조건에 맞게 재분배할 필요가 있었다.[03] 이를 위해서 호조에서 먼저 팔도에 행회(行會)하여 정해진

---

02 이정철, 『대동법』, 역사비평사, 2010, 162~165쪽.
03 임성수, 「인조 후반 학주 김홍욱의 현실 인식과 재정 개혁론」, 『조선시대사학보』 94, 2020.9., 131쪽.

공물 중에서 본토 산물의 품목과 본토 산물이 아닌 것으로 분류하고, 방납 산물도 많고 적음에 따라 상·중·하로 등급을 나누어 기록하는 작업이 필요하다고 보았다.

과거와 현재 생산되는 물품이 달라진 곳이나, 과거에는 흔한 물품이었으나 현재는 희귀한 것, 과거에는 생산되지 않았으나 현재는 많이 생산되는 것도 자세히 조사하게 하였다. 그리고 군현의 토지, 즉 전결의 많고 적음을 분류하고, 반드시 그 지방의 토산물을 해당 고을에 배정하도록 했다. 만약 그 지방 토산물이 아닐 때는 그 토산물이 생산되는 지방으로 옮겨서 다시 배정한다.

공물을 재배정한 다음에는 각 고을에 반드시 본색으로 상납하게 주지시킨다. 네다섯 고을이 윤번제로 공물 운송을 맡을 차사원(差使員)을 정한다. 매년 상납할 때 각 고을 수령은 본색으로 준비하고, 직접 차사원이 있는 곳에 가서 함께 거둬들이면, 차사원이 직접 공물을 맡아서 상경하도록 하는 방안을 제시하였다.

서울에 와서 납입할 때에도 청대(請臺)04의 자리에 동참하되, 만약에 안 좋은 물품이 있으면 차사원을 징계하거나 파직하고, 정상적으로 들인 물품은 물리지 못하게 하였다.

이러한 조치는 방납의 폐단 중 하나인 서리들이 공물을 수납할 때 품질이 나쁘다고 하여 물리는 일, 즉 점퇴(點退)로 인한 가격 폭등을 근절하면서도 공물의 품질을 보장하려는 조치였다. 또한 일시에 올라오면 부패

---

04 각 관아에서 그해 마지막 날 사무를 종료하고 창고를 봉해두기 위하여 사헌부 감찰의 검사를 청하는 일을 말한다.

할 우려가 있는 물품들은 실제 사용하는 물품만을 월별로 계산하여 때마다 상납하게 하였다.[05]

김홍욱은 공물의 상납 과정 등에서 발생하는 부패 방지를 위한 방안도 마련하였다. 국초에 공물을 받아들일 때 그 일을 중요하게 여겨서 비행을 감찰하기 위해 사헌부 감찰을 파견하는 일인 분대(分臺)를 거행했다고 하였다. 이때는 감찰을 유능한 사람으로 선발하였는데, 사관(史官)으로 처음 육품(六品) 직에 나가면 반드시 감찰에 임명하였다고 한다. 이들은 대부분 강직하고 자존심이 강한 자들이어서, 누구의 청탁도 통하지 않았다고 한다.

그런데 작금의 현실은 과거시험을 거치지 않고 조상의 음덕으로 받은 무관 벼슬인 남무(南武)로 충당하여 청대하는 날에 아랫사람들이 하는 대로 일임하고 제대로 단속하지 못하고 있다고 청대 운영의 현실을 비판하였다.

그리하여 김홍욱은 감찰을 잘 선택할 수 있으면 좋겠지만, 이를 기대할 수 없으므로, 봄 공물이 올라올 때 대간과 시종을 논할 것 없이 명망 있는 관리 십여 명을 잘 골라서 별도의 명칭을 부여하고, 윤번제로 그들을 청대 자리에 참여하게 하면, 서리의 농간을 막을 수 있을 것으로 보았다.

이처럼 공물 수납과 운송, 서울로 납입, 물품 확인 등의 모든 과정을 서리에게 맡기지 않고 유능한 관원이 직접 관장하여 공물 업무의 전반적 공정을 재고하려는 방안이다.[06]

---

05 임성수, 앞의 글, 132쪽.
06 임성수, 위의 글, 132쪽.

김홍욱은 공물을 상납하는 과정에서 여러 관행적 폐단에 대해서도 개선할 것을 촉구하였다. 이를테면 당시 호조주인의 인정작지(人情作紙)[07]가 관행적으로 행해지고 있었는데, 이러한 인정작지는 폐기하는 것이 가장 좋은 방법이나 현실적으로 그것이 쉽지 않으면 간략하게 줄여야 한다고 했다.

그리고 문제는 각 관아에서 공과 사를 분별하기 어려운 일들까지 관행적으로 사주인에게 부담을 전가하고 있는 사실이다. 이를테면 포폄할 때 각 관아에서 음식을 차리는 일, 장례를 치를 때의 일꾼인 예장군(禮葬軍), 얼음을 채취하여 빙고에 넣는 장빙군(藏氷軍), 상여를 메는 담지군(擔持軍), 가마꾼의 마초(馬草)나 구채(驅債)[08], 전송할 때의 주안상, 감찰이 각 능의 제관으로 차출될 때, 쇄마인부(刷馬人夫), 거촉(炬燭) 등과 같은 비용을 모두 사주인에게 일임하고 있었다고 한다.

그러므로 김홍욱은 사주인이 마지못해 이러한 일들을 떠맡고 있다고 지적하였다. 이에 더하여 호조의 부역도 부담이 되었다. 이같이 여러 관아에서 사주인에게 정상적인 공납 이외의 각종 부담을 지운 것은 그 자체로 적지 않은 폐단을 초래하였다. 이 때문에라도 사주인은 그들의 이익을 확보하기 위해 갖은 노력을 기울였다. 가격을 교묘하게 조정하여 올리고, 뇌물 공세를 펴고, 편지로 청탁하고, 급할 때는 물품 상납을 막아서 흉년에도 풍년의 값으로 받아들이는 등 온갖 방법을 동원하였다.

---

07 호조주인이 인정이나 용지대로 건네주는 수수료이다. 호조주인은 호조가 지정하는 주인으로서, 관의 지정을 얻어 관민의 중간에 서서 관의 수요 물품을 공급하는 일을 한다. 인정은 관리에게 은근히 건네주는 뇌물로 일종의 부과세이고, 작지는 납세의 수수료인 용지대이다.
08 관리에게 하인의 급료로 녹봉 이외 더 주는 돈이나 물건.

해동지도에 그려진 육조거리 서울대학교 규장각 한국학연구원 소장. 경복궁의 광화문 앞 좌우로 중앙 관서인 의정부를 비롯하여 이·호·예·병·형·공조의 6조 관아가 배치되었다. 이를 흔히 육조거리라 부른다.

그러므로 김홍욱은 공물의 폐단을 고치려면 가장 먼저 사주인의 잡역을 감면해야 한다고 주장한 것이다. 만약에 사주인이 가진 방납에 대한 이권만 빼앗고 고역은 관행이라고 하여 그대로 둔다면, 그들이 스스로 보존할 수 없기 때문이다. 이에 김홍욱이 제시한 사주인 제도의 개혁안을 보면 대략 다음과 같다.

먼저 사주인의 비리를 막기 위해 가장 먼저 해야 할 조치로 호조에서 엄격하게 사안의 목록을 정해 각 관아의 모든 잡역에 대해 일절 간여하지 못하게 막을 것을 주장하였다. 이렇게 하여 본 관아에서 사주인에게 사역하지 않는다면, 역가를 감해서 지급하더라도 사주인은 불만을 제기할 수 없을 것이라고 하였다. 이런 식으로 몇 년 동안 깎아서 지급하다가 나중에는 아예 없애버린다면 그들도 원망하지 못할 것이고, 사주인이라는 이름 자체가 없어질 것으로 기대하였다.

이러한 조치로 말미암아 관아에 따라서는 곤란을 겪을 수는 있지만, 그것은 국가에서 해결해야 할 문제라고 생각하였다. 이를테면 사복시와 장악원이나 쌀과 밀 창고가 있는 관아는 재정이 넉넉하므로 사주인을 부리지 않아도 자체 해결이 가능하였다. 그러나 재정이 궁핍한 관아는 급료, 즉 요포(料布)를 지급해서 서원(書員)이나 청직(廳直)을 확보할 수 있게 해주면 문제를 해결할 수 있다고 보았다.

김홍욱은 전국의 각 고을에서 공물을 본색으로 상납하는데, 땔나무를 공급하는 기인(其人)들은 먼 지방에서 운반해야 하는 어려움 때문에 땔나무 대신 베, 즉 가포(價布)를 납부하고 있으며, 이것이 민간 요역으로 큰 부담이 되고 있다고 보았다.

그는 경기 지역 강변 각 고을에 분담해서 땔나무 운송을 맡기는 게 합리적이라고 생각하였다. 이들 고을이 부담하던 요역은 줄여주는 대신 봄가을로 나누어 배로 땔나무를 운반하고 경강에 하선한 다음 우마차로 공조에 수송하도록 하는 방식이다.

그러면 공조에서는 상급 관아에 쓰이는 숫자를 헤아려서 바치되, 매달 상급 관아의 서리가 공조에 와서 수령해 간다. 대궐에서 쓰이는 땔나무는 내관이나 사약(司鑰) 한 사람이 매월 초에 공조에 가서 공조의 관원과 의논하고 그 수를 계산하여 땔나무를 가져가게 한다. 이때 공조 낭청과 함께 대궐에 가서 바치도록 한다면 하급 관리가 중간에서 조종하는 폐단을 막을 수 있을 것으로 보았다.

김홍욱은 이렇게 한다면 팔도에 땔나무를 상납하는 일이 없어지게 되므로, 큰 요역이 줄어드는 것이라고 하였다. 경기 고을들도 땔나무로 다른 도의 실제 요역과 교환하게 되니, 편히 여길 것으로 생각하였다. 사주인들은 그들의 본래 일을 잃게 되는 것이지만, 역가를 지급하면 될 것으로 보았다.

요컨대, 김홍욱의 공물 개선안은 기본적으로 각 지방의 토산물로 납부하는 '임토작공'을 복원하는 것이다. 그는 이렇게 한다면 대변통인 대동법을 시행할 필요 없이 공물 방납의 폐단을 변통할 수 있다고 생각하였다. 즉, 각 지방 토산물로 상납하면, 비용을 낭비하지 않아서 효율적이고, 방납할 때보다 물품이 정결하고 좋으며, 민간의 요역도 팔도 대동법의 수

보다 도리어 가볍게 된다고 주장한 것이다.

김홍욱은 예전부터 지방 관아에서 중앙에 올리는 보고서인 진성(陳省)은 모두 본색으로 기록하였는데, 지금 본색으로 상납하는 것은 변법이 아니라 구법이라고 하였다. 그러므로 임금에게 의견을 올려 다시 법을 정할 필요도 없다고 하였다. 임금이 어려워하는 것은 법을 고치는 것이므로, 구법을 그대로 시행한다면, 상달하더라도 윤허하지 않을 리가 없다는 것이다. 물론 이러한 김홍욱의 제안은 그가 충청도 관찰사로서 대동법 시행의 현장 지휘자가 되기 이전 주장이다.

전세 개혁을
제안하다

전육등법과 세구등법을 바꾸자

김흥욱은 공물의 폐단을 변통하여 백성의 재력이 넉넉해진 후에야 세법을 다시 논의할 수 있다고 생각하였다. 만약에 공물 폐단을 고치지 않고, 경비 부족만을 생각하여 미리 부세를 늘린다면, 백성이 감당할 수 없다고 여긴 것이다.

김흥욱은 공물의 변통은 쉽지 않지만, 세법을 변통하는 것은 공물의 폐단을 해결하는 것보다 어렵지 않고, 이미 시행중인 세법을 참작해서 개선하면 된다고 생각하였다. 김흥욱은 우리나라에는 세종 때부터 시행한 전육등법(田六等法)과 흔히 연분구등법(年分九等法)으로 불리는 세구등법(稅九等法)이 있다고 하였다. 이는 세종 때의 공법을 말한다.[09] 여기서 전육등

---

09 임성수, 앞의 글, 136쪽.

법은 변함이 없이 일정하여 옷감의 날줄과 같고, 세구등법은 해마다 변동하여 마치 옷감의 씨줄과 같은 것으로 비유하였다. 전답이 척박하고 비옥함은 해마다 바뀌지 않기 때문에 전등육법은 변함없이 일정하고, 곡식의 풍년과 흉년은 매년 달라서 비옥한 토지라도 때로 흉년이 들 때가 있으며, 척박한 토지라도 때로 풍년이 들 때가 있다. 그러므로 세구등법은 그 수확에 따라 매년 변동하는 것이다.

그런데 우리나라에서 국초부터 연분구등법을 적용하였는데, 현재도 세법이 변동 없이 일정하여, 풍년과 흉년을 가리지 않고 '하하(下下)' 등급을 적용하고 있으니, 이것이 문제라고 보았다.

김홍욱은 임금으로서는 세금을 낮게 부과하는 것이 옳기는 하나, 토지의 비옥함과 척박한 정도와 그해의 풍년과 흉년을 묻지 않고 늘 세구등법의 '하하'로 메기는 것은 옛법에도 맞지 않다고 하였다. 이때에는 연분, 즉 세구등법을 하하로 정한 것이 고착되어서, 전세 감소의 가장 큰 원인이 되었다고 한다.[10]

김홍욱에 의하면, 척박한 산전은 하하 등급을 적용하여 세금을 거둬야 하지만, 비옥한 토지는 사람이 가꾼 공을 더해야 한다. 그의 구체적 제안을 보면 다음과 같다.

> 경상도의 남쪽 마을과 호남의 해안 마을은 종자를 1말 파종해서 10석을 수확하는 토지가 있고, 5~6석이나 7~8석을 수확하는 전답도 적지 않으나, 모두 하하 등급을 적용하여 세금을 징수한다. 간간이 높은 등급이 있어도 10분의 1이나 2에 미치지 못한다. 그러

---

10 박종수, 「16·17세기 전세의 정액화 과정」, 『한국사론』 30, 국사편찬위원회, 1993, 79~80쪽.

므로 비록 큰 풍년이 들어도 세수입은 증가하지 않고 만약에 한 번이라도 흉년이 들면 진재답(陳災畓)에 세금을 감면해주기 때문에 세수입은 갑자기 줄고 국고의 부족과 경비의 부족은 모두 이로 말미암아 생긴다.[11]

이처럼 김홍욱은 토지의 질과 풍년·흉년을 구분하지 아니하고, 최하 등급을 매김으로써 생겨나는 국고의 부족과 운용 경비의 부족 같은 폐단이 생길 수밖에 없음을 적시하였다.

김홍욱은 전통적으로 동양 사회에서 세법의 전통은 수확량의 1/10을 세수로 거두는 것이라고 하였다. 지금 우리나라의 밭(田)은 1등급의 가장 좋은 전 1결에 종자 25말 또는 30말을 파종할 수 있다. 풍년에는 1말을 파종하여 2석의 곡식을 수확할 수 있는데, 이를 합산하면 종자 25말을 파종하여 50석을 수확할 수 있고, 종자 30말을 파종하여 60석을 수확할 수 있다. 그런데도 1결에 대한 세수는 '하하' 등급을 적용하여 쌀 4말에 그치고 있다. 이에 대해 김홍욱은 1/10의 세수에 비해 미미한 수치에 불과하다면서 세금이 적은 오랑캐의 수세라도 이처럼 가볍지 않다고 비판하고 있다.

김홍욱은 을축년(1625) 풍년이 들었을 때는 하등의 밭이라도 1말을 파종하여 2석의 곡식을 수확하였는데, 이때 세수입이 예년보다 증가하지 않았으니, 이해할 수 없다고 하였다.

옛 세법은 풍년에는 세수입이 몇 배나 증가하였다. 그러므로 흉년이 들어 쓸모없는 땅이 되어버린 진전(陳田)에 대한 납세를 감면해주어도 풍

---

11 『학주선생전집』 권 10, 논전제 6조, 전세.

년 때 남은 것으로 흉년에 부족한 곡식을 충당하기에 넉넉하였는데, 오늘날은 그렇지 못하다는 것이다. 요컨대 풍년에도 세수입 증가 없이 겨우 1년의 비용만 충당할 정도이다. 그러므로 흉년에는 담당관이 경비 부족을 걱정해서 자연재해로 인한 흉작인 진재(陳災)에 대한 세액 감면에 인색하여 절박하게 헤아린다.

예를 들면, 전 면적에 진재가 10분의 2, 3 정도를 차지하면 진재로 판정하지 않고 황폐한 전답까지 세금을 징수하도록 한다. 진재를 조사하는 의도가 무색해진다는 것이다.

하나의 읍을 예로 든다면, 1,000결에 상등전은 전혀 없고, 간혹 중의 상중하와 하의 상중 등급이 있는데, 많아야 100여 결을 넘지 못하고, 적은 것은 100결도 되지 않는다. 한번 정한 후에는 영원히 고치지 않아 마치 토품(土品)의 등수가 일정해서 고치지 않는 것 같으니, 이는 풍년이나 흉년 가릴 것 없이 그러하다. 재해의 실상을 조사하기 위해 파견된 관리인 경차관(敬差官)이 조사할 때도 이 점에 대해 언급하여 낮추거나 높인 적이 없다. 그러므로 그 결수가 많지는 않으나, 흉년이 들면 읍의 고질적 폐단이 된다고 하였다.

또 호조에서는 구등 즉, 세구등법의 세제를 밝히지 않았기 때문에 각 읍에서 구등 세제에 대해 유념하지 않고 벼농사의 풍흉을 살피지 않으며, 등급을 매기고 세금을 거둘 때 혼동하여 세금이나 빌려준 돈을 더 거둬들이는 수봉(收捧)을 행하고는 이를 '대동'이라고 일컫는다고 하였다. 이 가운데 척박한 토지는 재해를 입은 것이 절반인데도 수세는 더 늘려서 받으니, 터무니없는 일이라고 비판하였다.

토지 등급과 풍흉 정도를 함께 고려하여 수세하자

김홍욱은 구체적으로 어떻게 세구등법에 의한 수세를 구상하였을까. 다음의 사례에서 그가 밝힌 세구등법의 개요를 짐작할 수 있을 것이다.

> 경상도와 전라도 토지는 비옥해서 풍년에는 상등을 적용하고, 중풍에는 중등을 적용하며, 다른 도 또한 토지의 비옥함과 척박함, 흉년과 풍년을 비교하여 등급을 조절해야 한다. 만약 큰 흉년을 만나면, 모두 하등을 적용하되, 진재에 대한 감면도 인색하지 말아야 한다. 만약 창고에 곡식이 넉넉하다면, 진재에 대한 감면은 전체 세액의 절반 또는 전액을 감면해주는 것이 옳다.[12]

이처럼 김홍욱의 전세 개편안의 핵심은 토지의 비옥도와 풍흉을 철저하게 고려하여 세액을 정하는 것으로 요약할 수 있다. 이를테면 구등의 세법에서 '하하'는 9등으로서 1결당 쌀 4말을 내게 하는 것이다. 여기에다 한 등급이 오를 때마다 2말을 더한다. 그러면 1등일 경우에는 20말을 내게 된다. 이것이 김홍욱이 제안하는 구등 세법의 요지이다.

이렇게 하면 '하하' 등급으로 세금을 거둘 때 진재가 없다면 1년간 쓸 국가의 비용을 지탱할 수 있게 된다. 또 수세 등급이 높아져 수세가 배가 늘어난다면, 저축하여 흉년에 대비할 수 있다고 주장하였다. 그러므로 오직 구등법에 따라 풍년에 세입을 늘려 받았다가 흉년이 들었을 때 구휼을 베풀어야 한다는 것이다. 이렇게 함으로써 백성의 먹거리를 고르게 배

---

12 『학주선생전집』 권 10, 논전제 6조, 전세.

분하여 곡식이 극도로 싸거나 비싸게 되는 현상을 막으려는 것이다.

김홍욱은 이렇게 세법을 적용하면, 경차관이 답사할 때 사목을 엄히 세우되, 만일 풍성하게 수확할 수 있는 옥토가 하등급에 들어간다거나 척박한 전답이 상등급으로 편입되면, 그 복수(卜數: 짐수)를 한정하여 지방 수령은 파직하고, 서원(書員)들은 죄를 물어야 한다고 했다.

그리고 직접 상납하는 각 읍에는 선가(船價)와 호조에서 쓰는 갖가지 물품을 주선하는 사람인 호조주인(戶曹主人)과 군에 지급할 곡물과 관리의 녹봉 등을 보관하는 창고인 양창주인(兩倉主人)의 인정(人情)과 역가(役價), 마가(馬價)의 종류가 매우 많다. 그러므로 세미(稅米) 이외에도 1결당 납부량이 거의 1말 이상이다. 더욱이 못된 수령이 있게 되면 2~3말까지 더 내는 폐단이 적지 않다고 하였다.

이 폐단 또한 공물주인의 폐단과 같으므로, 만약에 각 읍이 직접 상납하는 관행을 폐지한다면, 이처럼 더 내는 쌀은 자연히 사라질 것으로 생각하였다.

김홍욱은 세미의 품질에 대해서도 거론하였는데, 상미(上米)와 중미(中米)로 나뉜다고 하였다. 상미는 정결하게 찧고, 중미는 먹을 정도로만 한다. 때로는 반씩 분류해서 받고 혹은 3분의 1, 3분의 2로 구별해 받아 다음에 구별해 사용하는 데에 대비하는 것이 좋을 것이라고 하였다.

조운 개혁안을
제시하다

세곡 운송 폐단을 적시하고 개선안을 내놓다

조운은 지방 각지에서 생산되는 곡식과 여러 물자를 수로나 해로를 통해서 서울로 운송하는 제반 과정이기 때문에 국가 운영을 위해 재정을 확보해야 하는 막중한 일이다. 김홍욱은 우리나라에서 본래 조운에 대해 크게 유념하지 않다가, 조선 건국 초에 수운판관(水運判官)과 해운판관(海運判官)을 두었다고 하였다. 당시에는 이 제도가 이익이 있었다고 생각되지만, 지금은 폐단이 많다고 하였다. 김홍욱은 그 가운데서도 해운판관의 폐단에 주목하였다.

김홍욱이 생각하는 해운판관의 폐단 중에서 첫 번째는 세금을 바치고 받아들이는 창고인 봉세창(捧稅倉)과 관련된 것이다. 봄에 세곡을 받을 때 해운판관이 각 도에 가서 도내 한두 곳에 봉세창을 정하고, 각 고을에다가 이곳으로 수송하여 바치게 한다. 그런 다음에 조선(漕船)을 모아서 대오를 지어 서울로 보낸다.

이때 봉세창과 가까운 고을은 운송에 어려움이 없지만, 멀리 떨어져 있는 고을은 운송하는 데 2~3일, 4~5일이 걸린다. 이러면 비단 운송이 어려울 뿐만 아니라, 시골 백성이 잘못 알고 다른 고을의 창고에 바쳐 중도에 분실되고 소비되는 곡식이 적지 않다고 한다.

이러한 상황에서 세곡 운송의 부역을 지게 되면 농사짓던 소로 짐을 실어야 하는데, 먼 길을 가다가 그 무게를 이기지 못하고 병으로 길가에 쓰러지게 되고, 이에 소장수들이 봉세창으로 모여드는 상황이 벌어지기도 하였다.

이러한 상황이 지속되자 임진왜란 후에 한 수령이 이 같은 폐단을 걱정하여 직접 상납하는 방법을 도입하였다. 즉, 본래 읍에서 관련 서류를 작성하여 임대한 배로 서울로 보내는데, 백성이 쌀을 두 배로 내지 않아도 되어서 모두가 기뻐하였다. 각 고을은 이를 본받아 연해 일대는 세곡을 모두 직접 상납하였고, 해운판관에 예속되지 않았다. 바다와 거리가 먼 고을의 경우는 종전대로 유지하였다.

그런데 직접 상납하는 방식도 오래 지속되자 폐단이 생겼다. 창고에 바칠 때 인정작지를 지불하고, 창주인역가(倉主人役價)나 선마가(船馬價) 등의 쌀이 점점 더 가중되었기 때문이다.

더욱이 임대한 선박은 대부분 궁가의 것이고, 세도가에서는 편지로 청탁하고, 수령이 아는 사람을 사사로이 밀기도 해서, 비록 지방에 소속된 배인 토지선(土地船)이 있어도 세내어 운송하는 것을 허락하지 않았다. 임대한 배를 권력자와 관이 독점한 것이다. 이에 따라 조운선의 운송에 부조리가 발생하지 않을 수 없게 되었다.

또 경강의 간사한 자들이나 떠돌이들이 해변에 살며 배를 집으로 삼고 있는 자들이 적지 않았다. 이들이 작당하여 운송을 도모하니, 폐단이 더욱 컸다. 더욱이 창고에 바칠 때 곡식에 물을 타거나, 고의로 배를 침몰시켜 곡식을 훔치고, 해당 고을에 재징수하기도 하였다.

김홍욱은 물가의 백성은 전세(田稅)도 마련하기 어려운 지경인데, 다른 고을의 세곡까지 떠맡는 경우가 있으니, 고을이 보존될 수 있겠냐며 한탄하였다. 그는 태풍에 표류한 배는 언덕에 있고 세곡은 그대로 배에 있으며 한 사람도 물에 빠져 죽은 자가 없는데도, 뱃사람들은 배가 바다에 침몰했다고 진술한다고 비판하였다.

또 물가의 읍은 그 증미를 나눠서 징수하는 일이 부담스럽게 된다. 그러므로 뱃사람들에게 보고받은 내용대로 상부에 보고함으로써 재징수를 생략하기도 한다. 이러면 국가의 재정이 점점 줄어들게 된다. 김홍욱은 이것이 조운 폐단의 핵심이라고 지적하였다.

김홍욱은 조운의 폐단을 없애기 위해 법을 완전히 바꾸는 큰 폭의 개혁보다는 옛 법을 그대로 두고 개선해가는 점진적 개선안을 제시하였다. 그것은 해운판관의 역할을 개선하는 데 중점을 둔 것이다. 해운판관에게 여러 고을을 순행하면서 세곡을 받아내게 한다면, 멀리 떨어진 고을에 수송하는 노고가 없을 것이라고 하였다. 다만, 한 사람으로서는 각 고을을 두루 살필 수 없으므로, 해운판관의 명칭을 없애고 임시로 이름 있는 관료를 선발하여 독운어사(督運御史)로 임명한다. 이들을 각 도에 내려보내 세곡을 받아내게 하는 방안을 제시하였다.

큰 읍은 그 지역 안에서 세곡을 받던 곳에 납부하게 하고, 작은 읍은 두 읍의 중간 지역에서 세곡을 받되, 독운어사와 해당 읍의 수령이 함께 세곡을 받아 조운선에 싣는다. 그 지역 내에 배를 정박할 곳이 없다면, 부근 정박지를 찾아 편리한 대로 받아낸다. 그리고 직접 상납하는 방법을 모두 혁파한다면 수송은 어렵지 않을 것이고, 백성들은 곱절이나 내는 쌀

한강나루 서울대학교 규장각 한국학연구원 소장. 경강부임진도에 그려진 한강나루이다. 경강은 포구 상업의 중심지이자, 한양의 관문이다. 한양의 관문이다. 마포, 용산 등이 나루에서 상품 유통이 활발하였다.

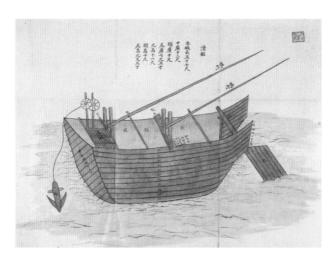

조선 서울대학교 규장각 한국학연구원 소장. 『각선본도』에 실려 있는 조운선이다. 조운에 사용된 선박을 그린 것으로, 조선의 규모와 모습 등 조선의 실제 정보를 알 수 있다. 배밑 길이가 57척(173미터), 가운데 판의 길이는 13척(39미터)이다.

도 없어지게 될 것이다. 이에 따라 선마가와 인정작지 등의 쌀도 없어져서 백성의 부역이 가벼워질 것이라고 주장하였다.

조군 운용의 개선안을 내놓다

김홍욱은 조군(漕軍)의 폐단과 이에 대한 개선 방안에도 관심을 기울였다. 조군은 지방의 민역 중에서도 가장 힘든 역을 수행한다고 알려져 있었다. 그들은 조운 선박의 개조와 개삭(改槊)[13] 뿐만이 아니라, 선상의 제반 물품을 스스로 조달해야만 했다. 그러므로 이전부터 그들에게 전결의 세금을 면제해줘도 견디지 못하고 도망간 자가 태반이었다.

더욱이 해운판관이 혁파되면서 조군과 조선(漕船)이 모두 소속이 없어졌다. 이에 김홍욱은 조군과 조선을 수사(水使)에게 소속시켜서 평상시에는 조군에게 세곡 운송을 맡기고, 위급한 일이 발생하면 조선을 전투함으로 사용하는 것이 합당하다고 주장하였다.[14]

전투함, 즉 전병선(戰兵船)도 통상 6년이면 새로 들이고 본선은 매매하는데 제대로 된 가격을 받지 못한다. 그렇다면, 전병선으로서 수명이 다 된 중고선을 조운에 사용하는 방안을 강구할 필요가 있다고 하였다.

그렇게 한다면, 전투함으로 쓰기에는 합당하지 않아도 이 배를 개삭하고 수리한다면 5~6년은 조운에 쓸 수 있을 것으로 생각한 것이다. 그리고

---

13 배 바닥의 널빤지를 갈아 넣거나 나무못을 갈아 박아서 배를 수리하는 작업이다.
14 김홍욱의 조군과 조운 선박에 대한 개선안은 조정에서도 논의가 되었다.

세곡 운반선　국립중앙박물관 소장. 1856년 도화서 화원인 유운홍의 그림이다. 지방의 세곡을 실어나르는 배를 조운선 또는 세곡선이라고 한다. 이 배는 돛을 두 개 달았으며, 곡물을 많이 실을 수 있도록 선체 곡선이 유려하다.

개삭할 때는 수사 휘하에 있는 배 만드는 기술자들을 동원하고, 개삭 하는 비용은 약간의 미포를 지급해 주도록 하였다. 이렇게 하여 항구적 법규로 정하면 조군이 스스로 배를 만드는 고역이 사라질 것이라고 주 장하였다.

조군의 부역이 가벼워지고 나면, 전결 세금을 면제해주지 않더라도 생업을 유지할 수 있다고 하였다. 사실, 조군이 세곡을 운반하여 창고 에 바칠 때 관할하는 창고의 서리 가 갖가지 형태로 침탈하였다. 그러 므로 조군의 부역을 겪고 나면 파산 하지 않는 자가 없을 정도였다고 한 다. 그러므로 이러한 폐단을 없애기 위해 어사가 여러 읍을 순회하면서 세곡을 받은 후에 바로 상경하여 창 고에 곡식을 들일 때 그 자리에 함 께 하도록 한다. 그리하면 서리가 조군을 침탈하는 폐단이 대폭 줄어 들고 세미도 중간에 입을 수 있는 손실을 우려하지 않아도 될 것이라 고 하였다.

관료의 봉급체계
개안안을 제안하다

백관의 봉급을 올려줘야 한다

김홍욱은 관료의 봉급에 대해 기본적으로 "적절함을 헤아려서 충분히 지급해야 한다."라고 생각하였다. 그러면서 그는 『중용』의 "충성스럽고 진실한 신하에게 봉록을 후하게 준다."라고 하거나, 『맹자』의 "봉록을 충분히 주어서 경작에 대신하게 해야 한다."라는 고전의 말을 인용하면서, 그의 생각도 이와 같음을 피력하였다. 이렇게 함으로써 가정을 후하게 하고 몸을 영화롭게 하는 데 힘쓸 뿐만 아니라, 신하의 염치를 격려하고 도를 행하도록 권면할 수 있다고 하였다.

조선왕조 건국 초기에는 봉록이 매우 후하여 전석(全石), 즉 대곡(大斛 20말 한섬)으로 지급하였다. 또 녹포(祿布)·전미(田米)·소맥 등의 물품과 곡식도 지급하였으며, 입직(入直)하는 관료는 관아에서 제공하는 물품인 관공(官供)을 쓰게 하였다. 하급 관료들도 생활하기에 충분할 만큼의 봉급을

받았다.[15]

그러나 임진왜란으로 국토가 폐허되고 전결이 크게 줄어들자 세입도 줄었다. 지금도 국가 경제가 나쁠 때는 공무원의 봉급을 동결하거나 줄임으로써 정부의 재정 절약에 대한 의지를 국민에게 보여주려고 한다. 조선시대도 다르지 않았다. 임진왜란 이후에 백관의 봉급을 대폭 줄였다. 현재 1품의 봉록이 임진왜란 이전의 종 4품의 벼슬인 첨정(僉正)의 봉급에도 미치지 못하였다. 또 봉록도 평석(平石), 즉 소곡(小斛 15말 한 섬)으로 지급하였고, 녹포 등의 물품은 지급하지 않았다.

이렇게 관료의 봉급이 크게 줄어들자, 생활이 어렵게 되고, 그들은 생활의 방편을 모색하지 않을 수 없게 되었다. "의를 잃는 자가 많고 도를 지켜서 가난함을 편히 여기는 자가 적다."라고 하거나, "춥고 굶주리게 되면 염치를 돌아보지 않는다."라고 하였다.

다시 말해, 생활이 어려울수록 관료들의 부정부패가 늘어나게 된다는 말이다. 그러므로 김홍욱은 관료들이 궁핍한 생활을 하면서 염치를 유지하기 어려우니, 백관을 중히 여겨 염치를 권면하려면 반드시 그 봉록을 넉넉히 해줘야 한다고 주장한 것이다. 이렇게 백관들의 봉급을 올려주고 나서야 그들에게 개와 돼지 등의 가축을 기르거나 장사에 관여하지 말라고 말할 수 있다고 하였다.

---

15 이를테면, 현감에 해당하는 종6품의 녹봉은 1년에 중미 5석, 조미 17석, 좁쌀 2석, 콩 8석, 밀 4석, 명주 1필, 삼베 9필, 저화 4장이었다(『경국대전』 권 2, 호전, 녹과).

광흥창 인 국립고궁박물관 소장. 백관의 녹봉을 관장하는 관아인 광흥창에서 사용하던 인장들이다. 광흥창은 고려 충렬왕 때 설치되어 조선시대까지 유지되었다. 현재 지하철 6호선 광흥창역 옆 근처에 표석이 있다.

수령의 봉급을 합리적으로 정하자

조선의 수령 봉급 체계의 가장 불합리한 점은 균등하지 못하다는 데 있었다. 김홍욱도 이 점을 지적하였다. 통일된 규칙도 없고, 각 도가 지급하는 액수도 같지 않으며, 읍마다 규칙이 달랐다. 이에 따라 관청에서 받아들이는 쌀이 읍의 크기에 따라 크게 달랐다. 큰 읍은 수천 석에 달했으나, 작은 읍은 백여 석 안팎에 불과하였다. 관료들의 봉급을 지급하기 위한 아록전(衙祿田)도 충분하지 않았다. 큰 읍은 수십 석, 작은 읍은 몇 석에 불과해서 관리의 봉급을 지급하기에는 턱없이 부족하였다.

지역 격차도 심하였다. 호남은 수봉(收捧)하는 것이 매우 많아서 작은 읍에서 거둬들이는 것도 영남의 큰 읍에 비해 2~5배나 되었다. 반면에 영남은 거둬들이는 것이 매우 적어서 큰 읍에서 받는 게 호남의 작은 읍에 비해 10분의 2~3에도 미치지 못하였다.

김홍욱은 모두 한 나라의 같은 군과 현인데 봉록의 많고 적음이 크게 다르니, 나라를 경영하는 방법이 잘못되었다고 비판하고 있다. 이러한 폐단은 곧 백성에 대한 침탈로 이어지기 때문이다.

그렇다면 김홍욱은 수령 봉급을 어떻게 합리적으로 개선하려고 생각하였을까. 그는 외관도 품계의 높고 낮음과 읍의 대소를 참작하여 정하되, 중국 한나라의 이른바 이천석(二千石)[16], 육백석(六百石: 녹질을 말함)과 같이 정하는 것이 합리적인 방안이라고 주장하였다.

김홍욱은 좀 더 자세히 설명하였는데, 6품 경관의 봉록은 매 분기 6석으로 연 24석이 적당하다고 하였다. 외관은 지역별로 큰 차이가 있지만 대체로 3~4배를 더한다. 여기에 외빈 접대비용을 참작해주기도 하고, 혹은 별도로 40~50석을 지급하기도 한다. 수령과 감사가 거주하는 고을은 배를 더 지급하는데, 이것도 별도로 받게 하지 말고, 다 전세 범위 안에서 내게 한다. 그리고 어사가 받아들인 다음에 상미와 중미로 반분하여 떼어주어서 지나치게 과중한 수봉의 폐단을 없게 하자고 제안하였다.

이렇게 한 이후에는 1되라도 더 받는 수령이 있으면 중죄로 다스리자고 주장하였다. 이러면 수령은 과외로 지나치게 징수하지 못할 것이고, 각 읍에서 받아들이는 것이 평등하게 되어 일정한 규칙이 생기고, 백성의

---

16 중국 한(漢) 나라 녹질의 한 가지이다. 한나라 때 태수 등의 1년 봉록이 2천 석이어서 태수의 대칭으로 쓰였다.

부역에도 불공평한 폐단이 없게 될 것이라고 주장하였다.

곤수와 변장의 봉급체계를 세우자

곤수(閫帥)와 변장(邊將)은 병사(兵使)와 수사(水使), 첨사(僉使)와 같은 군대의 장수를 말한다. 본래 국초에는 이들에게 봉록을 지급하는 기준이 있었으나, 현재는 군졸들에게 생계를 의지하고 있다. 그리고 이러한 관행은 곡식을 바쳐서 입번을 면제받는 관행인 납량(納糧)으로 이어짐으로써 많은 폐단을 일으켰다고 한다.

이 폐단이 만연하여 입번을 하는 대신에 포를 내고 번을 면제받았다. 이른바 수포제를 말하는 것이다. 포의 승세(升細)와 척장(尺長)은 해마다 증가하였고, 군영에서 일상으로 사용하는 잡다한 물품도 모두 군병에게 책임을 맡겼다. 이를 유군(油軍)·밀군(蜜軍)·과군(果軍)·철군(鐵軍) 등으로 불렀다. 그 종류가 다양하고 정한 액수는 시장값의 10배나 되었다. 군병이 이런 부역을 한번 지게 되면 재산을 모두 탕진하였다.

부역이 과중해지자 도망하는 군병이 많게 되고, 군병이 도망하면 대신 이웃인 일족에게 바치도록 하였다. 조선 후기 삼정의 문란이 극심하였을 때 인징과 족징이 이것이다. 이러한 폐단이 일어난 것은 입번 대신에 포를 거두게 하고 일정한 규제를 만들지 않았기 때문이다.

더욱이 중국에서 칙사가 올 때는 호랑이나 표범의 가죽이나 사슴과 수달의 가죽 등을 복정(卜定), 즉 지방의 토산물로 바치게 한다. 또한 임시 기구인 도감(都監)을 설치하여 불시의 역이 있게 되면, 많은 포의 묶음인 목동(木同)을 배정하므로, 병사와 수사는 포를 거두는데 거리낌이 없었다.

김홍욱은 이러한 폐단을 고치지 않는다면, 국방의 기틀이 무너져서 백성을 보존할 수 없게 되고 나라를 보위할 수 없게 될 것이라고 하였다.

김홍욱은 이러한 폐단을 바로잡기 위하여 세미를 분등해서 지급하라고 제안하였다. 병사에게는 5백~6백 석을 나눠주고 수사에게는 4백~5백 석을, 첨사와 만호는 물론이고, 진과 보의 수장인 권관(權管)에게도 적당량을 나누어 지급할 것을 제안하였다. 그리고 이 때 어사가 거둬들인 다음에 상미와 중미로 반씩 나눠서 지급하는 게 좋겠다고 하였다.

김홍욱은 이렇게 하여도 군병을 침탈하는 장수가 있는 경우에는 모두 군법으로 다스리게 하면, 군역은 수월해지고 도망가는 군병도 없을 것이라면서 긍정적으로 전망하였다. 또한 체계적이고 정예한 훈련만이 위급한 때에 믿을 수 있는 군병을 기를 수 있을 것이라고 주장하였다.

국방의 현실에 대해 의견을 말하고
군사제도 개선안을 내다

국방 현실에 대한 총론을 말하다

김홍욱은 공납과 전세 등의 폐단을 개혁하기 위한 새로운 안을 제시한 데 이어, 군사제도 개혁에도 큰 관심을 기울였다. 그는 누구나 인정하듯이 조선의 국방과 군사제도가 임진왜란을 분기점으로 하여 크게 변화하였다고 설명하였다. 그는 지금의 군사제도도 열악하지만, 임진왜란 이전의 군사제도는 지금보다도 형편이 없었다고 평가절하하였다.

임진왜란 이전에는 상번제색군(上番諸色軍)과 보병, 그리고 외방의 각 군영에서 새로 뽑은 기병과 수병밖에 없었다. 상번군(上番軍)은 숫자가 많지도 않고, 전투 때 나서지도 못하였다. 궁궐 문을 지키는 이를 제외하면 여러 관청에 분산 배치하였다. 관청에 분산된 자들은 숙직하거나 사환으로 부려서 모두 아전의 종이 되어 분뇨를 져 나르거나 물을 긷고, 관원의 침구를 져 나르며 교대로 지켰다. 상번군은 한 마디로 무늬만 군인인 셈이었다.

보병은 전부터 무명을 내고 대체할 수 있었으므로, 시장 사람들은 좋은 무명을 보면 '보병목(步兵木)'이라고 불렀으니, 바로 이 때문이라고 한다. 외방 기병은 병사와 수사 아래서 군사정보나 진상물 수송 등을 맡은 지인(知印), 군사 실무를 맡은 진무(鎭撫) 등의 일을 하였다. 그밖에는 모두 베로 대신 받았다. 평소에 병사와 수사에게 공급하는 비용은 모두 그 안에서 나왔다. 외방 보병은 서울 보병의 예와 마찬가지로 군영에 교대로 들었는데, 숫자가 많지 않았다.

군사제도가 허접하였고, 행정과 운영 또한 부실하였기 때문에 임진 왜란이 일어나자 속수무책으로 일본군에게 밀린 것은 어찌 할 수 없는 일이었다. 예를 들면, 일본군이 침략해오자 순변사(巡邊使) 이일(李鎰, 1538~1601)은 군사가 없어서 소수의 군관을 거느리고 출정해야 했다. 잇따라 조정에서는 조선 최고의 명장 신립(申砬, 1546~1592) 장군을 보내어 충주에서 방어선을 구축하게 하였는데 실패하였다. 여러 이유가 있지만, 기본적으로 제대로 훈련받은 정예군이 거의 없었기 때문이다.

김홍욱은 이같이 조선군이 철저하게 무너진 것은 군사제도와 행정 등이 부실하였을 뿐만 아니라, 평소에 국방력을 강화하기 위한 준비를 전혀 하지 않았기 때문이라고 비판하였다. 그러면서 율곡 이이(李珥)의 '십만양병설'을 꺼냈다. 사람들이 당시 율곡 선생의 탁월한 의견을 이해하지 못하였다고 안타깝게 생각하였다.

김홍욱이 생각하기에, 임진왜란을 겪으면서 군사제도를 정비한다고 하였으나 기대치에 미치지 못하였고, 제도에 따른 운영도 별로 달라진 것이 없었다. 전부터 내려온 폐단도 여전하였다. 이전의 병영과 수영의 입번과 새로 뽑은 수군은 모두 복무하는 대신에 무명을 받아 병사와 수사의 생활비로 충당하였다.

이에 대해 김홍욱은 대장이라고 부르고 깃발을 꽂고 징을 쳐도 그 휘하에는 한 명의 병사도 없다고 한탄하였다. 그리고 병영의 보초병들은 모두 대신 고용되어서 근무를 서고 있는 자들로, 늙고 병들어 집에서조차 제대로 일할 수 없는 자들이라고 하였다. 식사 시간에 교대할 때는 부인에게 대신 보초를 서게 하는 웃지 못할 일도 있었다면서 한탄하였다.[17]

물론 과장된 사례라고 할 수도 있겠지만, 그만큼 형식적으로 군사제도를 운영하여서 내실을 갖추지 못한 사실을 지적한 것이다. 김홍욱은 임진왜란 중에 이몽학(李夢鶴, ?~1596)이 반란[18]을 일으켰을 때 병사와 수사가 전혀 대응하지 못한 사례를 지적하기도 하였다.

끝으로 김홍욱은 임진왜란을 계기로 생긴 삼수군과 속오군에 대한 의견을 피력하였다. 삼수군과 속오군은 임진왜란 때 군사의 숫자를 보충하기 위해 만들었기 때문에 그 취지는 좋다고 하였다. 그런데 이 또한 운영 방식이 문제였다고 한다.

삼수군을 유지하기 위한 예산이 점차 늘어났다. 앉아서 창고 곡식만 축내었고, 민역은 배나 무거워졌다. 속오군은 모두 오합지졸로 어떠한 경우는 한 사람의 몸이 두세 사람의 부역을 겸하기도 하였으니, 제대로 된 병사가 있을 리 없었다. 어영군도 생긴 지가 얼마 안 되어 폐단이 생겼으니, 이러한 군사제도는 모두 혁파하여 규칙을 일신해야 한다고 주장하였다.

이에 김홍욱은 현실적으로 대변혁의 큰 조처를 하면, 이를 어렵게 여

---

17 『학주선생전집』 권 10, 논병제 9조, 총론.
18 임진왜란 중인 1596년(선조 29)에 이몽학, 한현 등이 충청도 일대에서 반란을 일으킨 사건이다. 반란군은 임천군, 정산현, 청양현, 대흥군 등을 함락하면서 기세를 떨쳤으나, 홍주 전투에서 홍주 목사 홍가신이 지휘하는 관군에 패배함으로써 반란이 진압되었다.

겨서 논의가 지지부진할 수 있음을 걱정하였다. 그러므로 옛날 제도를 따르되 간략히 고쳐서 몇 가지 새 제도를 첨가하면, 제도와 운영을 개혁할 수 있을 것으로 보았다.[19]

상번 제도 개혁안을 내다

상번(上番)이란 번에 오르는 것, 즉 군역을 이행하기 위해 특정 군부대에서 교대로 근무하는 것을 말한다. 일종의 교대 근무이다. 한 부대에 속한 군사를 번으로 나눠 편성하고, 그중에 몇 번이 복무하고 몇 번은 쉬게 한다. 자기 번 차례가 되어 복무에 들어갔거나 복무하러 온 군인을 상번군으로 불렀다.

상번군은 대부분 지방에서 올라왔다. 그러므로 이들이 겪는 고생이 말이 아니었다. 김홍욱이 말하는 상번군의 실상을 보자. 이들은 번에 들어온 뒤로는 한순간도 번을 떠날 수가 없었다. 아침저녁으로 밥 지을 겨를도 없고, 서울에 주인가를 정하여 날짜를 계산해 숙식 값을 갚아야 했다. 지금 식으로 말하면 일종의 자취나 하숙인 셈인데, 그 비용을 감당하기가 쉽지 않았다.

그래서 이들은 상경하는 날에 친족과 봉족(奉足)이 내준 식량과 세간살이를 싣고 오지만, 여유롭게 밥을 해 먹을 형편이 되지 않았다. 그래서 밥을 사서 먹었는데, 번을 마치고 돌아갈 때면 그 꼴이 말이 아니었다. 봉족

---

19 『학주선생전집』 권 10, 병제9조.

은 상번을 면제받는 대신에 상번군을 경제적으로 도와주는 자이다.

상번은 이같이 고역이었다. 게다가 연이은 기근에 도토리를 따서 식량으로 먹고, 무명이 없어서 풀잎을 엮어서 옷을 해 입었다. 아사자가 길에 이어지고, 시궁창에 버려진 시체들은 개와 돼지의 밥이 되었다고 한다.[20] 이처럼 자연재해나 전염병 등으로 아사자들이 넘쳐났다는 사실은 조선 왕조실록에도 자주 보인다. 이를테면 17세기 중엽부터 19세기 중엽까지 200여 년 동안 비교적 규모가 큰 기근에 관한 기록이 나오는 해는 모두 52회에 달한다고 한다.[21]

고향의 가족은 이러한 사실을 모른 채 상번을 위해 떠난 가족이 돌아오기를 손꼽아 기다리다가 죽었다는 소식을 듣게 된다. 소식을 듣고서 시신을 찾을 방도조차 없으니, 그들의 슬픔이 오죽했겠는가.

그리하여 김홍욱은 이들 상번군의 진휼에 관심을 기울였다. 이들이 처음 군부대에 도착하여 출석을 부를 때 부근 마을 사람 5~10명을 밥 짓는 군사인 화병(火兵)으로 정하고, 취사도구가 없는 사람은 관아에서 지급해 주고, 수직처(守直處)에서 이들을 시켜 식생활을 하도록 편의를 제공하는 방안을 제안하였다.

김홍욱은 유명무실한 상번 제도의 개혁 방안을 내놓았다. 그는 먼저 상번 군사는 그 번의 차례를 고쳐서 모두 한강산성(漢江山城)으로 들어가 지키라고 하였다. 그리고 이들을 매일 훈련시켜서 윤번제로 대궐 안과 사

---

20 『학주선생전집』 권 10, 병제9조, 상번.
21 조광, 「19세기 민란의 사회적 배경」, 『19세기 한국전통사회의 변모와 민중의식』, 고려대 민족문화연구소, 1982, 188쪽.

대문, 포도청과 같이 불가불 지켜야 할 곳에 나눠서 보내되, 그 숫자를 줄이는 대신에 도감포수와 어영군을 섞어 보낼 것을 건의하였다. 나머지 급하지 않은 관아들은 모두 해당 관아의 노복과 사령에게 지키게 하였다. 또 군사를 배정할 때 아전에게 뇌물을 주지 않은 군병이 으레 힘든 곳으로 가게 마련이므로, 행정 처리를 아전에게 맡기지 말고 관원이 직접 처리하게 하였다.

김홍욱은 또 경점(更點), 즉 시간을 알리기 위해 북과 징을 치는 일을 담당하는 군사의 숫자를 늘리라고 제안하였다. 병조에서 군포를 만들고, 이게 어려울 때는 마을 주민 집을 주인집으로 정해서 자주 교대해주고, 만약 얼어 죽는 자가 있으면 그 주인을 처벌하라고 건의하였다. 대궐 문 옆에도 온돌방을 만들 것을 제안하였다. 겨울에는 문을 지키는 군인 1명으로 하여금 매일 땔나무를 마련하게 하여 온돌에서 상번 군사의 몸을 녹일수 있게 하고, 대궐 안의 경점 군사와 왕래하면서 교대해줘서 동사하지 않게 하라고 건의하였다. 이처럼 김홍욱은 경점 군인들이 겪고 있던 세세한 부분까지 관심을 기울였고, 나름의 대안과 해결책을 모색하였다.

수포(收布) 개선안을 내다

조선시대의 군역제는 보병에게 현역 근무하는 대신에 포를 받아서 병역을 면제해주는 수포제가 보편화되었다.[22] 후일의 일이지만, 군역법, 즉

---

22 정만조, 「양역의 편성과 폐단」, 『한국사』 32, 조선후기의 정치, 국사편찬위원회, 1997, 참조.

수포제의 폐단이 지속되고 심해지다 보니, 영조 때는 2필씩 받던 포를 1필로 감해주는 '균역법'을 시행하였다. 균역법은 대동법과 함께 조선시대의 양대 제도 개혁으로 평가받고 있다.

김홍욱도 이러한 수포제의 폐단에 주목하였고, 이를 개선할 방도를 모색하였다. 그는 먼저 수포제를 운영하는 자체가 군사력의 약화를 가져올 수밖에 없다고 하면서 원론적인 비판을 하였다. 그러면서도 수포제 운영 과정의 폐단도 신랄하게 지적하였다. 거둬들인 무명은 병조에 바쳤는데, 이 과정에서 서리에 의해 자행되는 폐단이 심각하였다. 서울의 각 관아에서 해 먹기에 좋은 관아를 꼽으라면, 세금 전반을 주관하는 호조와 수포를 주관하는 병조를 꼽았다.

그러므로 병조와 호조의 서리는 불법을 자행하며 막대한 이득을 누리고 있었다고 한다. 김홍욱이 말하는 신참 서리를 벗어나는 과정을 보기로 하자. 신참을 면하는데 얼마의 비용이 드느냐고 물었더니, 많게는 목(무명) 15~16동을 써야 한다고 했다. 그래서 서리직에 몇 년이나 복무하면 신입을 면하고 들어간 비용을 다 회수하느냐고 물었더니, 1년이면 충분하다고 하였다. 그 이후는 자기가 쓴 비용을 회수하고 남기는 장사를 하는 셈이었다. 그러니까 서리들은 신입이라고 해도 1년 만에 무명 15동 이상을 불법으로 벌어들인다고 할 수 있다.

병조에서는 무명을 거둬들이는 것은 물론이고 모든 해당 재무를 관장하였다. 이에 김홍욱은 병조에서 지출하는 자금의 공공성에 의문을 제기하였다. 병조에서 지방의 각 고을에 구채(驅債)[23]로 나눠 보내기도 하고,

---

23 관료가 사사로이 부리는 하인의 급료로, 녹봉 외에 더 주는 돈이나 물건이다.

여러 관아의 서리에게 입역가(立役價)[24]로 지급하기도 하고, 혹은 불시에 역이 있을 때 고립가(雇立價)[25]로 쓰기도 하였다. 김홍욱은 그나마 앞 시대에 관료들이 사사로이 보병포(步兵布)를 사용하는 일은 지금 많이 줄어들었다고 긍정적으로 평가하였다.

김홍욱은 세입이 증가하여 관료들의 봉록을 넉넉히 지급할 수 있으면 여러 고을의 구채를 줄일 수 있다고 생각하였다. 서리들에게 지급하는 무명인 요포(料布)도 호조에서 지급하라고 하였다. 이렇게 하면, 보병에게 포를 거두지 않고 상번군에게 지급할 수 있다고 본 것이다. 보병이 번을 서면 번을 서는 차례의 간격이 넓어지고, 어영청과 훈련도감은 모두 이로 인해 쓸 만한 보병을 얻을 수 있게 된다고 하였다.

한편, 늙고 병들어서 번을 설 수 없는 군사들도 적지 않았다. 이는 보병뿐만 아니라 상번군이 자원해서 들어오기 때문이다. 그러므로 관가에서 검열하여 노약자라고 판단하면, 그에게 수취하는 포를 줄여준다. 이들에게 받은 포는 병조에 저축해 두었다가 필요할 때 사용한다.

양군, 즉 어영청과 훈련도감의 역이 가벼워지면 보인 삼정(保人三丁)[26]을 없애거나 뜻대로 되지 않을 경우는 1정만 남겨도 된다고 주장하였다. 번을 서는 군인의 숫자가 늘어나면 번에 드는 차례는 더욱 줄어들고 군인 정원인 군액(軍額)의 수효는 이전 시기에 비해 몇 배에 이르게 될 것이라고 하였다.

---

24 군역이나 노역에 이바지하는 것의 삯이다.
25 역이나 부역 따위를 대신할 사람을 사는 삯이다.
26 장정 세 사람으로 하나의 군보(軍保)를 정하고, 군역에 종사하는 한 사람을 뒷바라지하는 제도를 말한다.

외방 신선군과 외방 보병, 봉족의 개선안을 내다

원래 외방 신선군(外方新選軍)은 군인 중에서 가장 편한 보직이었다고 한다. 특히 임진왜란 이전에 신선군은 양반 자손들이 많았다. 이들은 입번해서도 활쏘기인 사(射)와 말을 부리는 어(御)를 일삼았다. 지역의 군사 령관인 절도사(節度使)들도 이들을 무시하지 못하였다.

원래 현역 근무 대신 포를 거둔 적이 없었는데, 임진왜란 후에 정치와 사회가 혼란한 틈에 신선군도 포를 받고 현역 근무를 면제해주기 시작하였다. 물론 자원자에 한해서였다. 그 후 포를 바치는 사람들이 많아지면서 지금은 번을 서는 사람이 한 사람도 없게 되었다. 그러므로 양반 자손이 현역병 근무, 즉 번을 서는 것을 부끄럽게 여기게 되었다고 한다.

김홍욱은 이처럼 유명무실한 신선군의 운영을 비판하였다. 그는 병사와 수사에게 세미를 나눠 주고 포를 받는 대신 번을 면해주는 이른바 방군수포(放軍收布)를 허락하지 말고, 신선 또한 예전의 예에 의해 번에 들어가 훈련하게 하면, 그 효과가 있을 것이라고 하였다. 그리고 신선군에 소속되길 원하는 자가 늘어날 것이라고 주장하였다.

외방 보병은 예전부터 진장(鎭將)이 포를 거두었다. 그러므로 입번하는 일이 없었다. 지난해에는 병조에서 병마절도사와 수군절도사가 보병포를 과다하게 거둔다는 사실을 알고서, 외방 보병 소속이던 것을 병조로 옮기고 기병만 남겨 두었다.

김홍욱은 세미를 떼어 주면, 포를 받아서 분정하는 일은 혁파될 것이고, 기병을 입번시킬 수 있을 것으로 보았다. 다만, 지인(知印)과 진무(鎭撫)는 모두 사환이나 마찬가지이므로, 이들을 다 혁파해버리면 군영의 체면이 떨어질 것을 우려하였다. 그러므로 이들은 그대로 두면서 그 인원수를 한정해서 궁시와 조총을 만들어 주되, 늘 이들을 훈련해서 병마절도사와 수군절도사의 직속 군사가 되게 하라고 건의하였다. 그리하여 무사할 때는 이들을 사환으로 부리고 위급할 때는 군사로 활용하면 유용할 것이라고 하였다.

김홍욱은 봉족 삼정도 모두 선발 점고를 시행하라고 하였다. 그리하여 평상시에는 번을 서지 않게 하고, 비상시에는 모두 군사로 쓰는 방안이다. 이때 번에 들 때는 시재(試才)를 거친다. 시험 점수가 높은 자는 포를 감해주고, 점수가 낮은 자에게는 벌을 내리는 방식이다.

김홍욱은 충청병영의 사례를 들어 설명하였다. 충청병영에는 진무·나장(羅將)·장인(匠人)이 4백 명이 넘고, 거기에 3명의 봉족을 합하면 1,600명이나 된다. 늙고 허약한 사람을 제외해도 1천 명은 된다. 이들은 모두 병영을 출입하였기에 장수가 내리는 명령 체계에 익숙하다. 이들 1천 명이면 각 관청 속오군 1만 명과 맞먹는 전력으로, 적과 전투에서 한 지역을 충분히 방어할 수 있는 능력을 갖춘 셈이라고 주장하였다.

김홍욱은 예전의 사례를 들어서 안타까움을 표현하였다. 예전에 한 병사(兵使)가 진무들에게 조총을 지급하고 번을 나누어서 연습시키되 상벌을 분명히 하니, 사람들이 그 병사 휘하에 들어가는 것을 좋아하였고, 모두 재능을 가지게 되었다고 한다. 그 뒤에 새로 부임한 병사가 갑자기 이 제도를 혁파하였으니, 매우 애석하다고 하였다.

둔전 개선안을 내다

김홍욱은 강한 군대를 만들기 위해서는 무엇보다도 군대의 구성원인

내병조 병조는 육조 중 네 번째 관서로, 무관의 인사행정, 왕의 행차 시 의장 주관, 군인의 조발, 병기 시설의 확보 등 군정을 총괄하였다. 이 사진은 창덕궁 내병조 건물로, 1999년 복원하였다. 내병조는 임금의 행차를 선도하며, 시위나 의장 때 질서 유지를 담당하였다. ⓒ저자 촬영

군인들의 생계를 보장해주어야 한다고 보았다. 이러한 맥락에서 김홍욱은 병사의 급료 문제에 관심을 기울였는데, 일반 백성에게 끼치는 부담을 최소화하면서 해결 방안을 마련하려고 하였다.

이를테면, 이 무렵 훈련도감의 포수·사수·살수로 구성된 삼수군(三手軍)에게는 국가에서 1개월에 9~12말(斗)의 급료를 지급하였다. 백성들은 삼수군의 급료를 위해 결당 삼수미세 2말 2되를 납부하고 있었다.[27] 삼수미

---

27 『만기요람』 재용편 2, 수세, 삼수미.

세 납부는 민역 부담을 가중시키는 원인이었다. 김홍욱은 민역의 부담을 가중시키는 삼수미세 납부를 근원적으로 해결하기 위한 대안으로 둔전을 개간하는 방안을 제안하였다.

둔전의 설치 목적은 군자(軍資)에 충당하기 위한 것과 지방 관아의 경비에 쓰려는 것이다. 임진왜란으로 전국의 토지가 황폐하고 유망민이 크게 늘자, 조정에서는 둔전 설치를 늘렸다. 주로 비어있는 목장·섬·제언 등의 땅에 둔전을 설치하였다. 특히 훈련도감을 설치하면서 군량을 확보하기 위해 둔전을 활용하였다.[28]

한편으로는 둔전이 늘어나자 그 운영을 통제해야 한다는 주장이 꾸준히 제기되었다. 둔전의 증가로 토지 결수가 축소되어 세금이 줄어들고, 둔전 설치를 구실로 삼아 백성의 토지를 약탈하는 일까지 일어나고 있었기 때문이다.[29]

김홍욱도 이러한 상황을 잘 알고 있었다. 그러면서도 둔전이 지닌 장점이 단점을 상쇄한다고 생각하였다. 그리하여 김홍욱은 백성의 납세 부담을 최소화하면서 군인들에게 적정한 급료를 지급할 수 있는 가장 현실적 대안이 둔전 운영이라고 생각하였다.

그는 둔전을 설치할 장소로 인천 강화에 있는 갑곶(甲串)과 한강에 있는 섬으로 현재 강남 삼성동 부근에 있는 압도(鴨島)를 추천하였다. 이 곳들은 모두 국가의 공지(空地)로 전답으로 사용할 만한 곳으로 판단하였다.

---

28 송찬섭, 「지주제의 발달과 궁방전·둔전의 확대」, 『한국사』 30, 조선 중기 정치와 경제, 국사편찬위원회, 1998, 464~468쪽.
29 송찬섭, 위의 논문, 467~468쪽.

전관(田官)을 두고 농기구를 갖추어서 높은 곳에는 밭을, 낮은 곳에는 논을 만드는 것이다. 그리하여 관에서 그 토지를 경작하여 호미를 지급해 김을 매게 한다면, 이들 병사에게 농업을 권장하는 방법이 될 것이라고 하였다.

김홍욱은 지금의 뚝섬 부근의 말 목장이던 살곶이, 즉 전곶(箭串)은 도 성에서 가까우므로 우차(牛車)를 준비하여 이곳에서 거름을 실어다가 전 답에 뿌리면 가을에 수확하는 곡식은 배나 많을 것이라고 하였다. 이 곡 식으로는 병사의 식량을 조달하고 해마다 봄과 여름에 농사짓고 가을과 겨울에 훈련하면 정예군사가 될 것이라고 주장하였다.[30]

한편, 이 무렵에 '둔전 혁파'가 심도 있게 논의될 정도로 그 폐해도 적 지 않게 발생하였다. 훈련도감의 둔전도 예외는 아니었던 것 같다. 그리 하여 김홍욱도 둔전 운영이 활발해지면서 훈련도감의 급료 지급이 넉넉 해지자 기강이 해이한 병사들이 나타나고 있음을 지적하였다.

김홍욱은 이러한 문제를 해결하기 위해 외방의 봉족을 소집하여 이들 가운데 전관을 뽑을 것을 제안하였다. 즉, 훈련도감의 포수 자리가 비었 을 때는 외방 봉족이 포수로 승진하게 되는데, 1년이 되어도 승진하지 못 하는 봉족이 수백 명이 되었다. 이들을 일시에 상경하게 해서 그 가운데 능력 있는 자를 뽑아 전관으로 삼는 것이다. 곧바로 이들을 둔전에 보내 농사를 권장하면, 새로 들어온 전관이 모두 농부이기 때문에 교만해서 제 어하기 어려운 일은 없을 것으로 보았다.

그리고 이후부터 승진하는 자는 모두 둔전에 소속시키면, 훈련도감 병

---

30 『학주선생전집』 권 10, 둔전.

사는 모두 둔전군이 되는 것이다. 이렇게 하면, 전결 삼수미도 줄일 수 있고, 백성이 부담하는 역도 가벼워질 것으로 보았다.

또 김홍욱은 훈련도감 대장은 반드시 무관으로 임명해야 한다고 주장하였다. 물론 무관은 본래 문서와 장부 정리에 서툴고, 또 품계가 높은 대장이 번거롭게 세세한 일을 직접 하기도 어렵다. 그리고 담당관이라 할 수 있는 실직 낭관(郎官)은 없고 훈련도감 낭관은 실무에 익숙하지 않은 이름뿐인 자들이라고 하였다. 그러므로 이들이 도감의 일을 직접 집행하여 자세히 살핀 적이 없다고 하였다. 이렇게 되자, 수백 동이나 되는 무명을 출납하는 문서를 오로지 아전에게 위임해버리니 폐단이 생기지 않을 수 없게 되었다고 하였다.

세속에서 "훈련도감 서리의 이익은 병조 서리나 호조 서리보다 많다."라는 말이 유행하게 되었다고 한다. 그러므로 김홍욱은 반드시 문관으로서 강직하고 재능 있는 사람을 실직 낭관으로 차출하거나 병조 낭관 1인을 도감 낭관으로 임명해서 일을 맡기는 것이 합리적인 방안이라고 주장하였다.

속오군 개선안을 내다

속오군(束伍軍)은 지방 군사 조직으로, 임진왜란 도중에 유성룡(柳成龍, 1542~1607)의 건의로 창설되었다. 이른바 '속오법'에 따라 편제된 속오군의 최상위 부대는 '영(營)'으로 영장이 통솔하였다. 한 개 영은 약 2,500명의 군으로 구성되었다. 정유재란 때는 속오군이 실전에 투입되기도

사복시 살곶이(箭串) 목장 지도 서울시립대학교 박물관 소장. 중랑천의 동편에 있는 넓은 평지로 지금의 서울숲 자리이다. 궁중의 말을 담당했던 사복시의 방목장이다. 김홍욱은 이곳에 널려 있는 우마의 거름을 이용하여 농사지을 것을 주장하였다.

하였다.[31]

속오군 제도가 시행되면서 각 지방의 주민 대부분은 속오군에 편제되었다. 이들은 병농일치제에 따라 평상시에 농사와 군사훈련을 하다가 유사시에는 군사로 동원되었다. 그러나 속오군은 무기와 같은 군사 장비를 스스로 마련하였으며, 국가로부터 물자를 지원받지 못하였다. 더욱이 이

---

31 이겸주, 「지방 군제의 개편」, 『한국사』 30, 조선 중기의 정치와 경제, 국사편찬위원회, 1998, 289~301쪽.

들 다수는 사노(私奴)나 군사 보인(保人)으로 채워졌다. 그러므로 이들은 두 가지의 역을 부담하는 것과 같았다. 봄가을에 시행하는 군사훈련 즉, 습진(習陣) 때는 식량을 준비해야 하는 부담과 장교나 아전의 침탈로 괴로운 나날을 보내야 했다. 그러므로 김홍욱은 이들이 정예군이 되기는 요원한 일이라고 하였다.

김홍욱은 속오군을 그들이 사는 마을 소속으로 편제해서 이동하는 불편을 덜어줘야 한다고 주장하였다. 그렇게 해야 평소에 훈련을 할 수 있는 여력이 있기 때문이다. 수령은 농한기 때 자주 시재(試才), 즉 훈련 성격의 경기를 개최해야 한다고 하였다. 작은 읍은 두 개의 부대로 나누고, 큰 읍은 네 개의 부대로 나눠서 시합하는 것이 좋다고 하였다. 이들에게 승부를 겨루게 한 다음에 승자에게는 상을 주고, 패자에게는 벌을 주도록 하였다. 병사(兵使)도 수행원들을 간략히 꾸려서 여러 읍을 순행하되, 본 고을 수령에게 술을 마련하게 하고, 시합하여 상벌을 밝히라고 하였다. 아마도 군사들의 사기진작을 위한 방책이 아닌가 한다.

그리고 추수한 후에 일 년에 한 번씩 사목(四牧) 단위로 군사훈련을 하되, 병사들에게 제식훈련이나 기본적인 훈련 동작을 익히게 한다면, 그들이 식량을 싸서 멀리 훈련받으러 가는 일은 없을 것이라고 하였다.

김홍욱은 또 조정에서 어사를 보내거나 관찰사에게 여러 읍을 순행하며 재능을 시험하라고 하였다. 성적이 좋은 읍은 그 고을 수령과 절도사나 영장 같은 장관(將官)에게 상을 주고, 성적이 불량한 읍은 수령을 파직하고 장관에게는 곤장을 치는 벌을 내리라고 하였다.

곤장을 친다는 발상이 다소 지나친 것 같기는 하지만, 병자호란의 치욕을 경험한 김홍욱으로서는 고려할 수 있는 방책이라는 생각이다. 그만큼 강력한 군사력에 대한 염원이 컸다고 할 수 있기 때문이다. 매년 이렇게 하면 정예하게 훈련하는 효과가 나타날 것이라고 믿었다.

김홍욱은 장관들도 시재해야 한다고 주장하였다. 즉, 무거운 물건 들기인 거중(擧重), 조총 사격, 말 타서 활쏘기인 기사(騎射)를 시험하여 특별한 재능을 가진 자는 경직으로 승진시키고, 재주 없는 자가 많을 때는 절도사는 파직하고 영장은 곤장으로 벌하라고 하였다. 그러면 시골의 무사라도 쓸 수 있게 될 것이라고 하였다.

어영군 개혁안을 제시하다

어영군(御營軍)은 인조반정 이후에 인조가 후금에 대해서 강경 정책을 표방하고, 친정에 대비한다는 명목 아래 개성 유수 이귀(李貴, 1557~1633)를 어융사(御戎使)로 임명하고, 화포군 260여 명을 훈련한 데서 비롯되었다. 이후 어영군은 국왕을 호위하였고, 이괄의 난 때 국왕을 호종하면서 인원이 대폭 늘었다. 이로써 어영군은 기왕의 훈련도감과 함께 수도 방위와 왕권 수호를 전담하는 중앙군으로 정착해 갔다.[32]

김홍욱은 어영군 1인에게 봉족 3인을 지급해 주었고, 교대 근무하는 이른바 번차는 4년에 한 번 교체하니 가장 쉬운 역이라고 평하였다. 그러므로 어영군에 들어가려는 자들이 많을 수밖에 없었다. 또 번차가 어영군

---

32 차문섭, 「중앙 군제의 개편」, 『한국사』 30, 조선 중기의 정치와 경제, 국사편찬위원회, 1998, 247~251쪽.

처럼 드문 군사가 없어서, 입번할 때 윤번제로 서로 교체하기 때문에 1개월에 9번만 번을 서면 되었다. 여기에 공가(公家)에서 한달치 급료로 쌀 9말을 지급한다.

그러므로 어영군은 헐한 역이고, 상번군은 고된 역이다. 김홍욱은 상번군의 번차를 고쳐서 그 번수를 조금 줄여주고, 어영군 번차도 고쳐서 번차 서는 횟수를 늘려야 한다고 주장하였다. 그리고 어영군 입번 때는 상번군도 끼워 넣어서 궐문 및 여러 곳에 경비를 세우도록 제안하였다.

김홍욱이 듣기에, 요즘 국가 예산이 부족하여 어영군의 입번에 인원수를 줄이고 번차를 넓히니, 이름만 어영군이지 자기 집에 머물면서 봉족에게서 나오는 급료를 받아 편안함을 누리며 6~7년이 되어도 번을 서지 않는다고 하였다. 또한 어영청 대장은 직급이 높은 사람을 임명하면서, 실무를 담당하는 낭관도 없어서 수천 명의 군인과 관련된 행정 처리를 모두 아전의 손에 위임하므로 여러 폐단이 훈련도감보다도 심각하다고 하였다. 이를테면, 번차에 들 사람이 약간의 뇌물을 주면 임의대로 번차를 감면해주어 10년이 되어도 번을 서는 사람이 없으니, 통탄하지 않을 수 없다고 하였다.

그러므로 김홍욱은 낭관을 문관 중에서 차출하거나 병조 낭관 1인을 어영청의 직책에 임명하여 그 일을 전적으로 관장하게 한다면, 폐단을 혁신할 수 있다고 건의하였다. 훈련도감의 사례와 같은 해결책이다.

도성의 방어책을 모색하다
– 한강산성 축성을 주장하다

도성은 방어가 어렵고 무기와 식량은 다 뺏기고 만다

김홍욱은 수도인 한양 도성은 넓어서 전란이 발생하였을 경우 구조적으로 수성하기가 어려울 수밖에 없다고 하였다. 그러므로 전란이 일어나면 성을 지키려는 생각은 하지 않고 도망하여 피할 생각만 한다고 비판하였다. 안타까운 것은 왕이 도성을 버리고 피난하게 되면, 도성의 각 관아에 있는 식량이나 무기도 함께 잃게 되는 것이다.

인조는 반정 후에 세 번이나 도성을 버리고 피난하였는데, 이괄의 난 때와 정묘호란, 병자호란 때이다. 김홍욱은 병자호란 때 남한산성에서 인조를 호종하였기에 이때의 상황을 누구보다 잘 알고 있다. 아무런 준비나 대책 없이 피난하였을 때는 인적 피해는 말할 것도 없고, 상상할 수 없는 물적 피해도 수반하게 된다.

김홍욱은 병자호란으로 피난할 때 여러 관아에 남아 있던 식량과 각

종 무기 등을 하나하나 거명하였다.[33]

강창곡의 백미 6만여 석, 호조의 은궤, 인삼, 필단(匹段)과 목면 등의 물화는 미리 강화도로 보낸 것을 제외하고도 1천 300여 태(駄)가 남아 있었다고 한다. 선혜청에서 받아서 보관하고 있던 쌀도 적지 않을 것이며, 병조에서 비상시에 대비하여 물품으로 창고에 보관하여 봉해둔 포목도 500~600동이 넘을 것이라도 하였다. 군기시에서 소장하고 있는 여러 무기와 훈련도감의 군포(軍布), 매년 제조한 무기와 화약, 철환 등의 숫자도 알 수 없다고 하였다. 대궐 안의 무기 또한 적지 않으며, 모두 품질이 좋은 것인데, 다 버려졌다고 애석해하였다.

김홍욱은 쌀 한 섬, 포 한 필, 갑옷과 투구 한 벌, 활과 화살 한 부(部), 화약 한 냥(兩), 철환 한 개마저도 모두 사용하지 못하고 창고 안에 보관해둔 채로 적에게 준 꼴이라고 하였다. 이러한 상황은 우리에게 엄청난 피해를 주었다. 적병이 성을 둘러싸고 편안히 앉아서 먹게 한 것이니, 적이 우리 갑옷을 입고 우리 총으로 쏘았다고 한탄하였다. 침략해오는 적군을 도와주고 도둑에게 식량을 준 꼴이라는 것이다.

김홍욱은 이렇게 된 것이 먼저 도성을 지킬 장소를 마련한 적이 없어 유용한 물품을 무용한 곳에 두었고, 그것을 분실하고도 아까운 줄을 모르고 있으니 괴이한 일이라고 비판하였다. 그러므로 만약 이 같은 물건들을 모두 유용한 곳에 두었다면 식량을 더 거둘 필요도, 무기를 다시 제조할 필요도 없었을 것이고, 적군을 방어하는 데 여유가 있었을 것이라며 안타깝게 여겼다.

---

33 『학주선생전집』권 10, 논성지 2조, 한강산성.

한강 변에 성을 새로 구축하자

김홍욱은 수시로 뚫리는 도성은 이제 더 이상 지킬 수 없다고 생각하였다. 그러면서 믿을만한 곳으로는 강화도와 남한산성 밖에는 없다고 하였다. 실제 검증된 곳이기 때문이다. 그러나 이 두 곳도 지형은 매우 험하지만, 나라의 물력이 약하고 방어할 수 있는 무기류가 곳곳에 제대로 비치되어 있지 않아서 걱정이라고 하였다. 또 서울과의 거리가 조금 멀어서 위급할 때 도달할 수 있을지 의문이라고 하였다.

김홍욱은 병자호란 때 숭례문에서 인조가 겪었던 위급한 상황[34]을 거울삼아야 한다고 강조하였다. 요컨대 지금까지의 경험으로 봐서 장차 전란이 일어나도 여러 관아에서 보관하고 있는 무기는 우리가 쓰지도 못하고 적의 손에 넘어가고 말 것이고, 이렇게 된다면 앉아서 망하기를 기다리는 것과 같을 뿐이라고 우려하였다.

김홍욱은 이러한 상황 인식 아래 비상시에 조정이 대피하여 항전할 수 있는 가장 적절한 곳을 고르고, 이곳에 성지를 만들 것을 주장하였다. 그곳은 강화도와 남한산성이 아닌 도성과 지척의 거리에 있는 곳이어야 하고, 방어에 최적인 지형이라야 했다. 김홍욱이 추천하는 곳을 보기로 한다.

---

34 인조가 강화도로 이동하려다가 숭례문에서 청나라군이 도성 근처까지 왔다는 말을 듣고, 방향을 남한산성으로 변경한 일을 말한다.

지극히 가까운 곳을 소홀히 하고 사람들은 스스로 살피지 않았을 뿐이다. 남산의 남쪽 기슭에서 한강 북쪽으로 기울어, 제천정(濟川亭)[35]에서 독서당[36]을 향하여 그 높은 봉우리를 안고 북으로 잠두에 이르고, 또 돌아서 남으로 빙고(氷庫) 산등성이를 따라서 (향하여) 그 높은 곳을 안고서 나룻가에 이르도록 빙 둘러 성을 쌓으면, 어찌 자연의 형세가 아니겠는가.

이렇게 성을 쌓으면 성안은 넓지도 좁지도 않고, 또 골짜기에 병사를 숨길 수 있으며, 또 산골짜기에는 사시사철 물이 흐른다. 제천정과 독서당에서 북으로 잠두에 이르기까지는 형세가 몹시 가파르고 험하니, 비록 힘을 낭비하지 않더라도 지킬 만하고, 잠두 남쪽에서 돌아서 나룻가까지는 비록 형세가 가파르지 않더라도 평탄한 평지는 아니어서 이곳에 성을 조금 높게 쌓으면 쉽게 지킬 수 있다.[37]

이같이 김홍욱이 구상한 이른바 한강산성의 루트는 남산의 남쪽 기슭 → 한강 북쪽 → 제천정 → 독서당 → 잠두 → 빙고 → 나룻가에 이르는 축성 프로젝트이다. 김홍욱의 말에 따르면, 이러한 구상은 도성에서 매우 가깝고 자연 지형을 최대한 이용하여 방어할 수 있는 최적의 장소라는 것이다.

김홍욱의 설명에 따르면, 보통 산성의 형세는 맞은편에 봉우리가 있으면 상대편에서 이쪽을 살필 수 있기에 대봉(對峯)을 가장 꺼린다고 한다. 다행히 이곳은 10리 이내에 대봉이 없다고 하였다. 아울러 나루 건너편

---

35 한강 북쪽의 언덕, 즉 용산구 보광동에 있던 정자이다.
36 옥수동 한강 연안의 두모포에 있었다.
37 『학주선생전집』 권 10, 논성지 2조, 한강산성.

모래벌판 일대가 광활하여 가려진 곳이 없는 듯하고, 제천정에서 강변을 따라 남쪽을 향해 가서 높은 곳에 이르기까지 매우 멀지는 않으니, 이곳에 성을 매우 높게 쌓고 또 토산을 쌓는 것이 좋다고 하였다. 얼음이 어는 시기를 대비한 것이다. 해빙기에는 도성이 한강으로 막혀 있어서 멀리서 바라만 볼 뿐이고 어찌할 수 없을 것이라고 하였다.

성을 쌓은 후에는 성안에 필요한 창고와 관아를 건립하면, 식량이나 무기와 같은 여러 물품을 운송하여 보관할 수 있다. 외방의 창고에 있는 곡식도 운송해 오고, 강가의 여러 읍의 주민에게 땔나무를 베어 강으로 운송해 성안에 쌓아두게 하면, 10년은 버틸 계책이 된다고 하였다.

다음에는 성을 지킬 군병은 어떻게 충당할 것인가. 김홍욱은 경기 지역 군사를 봄과 가을에 성에 들여보내 훈련하면 된다고 하였다. 그러면 이들은 아침에 명령하면 저녁이면 도착할 수 있다는 것이다. 성이 서울과 가까워서 임금은 수레를 타고 성에 들어갈 수 있고, 백관은 걸어서도 갈 수 있다고 하였다. 김홍욱은 '한강산성'이 도성과 가깝고 편할 뿐만 아니라, 지리나 지형으로 봐도 이보다 나은 곳을 찾을 수 없다고 하였다.

김홍욱은 식수 문제도 언급하였다. 군병이 성에 들어와 있을 때 한 골짜기 물로는 부족할 수 있다고 염려하였다. 그러면서 대안으로는 한강 물을 끌어오는 방법을 제시하였다. 즉, 여러 우물이나 큰 연못을 파서 한강 물이 스며들게 한다면, 백만 명의 군병이라도 걱정할 것 없다는 것이다.

김홍욱은 또 성이 한강에 임해 있으므로 많은 배를 마련하여 성 아래 정박해 두어야 한다고 하였다. 만약 식량과 땔감이 모두 떨어지면, 비록 평상시라도 물이 얕고 강이 좁아 강을 내려가기가 어렵게 된다. 그러나 일년 중에 반드시 한번은 큰물이 날 것이니, 강물이 범람할 때를 틈타 물길을 따라 내려가면 순식간에 강화도에 이를 수 있다고 하였다. 대피를 쉽게 할 수 있는 또 다른 계책이다.

김홍욱은 이같이 '한강산성'을 쌓는 것보다 나은 계책이 없다고 자신 있게 의견을 피력하였다. 여러 차례 전란이 일어났을 때 도성의 창고와 관아에 보관했던 식량과 무기가 적에게 넘어가는 것을 속수무책으로 지켜보기만 하였다. 그러나 한강산성이 건축되고 나면, 도성 각 관아와 창고의 물품과 식량을 모두 우리가 확보하여 쓸 수 있으니, 나라의 큰 계책이라고 자부하였다.

김홍욱의 '한강산성 축성' 주장은 물론 성사되지 못하였다. 성사 여부를 논하지 않더라도 그의 한강산성 축성 주장에 대해 현실성과 합리성 여부를 따져보는 것은 당시 국방 관련 논의에서 중요한 부분을 차지한다고 생각한다. 그리고 김홍욱이 '한강산성 축조'를 주장했다는 사실만으로도 그가 국방 문제에 매우 고심하고 있었음을 짐작할 수 있다.

관원에게 회계업무를 맡기고 서리와 하인들은 훈련을 시켜야 한다

김홍욱은 산성을 쌓고 각각의 관아와 창고를 성안으로 옮기면 예전부터 내려오는 서리의 폐단을 개혁할 방법이 있다고 생각하였다. "서리가 나라를 망친다."라는 말이 있듯이, 서리에게 창고 관리를 전담케 하면서 온갖 폐단이 생겨났다고 한다. 관원은 자주 교체되고 서리는 붙박이가 되니, 관원은 손님이고 서리가 주인이 되는 격이다.

그러므로 각사의 창고를 성안으로 옮긴 후에는 절대로 여러 관아의 서리에게 창고 일을 간섭하지 못하게 한다. 그리고 관원들을 오랜 기간 근무하게(久任) 하여, 직접 출납 업무를 총괄하는 관아에 예속시킨다. 산학교수를 두어 물건을 출납할 때 회계를 철저히 하게 하고, 이들에게 군적을 부여해 줘서 벼슬길을 터 준다면, 간사한 행위를 하지 못할 것이라고 하였다. 그리고 창고지기와 서원(書員)까지 혁파한다면 서리가 훔치고 간사한 행위를 하는 폐단이 사라질 것이라고 하였다.[38]

각사의 서리들은 급료를 받고 일하는 자들이 많은데, 이들은 변란이 일어나면 도망쳐 흩어지고, 일이 평정된 후에 벌을 받지 않으니, 누가 명령에 제대로 따르겠느냐고 비판하였다. 이들에게 급료를 주고 일을 시켰다면, 국가가 위급할 때는 이들을 부릴 수 있어야 한다. 제대로 일을 시키기 위해 평소에 늙고 허약한 자는 내보내고, 연소자를 골라 부려야 한다. 먼저 규율을 정해 도망갈 수 없게 하고, 성첩(城堞)을 나누어 어디에서 어디까지는 어느 관아가 지키는 것으로 한다. 매월 초하루에 훈련하되, 본사 관원 일인이 하리(下吏)들을 인솔하고 각각 담당 지역을 지켜서, 그곳이 익숙해지면 위급 시에 쓸 만한 병사가 될 수 있다고 하였다.

그리고 김홍욱은 상벌을 명확히 할 것을 제안하였다. 도주자는 군법으로 처단하고, 평시에는 궁시와 조총을 지급하여 훈련하게 한다. 여기에는 의정부와 삼사의 하리들이라도 예외 없게 한다. 시험을 봐서 우수한 자에게는 상을 넉넉히 주고, 그를 가르친 관원도 포상하며, 졸렬하여 재능이 없는 자는 도태시킨다. 이러면 하리들도 도망갈 수 없을 텐데, 백관이야 말할 것이 없다고 하였다.

병자호란이 일어나서 임금이 도성을 떠날 때 호종하지 못한 자가 많은데, 이들은 경황없는 상황에서 탈 말이 없어 어쩔 수 없었다고 하는 등

---

38 『학주선생전집』 권 10, 논성지 2조, 훈열이예.

둘러대었다. 이들이 하는 변명이 그럴 듯도 하여 환도 후에 벌주지 않았다고 한다. 병자호란 때 김홍욱은 어려운 여건에도 불구하고 임금을 호종하였다는 자부심을 볼 수 있는 대목이다.

만약 이 '한강산성'을 쌓은 후에도 도망하는 자가 있으면, 모두 임금을 버린 형률로 다스린다. 그러면 사람들은 반드시 성을 지켜야 한다는 결심을 하고 계획을 세울 것이라고 하였다.

6부

강빈옥사(姜嬪獄事)를 바로잡으려 하다

학주 김홍욱 평전

강빈옥사
다시 보기

청나라에서 오랜 인질 생활을 마치고 귀국한 소현세자(昭顯世子)가 불시에 죽게 되자, 인조는 원손을 제치고 차자인 봉림대군(鳳林大君)을 세자로 삼았다. 조정의 여론과는 다른 선택이었다. 이때 조정 신하들은 유교의 명분을 고수하는 것이 정치적 안정에 유익하다는 점을 강조하였고, 반면에 인조는 원손의 자질 결핍 등을 이유로 장성한 후계자를 선택하는 것이 합리적이라고 하였다.

조정 신하들이 끝내 봉림대군의 세자 책봉을 반대하자, 인조는 대신들을 질책하고 위협하면서 자신의 결정을 추인하도록 회유하였다. 여기에 김자점(金自點, 1588~1651), 구인후(具仁垕, 1578~1658), 김류(金瑬, 1571~1648)와 같은 근왕파 공신들이 합세하였다.[01] 이 결정은 조야의 여론과는 차이가 났다. 이후 소현세자 일가는 정치적으로 큰 위기를 맞게 되었고, 그 첫 번째

---

01 이영춘, 『조선후기 왕위계승 연구』, 집문당, 1998, 197쪽.

희생자는 세자빈 강씨, 즉 강빈이었다.

1645년(인조 23) 7월에 소원(昭媛) 조씨의 음모로 강빈의 궁녀 애란(愛蘭)을 섬으로 유배한 일을 시작으로 하여, 강빈 주변 사람들의 수난이 잇따랐다. 궁중에서 저주한 사실이 발각되었다고 하여 강빈의 궁녀 2인을 감옥에 가두었고, 이때 원손의 보모인 최 상궁은 고문으로 죽었다. 이번에는 임금이 전복구이를 먹다가 독이 들어 있다고 하면서 강빈을 의심하였다. 빈궁과 대궐 주방인 어주의 궁인들을 대거 문초하였지만, 자백하지 않았다. 이에 강빈을 후원 별당에 가두었다. 강빈을 제거할 기회를 얻은 조소원의 참소는 더욱 심해졌다.

인조 또한 "강빈과 말을 섞는 자는 벌을 주겠다."라고 하면서, 강빈의 처지를 더욱 옥죄었다. 이에 대해 조선왕조실록에는 "임금의 음식, 즉 어선에 독을 넣는 것은 형세로 보아 할 수 없는 일이다. 그런데도 임금이 이같이 생각하므로, 사람들이 다 조씨가 모함하였기 때문이다."[02]라고 기록하였다. 궁녀들을 모질게 고문하였으나, 그녀들을 끝내 자백하지 않았다. 그녀들이 죽고 나서야 재판을 끝냈다.

독약 사건이 강빈과 관련되었다는 사실을 밝혀내지 못하였으나, 인조는 계속 강빈을 의심하였고, 그녀를 처벌하려는 의지를 굽히지 않았다. 인조는 영의정 김류, 우의정 이경석(李景奭, 1595~1671) 등 주요 신료들을 불러들여서는, 현안에 적극적으로 대처하지 않는다며 질책하고 강빈의 죄를 묻는 비망기(備忘記)를 내렸다. 비망기란 임금의 명령을 승지에게 전하는 문서이다.

---

02 『인조실록』 권 47, 인조 24년 1월 3일 신해 3번째 기사.

강빈이 심양에 있을 때 은밀히 왕위 교체를 도모하면서, 미리 홍금적의(紅錦翟衣: 왕비가 입던 예복)를 만들어 놓고 왕비의 거처인 내전의 칭호를 외람되이 사용하였으며, 지난해 가을에 매우 가까운 곳에 와서 분한 마음으로 시끄럽게 성내는가 하면, (과인에게) 문안하러 오지 않은 지 이미 여러 날이 되었다. 이런 짓도 하는데 어떠한 짓인들 하지 못하겠느냐. 이것으로 미루어 본다면 흉한 물건을 파묻고 독을 넣은 것은 모두 다른 사람이 한 것이 아니다. 예로부터 난신적자(亂臣賊子)가 어느 시대인들 없었겠는가마는 그 흉악함이 이 역적처럼 극심한 자는 없었다. 군부를 헤치고자 하는 자는 천지 사이에서 하루도 목숨을 부지하게 할 수 없으니, 해당 부서에 법조문을 참고해 품의해서 처리하게 하라.[03]

인조는 재판 과정에서 강빈이 관련되었다는 진술을 확보하지 못하였다. 그럼에도 불구하고 강빈이 심양에서 분수에 넘치고 지나친 행적을 자행했다는 점과 부도덕한 행실을 문제 삼으면서 그녀를 처벌하라고 지시하였다. 이에 신료들은 화가 강빈에게 미치게 될 것을 염려하여서, 해당 부서에 법조문을 참고하라는 명령을 보류해달라면서 임금을 달래려고 하였다. 그러나 인조는 끝내 신료들의 요청을 윤허하지 않았다.

이튿날에 영의정 김류 등이 빈청에 모여서 강빈을 선처해 달라고 아뢰었지만, 인조는 윤허하지 않았다. 더욱이 임금은 대신들이 강빈을 비호하고 있다면서 노여워하고 의심하였다. 좌우 포도대장에게 순찰을 강화하라고 하고, 병조판서 구인후에게 궁궐에 머물면서 사태에 대비하라고 지시하였다. 또 김자점에게 호위청에 입직하라고 명령하니 대궐 안팎이

03 『인조실록』 권47, 인조 24년 2월 3일 경진 2번째 기사.

매우 놀랐다고 한다.[04] 호위청은 인조반정 후에 반정 공신들이 인조를 경호하기 위한 목적으로 만든 군사 조직이다.[05]

사헌부에서는 대사헌 홍무적(洪茂績, 1577~1656) 이하 여러 신하가 "예로부터 난신적자라도 지친(至親) 사이에서 나오면 법을 굽혀 은혜를 온전히 베풀었다."[06]라고 하면서, 강빈의 죽음만은 면해주고 위호(位號)를 삭탈하여 여염으로 쫓아내도록 요청하였다. 그러나 인조는 윤허하지 않았다.

인조가 강빈을 죽이기로 마음을 굳힌 것으로 볼 수밖에 없는 대목이다. 신하들도 강빈을 처형하겠다는 임금의 의지가 확고한 것을 알게 되었다. 이에 홍무적은 강빈을 폐위시킬 수는 있으나 결코 죽여서는 안 된다고 하면서 죽이려면 자신을 먼저 죽이라고 강력하게 항의하였다.

인조는 강빈을 사사하려는 뜻을 굽히지 않고, 강빈 사사를 명령할 때를 보다가 김자점을 불러 의논하였다. 김자점은 이 일은 주상께서 독단으로 결정하는 것이 옳다고 하면서, 강빈 사사에 반대하지 않았다. 이에 임금은 승정원에 하교하여 사사하라는 뜻을 사헌부와 사간원에 알리라고 하였다. 승정원에서는 대신들을 불러들이길 청했고, 우의정 이경석, 완성부원군(完城府院君) 최명길(崔鳴吉, 1586~1647), 낙흥부원군(洛興府院君) 김자점을 빈청으로 불렀다.

이 자리에서 김자점은 임금의 하교가 이와 같으니 어길 수 없다고 하였다. 임금의 의견을 따른 셈이 되는 것이다. 최명길과 이경석도 크게 반

---

04 『인조실록』 권 47, 인조 24년 2월 5일 임오 2번째 기사.

05 한명기, 『병자호란』 1, 푸른역사, 2013, 55쪽,

06 『인조실록』 권 47, 인조 24년 2월 6일 계미 4번째 기사.

대하지는 못하였다. 그러나 삼사를 중심으로 강빈을 사사하라는 분부를 거둬달라는 상소가 잇따랐다. 임금은 이를 모두 윤허하지 않았고, 오히려 강빈 사사를 옳다고 한 김자점을 좌의정으로 임명하였다.

이후에도 최명길은 자신이 했던 말을 번복하면서까지 강빈의 사사를 막아보려고 하였다. 옥당, 즉 홍문관에서도 차자를 올려 강빈을 사사하라는 분부를 거둘 것을 요청하였으나, 강빈을 사사하려는 임금의 의지는 확고하였다.

인조는 여러 신료를 불러 모은 자리에서 "성묘조(成廟朝) 때 연산의 어머니는 투기한 죄밖에 없는데도 사사하였다. 옛사람이 말하기를, 요순(堯舜)을 본받으려고 하면 조종을 본받아야 한다고 하였으니, 나는 성묘조의 고사를 본받고자 한다."[07]라고 하였다.

인조는 계속하여 강빈을 사사하는 조치의 정당성을 변호하고, 신료들에게도 동의할 것을 재촉하였다. 이에 신료들은 어쩔 수 없이 더 이상의 강빈에 대한 논의를 포기하였다. 드디어 강빈을 쫓아내서 사사하였고, 이 일을 종묘에 아뢰었다.

나라가 불행하여 변고가 대궐 안에서 발생하였습니다. 강의 죄가 커서 가릴 수 없게 모두 드러났습니다. 위호를 외람되게 칭하였고 위적(褘翟)을 미리 만들었으며, 흉한 물건을 파묻어 악한 짓을 하였으며, 독을 넣어 역심을 드러내어 떳떳한 윤리를 어지럽히고 없앴으니 차마 무슨 짓인들 하지 못하겠습니까. 천지 사이에 용납하기 어려우며 귀신과 사람이 함께 분노하였습니다. 죄가 종사에 관련되는데 어찌 사사로운 은혜를 돌아볼 수 있겠

---

07 『인조실록』 권 47, 인조 24년 3월 13일 경신 2번째 기사.

영회원 나라문화연구원 김창재 연구원 제공. 소현세자 빈 강씨의 묘이다. 우의정을 지낸 강석기(姜碩期)의 딸이다. 병자호란 패전으로 소현세자가 청나라 심양으로 인질로 갔을 때 따라갔다. 강빈은 귀국 후 소현세자가 죽자 역모로 몰려 사사되었다. 1718년(숙종 44)에 복위되었고, 민회(愍懷)의 시호를 받았다.

습니까. 이에 의리에 따라 처단하고 감히 그 연유를 고합니다.[08]

이처럼 인조는 강빈을 사사하여 그 연유를 종묘에 고함으로써 사사의 정당함을 알림과 동시에 교서를 선포하여 팔도에 알렸다. 이렇게 함으로써 수개월을 끌어온 강빈옥사의 처리는 일단락되었다.

강빈옥사가 일단락된 이후에도 인조는 여기에 대한 인심의 동향에 귀를 기울였다. 특히 강빈을 비호하는 세력이 있을지 모른다는 생각을 이전부터 하고 있었고, 김자점에게 은밀히 알아보도록 지시하였다.

---

08 『인조실록』권 47, 인조 24년 3월 19일 병인 1번째 기사.

인조는 왜 신료들의 강력한 반대에도 불구하고 강빈을 사사했을 뿐 아니라, 이 일에 집요하리만큼 집착하였을까. 그것은 인조가 '반정'을 통해 집권하였고 병자호란에서 패배하여 청나라의 위압적 간섭을 받는 상황에서 정치 지형의 변화에 따라서는 왕위가 불안정할 수 있다고 인식하고 있었기 때문일 수 있다.

그러므로 인조는 비록 강빈이 그의 며느리임에도 불구하고, 그녀를 제거하여 후환을 없앰으로써 왕위를 확고히 하고 후계 구도를 안정적으로 유지하려는 그 나름의 고육책을 쓴 것으로 볼 수 있다.

인조는 강빈 사사 이후에도 옥사를 일으켜 후환을 없애려 하였다. 즉, 인조는 이듬해 4월에 강빈의 궁녀였던 신생(辛生)을 문초하면서 다시 옥사를 일으켰다. 이 옥사로 강빈의 궁녀와 비복들이 처벌받았다. 강빈의 친정은 부친 강석기(姜碩期, 1580~1643)의 관작이 삭탈되었고, 두 오라비가 처형되었다.[09] 이 옥사는 정치적 후환을 없애려는 인조의 의도가 잘 드러난 사례이다. 이후에도 신료들의 강력한 반발에도 불구하고 원손 석철(石鐵)을 포함한 소현세자의 세 아들을 제주도에 유배 보냈다. 그곳에서 원손과 둘째 석린(石麟)이 죽었고, 막내 석견(石堅)만이 후에 복권되어 경안군(慶安君)으로 봉해졌다.

효종 대에 들어서도 강빈옥사는 여전히 정치적으로 민감한 현안이었다. 봉림대군이 세자가 되는 과정에서 일종의 정통성 논란과 이후 강빈의 사사와 소현세자 아들들의 유배, 그리고 그들의 죽음에 이르기까지 효종에게는 하나 같이 정치적 부담일 수밖에 없었다. 더욱이 효종은 차자

---

09 『인조실록』 권 48, 인조 25년 4월 25일 병신 1번째 기사.

효종 영릉 재실 경기도 여주소재, 효종은 인조의 둘째 아들로 태어나 봉림대군의 봉작을 받았다. 병자호란 패전으로 형인 소현세자와 함께 청나라에 인질로 잡혀갔다. 소현세자가 급서하자 종통 논란에도 불구하고 세자로 책봉되었고, 조선제17대 왕이 되었다. ©국립문화재연구원

의 신분으로서 강빈의 사사를 반대하는 조정 안팎의 강력한 기류를 직접 목격하였다. 그리고 효종은 부왕 인조가 행한 일에 함부로 왈가왈부할 수 없었다. 이러한 문제에 신중할 수밖에 없는 처지였다. 그리하여 효종은 자신에게 전혀 유리한 점이 없는 강빈옥사를 거론하는 일 자체를 막고자 하였다. 그래서 강빈옥사가 정치 현안이 되는 것을 원천적으로 봉쇄하려고 한 것이다.

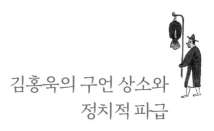

김홍욱의 구언 상소와
정치적 파급

구언 교서에 따라 상소하다

효종은 1652년(효종 3) 6월에 여러 대신들을 소집한 자리에서 강빈옥사
에 대해 언급하지 말라고 엄명하였다. 그는 "비록 여러 세대가 지난 뒤에
라도 역적 강의 말을 조정에 아뢰는 자가 있다면 역당으로 논죄하여 국
문한다는 점을 각 관아에 분명히 알리라."[10]고 하교한 것이다. 이같이 강
빈옥사를 거론하는 자체를 막겠다는 효종의 강력한 의지 표명에 따라서
'강빈'이라는 단어 자체가 입에 올릴 수 없는 금기어가 되었다.

이 무렵에 재해가 잇따르자 효종은 구언 교서, 즉 직언을 구하는 비망
기를 내려서 널리 조정 안팎의 지혜를 구한다고 하였다. 어떠한 내용의

---

10 『효종실록』 권 13, 효종 5년 7월 7일 갑오 1번째 기사.
　　『승정원일기』 124책, 효종 3년 6월 3일 계묘.

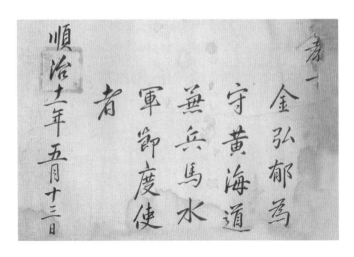

황해도겸병마수군절도사 교지 김택모 소장. 『선비가의 여경』. 66쪽. 1654년(효종 5)에 김홍욱은 황해도 관찰사 겸병마수군절도사로 임명되었다. 관찰사는 행정과 사법, 군사권을 부여받았으므로 통상 병마수군절도사를 겸직하였다.

상소라도 죄를 묻지 않겠다고도 하였다. 그러나 재해를 극복하는 데 도움이 될만한 구언 상소는 없었던 것 같다.

이때 황해도 관찰사 김홍욱이 구언 교서를 계기로 상소하였다. 그런데 그 상소의 파장이 정국을 완전히 뒤흔들었다. 거기에는 강빈옥사의 의문점과 부당성을 지적하는 내용이 대부분이었기 때문이다. 먼저 상소의 내용과 본의를 정확히 이해하기 위해 몇 부분으로 나누어 상소문을 인용하려고 한다.[11]

---

11 장문의 상소문 대부분을 인용하는 이유는 첫째 김홍욱이 이 상소로 말미암아 장살되었기 때문이다. 둘째, 그의 상소 내용을 왜곡 없이 알 수 있기 때문이다. 그러므로 이 상소문이 김홍욱 평전을 쓰는 데 있어 가장 중요한 사료라고 할 수 있다.

① 신이 얼마 전에 구언하는 교서를 보았는데 죄인을 심리하라는 하교를 잇따라 내리니 전하께서 재변을 만나 반성하며 몸을 닦는 방도가 지극하다고 하겠습니다. 아! 재변이 어느 세상에서나 발생하지 않았겠습니까마는 오늘날처럼 심한 적은 없었습니다. 옛날부터 비상한 재변을 만난 경우에는 반드시 비상한 조치를 하였습니다. 지금 전하께서 가장 듣기 싫어하는 것이 어떤 일이며 국가의 큰 옥사로 의심스러울 만한 것이 무슨 일입니까.

② 신의 생각으로는 강빈의 옥사가 가장 의심스러운 일입니다. 저주의 변이 경덕궁(慶德宮)으로 옮길 때 일어났다고 하는데, 그 당시는 궁중의 상하가 화락하고 편안하였으니, 강이 무슨 원한이 있어서 그렇게 불측한 큰 역모를 하였겠습니까. 강이 심양에 간 뒤라고 한다면 아무리 기세가 있다고 하더라도 자신은 만 리 밖에 있으면서 비복을 시켜 흉악한 일을 저질렀다는 것인데, 그 기밀이 누설되지 않았을 리가 절대로 없을 것입니다. 하물며 소현세자가 갑자기 서거한 뒤에는 역적 조(趙)에게 미움을 받아 별도의 처소에 갇혀 있다시피 하면서 안팎이 차단당해 경계가 매우 엄했으니, 아무리 흉악한 짓을 하려고 해도 할 수가 없었을 것입니다.

그리고 저승전(儲承殿)을 수리할 때 저주하는 더러운 물건들이 많이 나왔다고 하는데, 이 또한 의심스러운 일입니다. 만약 전에 묻어둔 것이라고 한다면 소현세자가 서거하기 전에 어떻게 예측하여 흉악한 짓을 저질렀겠으며, 서거한 뒤에 한 것이라고 한다면 얼마 안 되어 곧 대계를 결정하여 세자의 자리가 정해졌으니, 그의 세력은 더욱 외롭게 되어 궁중의 일개 과부에 불과하였습니다. 어선에 독을 집어넣었다는 설에 대해서는 더욱 가깝지 않습니다.

③ 그런데 역적 조는 안에서 날조하고, 역적 자점은 밖에서 조작해내어 견강부회로 옥사를 일으켜 강빈을 끝내 사사의 지경까지 이르게 하고 온 가문의 노소를 남김없이 죽였으니, 아! 참혹합니다. 그리고 소현세자의 두 자식의 죽음도 모두가 자점이 빚어낸 것입니다. 나이 어린 연약한 아이들이 고생하고 방황하면서 서로 이끌고 한꺼번에

남쪽으로 옮겨가게 되자 길에서 보는 사람들이 눈물을 흘리지 않는 이가 없었으며, 유배지에 도착한 지 얼마 안 되어 잇따라 죽게 되니, 자점의 사주라는 소문이 자자하였습니다.

④ 역적 자점과 조는 나란히 함께 처형되었으나 강의 원통한 정상은 아직도 밝혀지지 않았습니다. 전하께서는 이점에 대해서 모르시지 않으면서도 선왕조에 관련된 일이라는 것만으로 신하들을 위엄으로 제어하여 감히 말을 못 하게 하시는데, 신은 삼가 그렇지 않다고 여깁니다. 지금 강의 일문이 죽임을 당한 것은 단지 한 지어미의 원한이 맺힌 정도일 뿐만이 아니고, 외로운 신하가 통곡한 것보다 더하니, 화기를 손상하여 재앙을 불러온 것이 괴이하지 않습니다. 지금 조정 신하 중에 누군들 이 옥사가 매우 원통하다는 사실을 모르겠습니까마는 입을 다물고 감히 분명하게 말할 수 없는 것은 자기 몸을 아껴서입니다.

⑤ 신의 말이 망령된 것이라면 역적을 감싼 죄에 대한 형벌을 달게 받겠습니다. 그리고 그 어미의 억울함을 씻어주고 나면 세 아이도 의당 방면해야 합니다.[12] 그리고 이징[13]과 이숙[14]도 모두 어린아이니 그 어미가 흉악한 일을 저지를 때 어찌 간여한 일이 있었겠습니까. 그런데 해도에 유배된 지 이제 여러 해가 지났으니 국법은 이미 시행된 것입니다. 특별히 명하여 은사(恩赦)를 내려 서울로 방환하여 한 곳에 두고 외부 인사와 접촉을 금지하면서, 가정을 갖게 하여 일생을 마치게 한다면, 어찌 성조(聖朝)의 관대한 은전이 아니겠습니까. 하물며 숙은 그 당시 가장 어렸으니 더욱 불쌍합니다. 오직 전하께서는 유념하소서.

신이 일찍이 서울에 있을 때 지극히 참람한 수재를 목격하였는데, 지금 또 서쪽 변방

---

12 소현세자의 세 아들인 석철(石鐵), 석린(石麟), 석견(石堅)이다.
13 인조와 조소원 사이에 낳은 인조의 다섯째 아들이다. 숭선군(崇善君)으로 봉해졌다.
14 이징의 동복 동생이다. 낙선군(樂善君)으로 봉해졌다.

에 와서 극심한 가뭄을 보게 되니 실로 국가의 위태로운 화가 조석 간에 박두하였음을 알 수 있습니다. 그래서 심상한 폐단을 올리는 소장으로는 임금의 조서에 보답할 수 없고, 하늘의 노여움을 그치게 할 수 없기에 감히 평소 개탄하던 점을 상소하여서 성상께서 깨달으시기를 기대합니다.[15]

이같이 김홍욱은 효종의 구언 교서가 내린 것을 기회로 삼아 임금이 절대로 거론하지도 논의하지도 말라고 하교한 강빈옥사를 거론하였을 뿐 아니라, 그에 대한 의문을 조목조목 나열하면서 옥사가 잘못된 것임을 지적하였다. 조정에서 모두가 강빈옥사에 대해 침묵하고 있는 상황에서 김홍욱의 강빈 관련 상소는 엄청난 정치적 파장을 일으켰다.

위 김홍욱의 상소를 크게 ①②③④⑤의 다섯 부분으로 구분하여 정리하였다. ①은 상소의 도입부로서 현재 전국적으로 일어나고 있는 가뭄과 홍수와 같은 각종 재변이 고금에 없을 만큼 심한데도 대처가 소홀하다는 점을 지적하였다.

예전부터 비상한 재변이 일어나면 비상한 조치를 하였는데, 지금이 그러한 조치를 할 때라는 것이다. 그것은 자잘한 일에 신경 쓸 것이 아니라 나라에서 행한 옥사에 의심스러운 점이 없는지를 제대로 살피는 일이라고 하였다. 물론 여기에서 옥사란 거론 자체가 금기시되어 온 강빈옥사를 말하는 것이다.

②는 강빈옥사가 여러 면에서 의심스럽다는 주장이다. 먼저 강빈이 조씨 등을 저주하였다는 주장에 대한 의심이다. 경덕궁으로 옮겨갈 때는 궁

---

15 『효종실록』 권 13, 효종 5년 7월 7일 갑오 1번째 기사.

중이 화락하여서 강빈이 불측한 역모를 꾸밀 까닭이 없었고, 강빈이 별도 처소에서 철저한 감시를 받고 있었기 때문에 역모를 꾸밀 수 있는 상황도 아니었다는 것이다.

또 저승전을 수리할 때 저주하는 물건들이 많이 나왔는데 이 또한 의심스럽다고 하였다. 이는 소현세자가 사망하기 전에 했다고 한다면, 이치상 예측해서 한다는 것은 말이 안 되고, 그가 죽은 후에는 강빈의 지위가 보잘것없어서 누가 그녀의 말을 들었겠느냐고 했다.

임금의 음식에 독을 넣었다는 것은 더욱 말이 안 된다고 하였다. 당시 조씨 세력이 후궁을 장악한 상황에서 강빈이 아무리 흉악하고 교묘하다고 해도 틈을 타서 임금 음식에 독을 넣을 수는 없었을 것이라고 하면서, 기타 의심스러운 점을 일일이 기록할 수 없다고 하였다. 이러한 김홍욱의 견해는 매우 합리적이고 객관적으로 보인다.

③ 김홍욱은 강빈옥사가 조씨와 김자점이 안팎에서 호응하고 이들이 견강부회로 조작해낸 것이라고 주장하였다. 이들의 조작으로 강빈을 죽음에 이르게 하고 한 가문의 노소를 도륙했다고 하였다. 소현세자의 두 아들 죽음도 김자점이 사주했다는 소문이 자자했다면서 그가 빚어낸 것이라고 하였다. 이어서 소현세자의 아들들이 무고하게 유배된 사실과 끝내 죽음에 이르게 된 상황을 크게 의심하지 않을 수 없다고 하였다.

④는 임금도 강빈의 억울한 정황을 모르지 않으면서도 선왕조의 일이기 때문에 억지로 신료들의 말을 막으려고 한다면서 비판하였다. 또 조정에 이 옥사가 억울하다는 것을 모르는 신료는 없을 것이라고 하였다. 단지 신료들이 자기 몸을 아껴서 입을 다물고 있을 뿐이라고 하였다.

⑤는 거듭 소현세자의 세 아들을 방면할 것을 요청하였다. 뿐만 아니라, 인조의 후궁 조씨의 아들인 징과 숙도 풀어줄 것을 건의하였다. 강빈

의 숙적인 조씨의 아들들까지 방면하라는 건의는 김홍욱이 정치적 목적으로 강빈만을 옹호한 것이 아니라는 점을 말해 준다. 즉, 김홍욱은 유배된 '죄 없는 어린아이들'은 인도적 관점에서라도 방면해야 한다고 주장한 것이다.

끝으로 김홍욱은 현재 재해가 극심하여 나라가 위태로우니 일반적인 소장을 올려서는 임금의 교서를 내린 뜻에 보답할 수 없고, 하늘의 노여움을 그치게 할 수 없기에 감히 평소에 개탄하던 점을 아뢴다고 하였다.

상소의 파급과 친국의 진행

효종은 황해도 관찰사 김홍욱의 상소를 보자마자 진노하였다. 역적 강에 관한 일을 거론하지 말라는 전교를 무시하고 김홍욱이 상소하였다는 것이다. 효종은 즉각 형벌을 주관하는 의금부 소속의 금부도사를 보내 김홍욱을 체포해 오라고 명령하였다. 그리고 김홍욱의 상소문을 의정부에 내려 모든 신하가 보도록 하였다.

1654년(효종 5년) 7월 13일에 임금이 친히 인정문에 나아가 강빈옥사 관련 상소를 올린 김홍욱에 대한 국문을 주관하였다. 인정문은 창덕궁 정전인 인정전(仁政殿)의 정문이다. 이곳에서 이른바 친국을 주관한 것이다. 이 자리에서 김홍욱이 대답하였다. 그는 임금의 구언 하교를 보고 이런 때에 입을 다물고 있으면 신하의 도리가 아니라고 생각하였기 때문에 평소 의심스럽게 생각했던 바를 임금께 아뢰었다고 진술하였다. 그러면서 대개 항간에 전해지는 말들은 의심스러운 점이 있었기 때문에 뜬소문에 동요되지 않을 수 없었다고 하였다. 그 후에 역적인 궁녀 조씨와 김자점이 역모를 꾸민 뒤에는 더욱 의심하게 되어 상소하게 되었다고 하였다.

김홍욱은 입을 다물면 신하의 도리가 아니라고 생각하면서 상소할 때를 기다리고 있었다. 구언 교서는 김홍욱에게 상소할 기회와 명분을 준 것이다. 김홍욱이 상소하게 된 계기는 어떠한 정파적 목적이나 이익 때문이 아니라, 언관으로 오랫동안 재직하면서 체득한 사명감의 발로가 아닐까 한다.

임금은 추관(推官), 즉 재판관들에게 김홍욱을 형신(刑訊)하라고 재촉하였다. 고문을 가해서 자백을 받아내라는 것이다. 영의정 김육(金堉, 1580~1658), 좌의정 이시백(李時白, 1581~1660), 우의정 심지원(沈之源, 1593~1662) 등은 김홍욱을 곧바로 역률로 논하게 되면 임금의 덕에 손상이 갈까 염려된다는 말로 형신을 회피하려 하였다. 그러나 임금은 후세에 악명이 있더

창덕궁 인정문 문화재청 소장. 창덕궁의 정전인 인정전의 정문이다. 효종, 현종, 숙종 등 여러 왕들이 이곳에서 즉위식을 거행하였다. 인정문 앞에서는 친국을 거행하기도 하였다. 조선왕조의 격식과 위엄을 잘 간직하고 있는 건축물로서 보물로 지정되었다. ©저자 촬영

라도 내가 책임질 것인데 경들에게 무슨 상관이 있느냐면서 질책하였다.

이에 능천부원군(綾川府院君) 구인후(具仁垕, 1578~1658)는 김홍욱이 만약 역적 강과 공모하였는데도, 자기가 그를 구원하려는 것이라면 마땅히 역적을 도와준 죄를 받겠다고 하면서, 간곡하게 김홍욱의 결백을 믿는다고 말하였다.[16] 대사간 유경창(柳慶昌, 1593~1662)도 김홍욱이 어찌 역적 강을 구원하겠으며, 대신들도 어찌 홍욱을 구호하겠느냐고 항변하였다. 그러면서, 전하께서는 화평한 마음으로 헤아리라고 하면서 김홍욱을 옹호하였다.[17] 이처럼 신료들이 형신의 부당함을 아뢰었으나, 효종은 형신을 가하도록 재촉하였다.

이시백 초상 천안박물관 소장. 이시백은 인조반정의 핵심인 아버지 이귀를 따라 반정에 참여하여 정사공신이 되었다. 이괄의 난 때 공을 세웠으며, 병자호란 때 남한산성에서 서성장(西城將)으로 활약하였다. 판서직을 두루 역임하였고, 충청도 대동법 시행 때 우의정이자 호서선혜청 도제조로서 호서대동법을 현장 지휘한 충청도 관찰사 김홍욱과 우호적인 관계였다. 삼정승을 지냈다.

김홍욱은 혹독한 고문을 당하면서 대신과 삼사를 부르짖었고, 과격하

---

16 『효종실록』 권 13, 효종 5년 7월 13일 경자 1번째 기사.
17 『효종실록』 권 13, 효종 5년 7월 13일 경자 1번째 기사.

면서도 비탄에 빠진 심경으로 언로가 막혀 있음을 통탄하였다.

> 어찌하여 말하지 않는가. 어찌하여 말하지 않는가. 옛날부터 말한 자를 죽이고도 망하지
> 않는 나라가 있었습니까. 신은 용방(龍逄), 비간(比干)[18]과 더불어 지하에서 함께 놀겠습
> 니다. 제가 죽거든 제 눈은 빼어 내어 도성에 걸어두면 나라가 망해가는 것을 보겠습니
> 다. 또 부르짖기를, 유경창(柳慶昌)은 어찌하여 소매를 당기며 간쟁하지 않는가.[19]

이러한 김홍욱의 진술처럼, 그는 임금의 구언 하교에 따라 상소하였는
데, 그 내용을 문제 삼아서 죽음으로 몰고 가는 현재 상황을 도저히 받아
들일 수 없었다. 그는 이때 이미 죽음을 직감하였는지 이같이 과격하게
자신의 심경을 표현하고 있다.

이날의 국청은 세 차례 더 형신한 뒤에야 끝났다. 이튿날 다시 국청이
열렸다. 7월 15일에 김홍욱 국청과 관련하여 좌의정 이시백과 우의정 심
지원이 관직을 삭탈해 달라고 하였다. 같은 날 임금이 대신들을 불러 김
홍욱의 일을 의논하였다.

이 자리에서 영의정 김육, 좌의정 이시백, 우의정 심지원은 한결같이
홍욱의 죄는 용서할 수 없으나 분부에 응하여 진언한 것이기 때문에 율
문을 완화해서 적용해 달라고 요청하였다. 김홍욱의 극형만은 막으려고
한 것이다.

효종은 "경들은 훌륭하다는 명예는 자신들이 얻고, 악명은 나에게 돌

---

18 용방(龍逄)은 하(夏) 걸왕(桀王)의 신하이고, 비간(比干)은 은 주왕(紂王) 때의 충신이다.
    모두 자기 임금의 무도함을 간하다가 피살되었다.
19 『효종실록』 권 13, 효종 5년 7월 13일 경자 1번째 기사.

리려고 하는데, 이는 참으로 무슨 마음인가."[20]라고 대신들을 질책하였다. 이러한 효종의 말은 임금도 구언 상소한 김홍욱을 국문하는 것이 정당하지 않은 일임을 자각하고 있음을 반증하는 것이라 하겠다.

또 효종은 국문 때 김홍욱이 이름을 부른 문사낭관(問事郎官) 이상일(李尙逸, 1600~1674)을 교체하라고 하였다. 앞서 김홍욱이 이름을 부른 대사간 유경창을 교체하였다. 이들이 김홍욱과 친분이 두텁다고 생각했기 때문이다.

7월 17일에 다시 김홍욱을 국문하였다. 이때 김홍욱은 곤장을 맞다가 현장에서 생을 마쳤다. 이를 조선왕조실록은 '장살(杖殺)되었다'라고 표현하고 있다.[21] 사관은 김홍욱의 죽음과 관련하여 다음과 같이 논평하였다.

> 당초에 홍욱은 항상 강씨의 옥사에 의심스러운 점이 있다고 하여, 평소 다른 사람을 만나면 이 이야기를 하였다. 또 소장을 올려서 강씨 옥사의 의심스러운 점과 함께 그녀의 원통함을 풀어주려고 한 지 오래되었는데, 이때 와서 분부에 따라 진언했다가 마침내 억울하게 죽임을 당하니 듣고 슬퍼하지 않는 이가 없었다.[22]

이처럼 사평(史評)에서 보듯이, 당시 조정 신료들과 사림에서는 대다수가 김홍욱의 상소에 내심 동조하고 있었다고 하겠다. 김홍욱에 대한 동정 여론은 이후 김홍욱 옥사가 조정의 현안이 될 수 있음을 예고하는 것이

---

20 『효종실록』 권 13, 효종 5년 7월 15일 임인 2번째 기사.
21 『효종실록』 권 13, 효종 5년 7월 17일 갑진 1번째 기사.
22 『효종실록』 권 13, 효종 5년 7월 17일 갑진 1번째 기사.

김홍욱 묘소　충청남도 서산시 대산읍 소재. 「서산 김적 및 김홍욱 묘역」의 이름으로 충청남도 문화재자료 410호로 지정
되었다. 1654년(효종 5) 7월에 구언 상소하였다가, 강빈옥사와 관련 건으로 친국 도중에 타계하였다. ⓒ이병유 촬영

김홍욱 신도비　김홍욱 묘역 입구에 있다. 신도비는 송시열이 찬하고, 윤득화(尹得和, 1688~1759)가 글씨를 썼으며, 유
척기(俞拓基, 1691~1767)가 전액을 썼다. ⓒ이병유 촬영

기도 하였다.

효종은 이상일을 파직시키라고 하였다. 그리고 김홍욱의 직을 삭탈하라고 하고, 그의 자제 및 가까운 친척은 대대로 조정반열에 설 수 없게 하라고 하교하였다. 여전히 김홍욱 상소와 친국을 둘러싸고 임금과 신료 사이의 견해는 평행선을 유지하고 있음을 보여 주는 것이다.

김홍욱의 복권 과정과
여론 추이

김홍욱의 억울함을 풀어달라

김홍욱은 효종의 구언 하교에 따라 강빈옥사의 부당함을 제기하는 상
소를 하였다가 친국 과정에서 고문으로 죽었다. 이 사건은 곧바로 언로의
위축을 가져왔다.

공론이 김홍욱의 죽음을 부당하다고 여기고 있었지만, 사건 직후 이
문제로 상소하는 사람은 나오지 않았다. 효종이 서슬이 퍼렇게 신료들을
경계하며 지켜보고 있었기 때문이다.

김홍욱이 죽은 지 약 3개월이 지나자 몇몇 신료들이 조심스럽게 김홍
욱 옥사를 거론하기 시작하였다.

옥사 당해년인 1654년(효종 5) 10월에 전 판서 조경(趙絅, 1586~1669)은
인사의 잘못을 논하는 과정에서 김홍욱 옥사 때부터 언로가 막히고 아
첨하는 풍조를 이루었다고 비판하였다.

교리 이진(李袗, 1600~?)은 임금의 김홍욱에 대한 처리는 감정을 다스리는 데 실패한 사례라고 말하였다.[23] 부사직 정두경(鄭斗卿, 1597~1673)이 언로 소통의 중요성을 진언하면서 김홍욱의 일을 거론하였다. 그는 언로의 위축을 염려하면서 "오늘날의 인정을 보니 김홍욱이 죽은 이후 모두 두려워하며 크게 의혹하여서 언로가 끊기려 하니 어찌 매우 우려할 만한 일이 아닙니까."[24]라고 하였다. 그러면서, 김홍욱의 일을 거론하는 것은 의혹을 깨트리고 언로를 열고자 하는 데 있다고 하였다. 그리고 정두경은 김홍욱에게 고의가 없었고, 그에 대한 처벌이 그 자손과 친족에게까지 미침은 지나치다고 하였다.

이듬해 7월 호조판서 허적(許積, 1610~1680)은 김홍욱 문제를 전면으로 제기하였다. 그는 재앙을 불러온 연유는 잘못된 형살(刑殺) 때문이라고 하면서 김홍욱 옥사를 본격적으로 거론하였다.

> 김홍욱은 두 조정의 은총을 입어 궁궐에 출입한 지 30년이 넘습니다. 역적 강씨의 친족도 아니거니와 역적 강씨의 사은(私恩)도 없었던 것을 나라 사람들이 모두 아는 바입니다. 김홍욱도 사람인데 어찌 감히 은혜와 의리를 다 잊고 차마 사람의 도리에 없는 일을 하였겠습니까. 만약 김홍욱이 평소에 간사한 마음을 품고 일찍이 사사로이 붙은 일이 있어서 감히 나중에 갚을 생각이었다면, 소인이 이익을 탐함은 오직 자신을 위한 생각인지라 얼마 안 가서 해로움이 있을 것이 뻔하고 결코 뒷날에 복 없을진대 그 간사함이 심할수록 이런 일은 하지 않았을 것입니다. 그런데 아깝게도 전하의 밝으심으로 일찍이 이러한 사정을 굽어살피지 못하셨습니다.

---

23 『효종실록』 권 13, 효종 5년 10월 30일 병술 3번째 기사.
24 『효종실록』 권 13, 효종 5년 11월 2일 무자 3번째 기사.

그런데 어찌하여 전하는 조금도 용서하지 않고 곧바로 대역으로 다스리셨습니까. 천둥 같은 위엄이 진동하고 옥사를 국문하는 것이 급하므로 조정의 신하들이 두려워서 아무도 감히 말하지 못하고 뭇 백성이 놀라서 서로 전해 말하였으니, 전하의 밝은 세상에 어찌 이런 일이 있습니까.

바라옵건대 전하께서는 예전에 벌이 자손에게 미치지 않았던 뜻을 생각하시어 그 친족을 폐고하라는 명을 거두시고 지난 잘못은 따지지 않음으로써 장래의 언로를 열도록 힘쓰소서.[25]

이같이 허적은 모두가 거론하길 꺼리는 김홍욱 사건의 처리에 대해 전면적으로 문제를 제기하였다. 그는 김홍욱의 처신을 옹호하였으며, 그 자손과 친족의 폐고를 풀어주고 언로를 열어달라고 요청하였다.

허적의 상소에 대하여 사평(史評)도 "김홍욱이 죽고부터 사람들이 모두 슬퍼하였으나 감히 억울함을 호소하지 못하였다. 이때 허적이 죄다 말하여 거리낌이 없으니, 사론(士論)이 칭찬하였다."[26]라고 하여, 허적의 상소를 높이 평가하였다.

사실 허적이 과감하고 전면적으로 김홍욱 옥사의 부당성을 거론한 것은 김홍욱과의 사적인 인연에서 비롯된 측면도 있는 것 같다. 김홍욱은 충청도 관찰사로서 충청도에서의 대동법 시행을 주관하였다. 이때 사간원 정언 이만웅(李萬雄, 1620~1661)은 김홍욱이 호서대동법 시행 과정에서 실책을 저질렀다면서 강력하게 비판하였다. 그는 또 허적은 대동법 시행

---

25 『효종실록』 권 14, 효종 6년 6월 5일 무오 3번째 기사.
26 『효종실록』 권 14, 효종 6년 6월 5일 무오 3번째 기사.

에 책임을 다하지 않았다고 비판하였다. 이에 허적은 해명하는 상소를 올렸다. 이 과정에서 김홍욱을 옹호하기도 하였다. 요컨대 김홍욱은 온갖 비난을 받으면서도 대동법 시행에 온 힘을 기울였다면서 적극적으로 옹호한 것이다. 김홍욱은 허적에게 편지를 보내 대동법 시행과 관련한 다짐을 표명한 바 있고, 허적도 김홍욱을 격려하곤 하였다.[27]

이로 볼 때 충청도의 대동법 시행 때 두 사람의 인연으로 말미암아 김홍욱이 억울하게 죽자, 허적이 상소하여 김홍욱 사건을 전면으로 거론한 것으로 판단된다. 허적의 상소는 이후 신료들이 잇따라 김홍욱 사건의 부당함을 상소하게 된 계기로 작용하였다.

정언 강유후(姜裕後, 1606~1666)가 김홍욱의 상소에 대한 과잉 대응 때문에 언로가 막혔다고 비판하였다. 이조정랑 김수항(金壽恒, 1629~1689)도 김홍욱의 일 때문에 언로가 막혔으니 임금이 간언을 막은 잘못이 크다고 비판하였다. 부교리 이정기(李廷夔, 1612~1671)는 김홍욱의 자손과 친족들에게 용서하는 은전을 베풀라고 하였다. 부수찬 이단상(李端相, 1628~1669)은 김홍욱 사건에 대한 처리가 지나쳤음을 비판하였고, 전승지 김응조(金應祖, 1587~1667)도 김홍욱의 죽음이 억울하다고 상소하였다. 또 대사헌 민응형(閔應亨, 1578~1662)이 김홍욱의 옥사로 인해 언로가 막혔다고 비판하였다.

이처럼 삼사를 중심으로 하여 여러 신하가 김홍욱 옥사 때문에 언로가 위축되었다고 비판하였다. 한편으로는 김홍욱의 죽음을 억울해하고 동정하면서, 그 후손들의 금고를 풀어달라고 상소하였다.

---

27 『효종실록』 권 8, 효종 3년 4월 10일 신해 4번째 기사.

송시열이 효종을 만나 김홍욱 사면을 청하다

이때 송시열(宋時烈, 1607~1689)은 효종에게 함양 공부에 힘쓸 것을 권유하였다. 그러면서 임금이 한순간의 분노로 김홍욱을 죽임으로써 인심을 잃었다고 하였다. 여론이 김홍욱의 죽음에 대해 수긍하지 않기 때문에 "김홍욱의 이름만 더욱 아름다워지고 있다."라고 하였다. 결국은 임금이 함양 공부를 하지 않았기 때문에 일어난 일이라고 하였다.

그러므로 감정에 치우쳐 일을 처리하지 말고 스스로 함양에 진력하라고 아뢰었다. 또 송시열은 김홍욱의 처지를 옹호하면서 그의 억울함을 풀어주고 자손들을 용서해 달라고 아뢰었다.

신은 김홍욱이 어떤 죄를 지었는지 모르겠습니다만 교지에 응해서 말씀을 드렸다가 죽은 것으로 들었습니다. 이미 교지에 의해 말씀을 드렸다면 망령된 말이었다고 하더라도 죄가 없을 것 같습니다. 그런데도, 이미 좋은 말을 구한다고 해놓고 다시 말씀을 드린 자를 죽인다면 나라 체통이 크게 손상될 뿐 아니라, 뒷날 나라가 반드시 망하고 말 일이 눈앞에 있더라도 누가 감히 말할 수 있겠습니까.

근래에 말씀을 드린 자 모두가 김홍욱의 일에 대해 (재고를) 요청하고 있습니다. 이것이 어찌 다 이미 죽은 자에게 사사로운 감정을 가져 그런 것이겠습니까. 여기에서 뭇사람의 마음이 똑같다는 것을 볼 수 있습니다. 뭇사람의 마음이 같은 데에 하늘의 뜻이 있는 것입니다. 그러니 죽은 사람은 다시 살아날 수 없지만, 그의 자손과 친척들이 모두 금고되어 있으니, 바라옵건대 전하께서는 마음을 돌이켜 그의 억울함을 씻어주고 또 그의 자손을 용서해주소서.

그러면 인심이 기쁨에 젖어 모두 천지 같은 인자함과 일월 같은 밝음을 우러러 받들 것입니다. 그리고 사람이 이미 반역죄로 처벌을 받아 죽었으면 그만이지 다시 역율(逆律)

화양서원　송시열 관련 대표적 유적지이다. 1695년(숙종 21)에 송시열의 문인 권상하와 정호 등이 송시열을 기리기 위해 건립하였다. 1696에 사액되었고, 1716년에 숙종의 어필로 편액을 달았다. 노론 권력의 본산이었으나, 폐단도 적지 않았다. 1871년 흥선대원군에 의해 훼철되었다. 이 건물은 근자에 건립하였다. ©저자 촬영

을 제정하여 사람의 말을 막을 필요가 있겠습니까. 이 때문에 더욱 뭇사람의 의심을 불러일으키고 김홍욱의 소장이 나온 것이니 신은 안타깝게 생각하고 있습니다.[28]

이같이 송시열은 구언 교서에 따라 말을 했다면 내용을 불문하고 죄주면 안 된다고 하였다. 그러면서 김홍욱의 사례처럼 처벌한다면, 나라의 체통이 손상되고 나랏일이 정착할 곳이 없다고 하였다. 또 김홍욱 옥사가 잘못되었다고 말하는 것이 여론이라고 하였다. 그러므로 송시열은 김홍욱의 억울함을 해소해주고 그 자손도 용서해주라고 하였다.

---

28 『효종실록』 권 19, 효종 8년 8월 16일 병술 12번째 기사.

이처럼 송시열이 적극적으로 김홍욱의 신원에 나선 것은 친우로서의 개인적 인연과 함께 정치적 입장도 다르지 않았기 때문인 것 같다. 즉, 송시열은 김홍욱을 '사우(師友)'로 표현하였고, 이들은 서신을 주고받으며 우의를 다졌다.[29] 이러한 인연으로 송시열은 김홍욱의 장자 김세진(金世珍, 1621~1686)의 부탁으로 선뜻 김홍욱의 묘갈을 작성해 주었다. 사실 김홍욱은 특정 정파에 속하지는 않았다. 그러나 굳이 따지자면, 송시열과 함께 청서(淸西)에 우호적이었다. 그리고 평소 절의를 중요한 가치로 인식하였다.[30]

효종은 김홍욱이 죽은 지 약 5년 만에 송시열의 건의를 받아들여 김홍욱의 자제와 친척들에게 내렸던 금고령을 해제하도록 명령하였다. 1659년(효종 10) 3월에 송시열뿐만 아니라 병조판서 송준길(宋浚吉, 1606~1672)과 호조판서 정유성(鄭維城, 1596~1664), 좌의정 심지원(沈之源, 1593~1662)은 김홍욱이 강빈 관련 하교 내용을 제대로 숙지하지 못한 상태에서 상소한 것이므로 김홍욱의 억울함을 풀어달라고 요청하였다. 이 자리에서 송시열은 다시 한번 김홍욱의 억울함을 풀어달라고 건의하였다. 이에 따라 효종은 즉석에서 김홍욱의 관작을 회복시키라고 하교하였다.[31]

1718년(숙종 44) 약방제조 민진후(閔鎭厚, 1659~1720)가 김홍욱을 추증하고 은전을 베풀어 달라는 건의를 하였고, 임금이 이에 대해 신하들에게 질의하자, 약방 도제조 이이명(李頤命, 1658~1722)은 증직하는 방도를 따로 마련

---

29 『학주선생전집』 권 8, 서간 육수, 답송명보준길 송영보시열 별지(宋英甫時烈 別紙).
30 김인경, 「조선후기 경주 김문의 형성과 성장」, 『조선시대사학보』 64, 2013, 97쪽.
31 『효종실록』 권 21, 효종 10년 3월 27일 무오 2번째 기사.

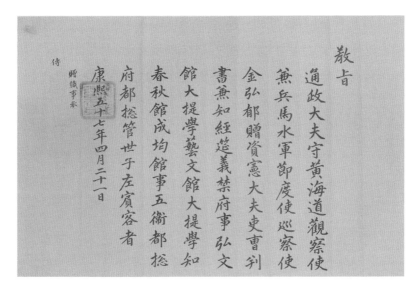

教旨
通政大夫守黃海道觀察使
兼兵馬水軍節度使巡察使
金弘郁贈資憲大夫吏曹判
書無知經筵義禁府事弘文
館大提學藝文館大提學知
春秋館成均館事五衛都摠
府都摠管世子賓客者

康熙五十七年四月二十一日

傳
贈諡事

증이조판서 교지　김택모 소장. 『선비가의 여경』, 76쪽. 1718년(숙종 44)에 김홍욱을 정 2품 자헌대부 이조판서에 추증하는 교지이다. 송시열 등의 신원 운동에 힘입어 관작이 회복되었고, 민진후, 이이명의 건의로 추증되었다.

해야 한다고 대답하였다. 이에 따라 김홍욱은 정2품으로 증직되었다.[32]

또 영의정 김창집(金昌集, 1648~1722)이 상소하여 김홍욱을 제사 지내도록 하고 관작과 시호를 추증함과 아울러 종손을 수록하여 표장(表章)하는 뜻을 보이라고 하였다.[33] 숙종 45년 11월에 이조판서에 증직된 김홍욱에게 문정(文貞)의 시호를 내림으로써,[34] 김홍욱의 복권에 따른 행정절차는 사실상 마무리되었다.

32　『숙종실록』권 61, 숙종 44년 4월 14일 임진 2번째 기사.
33　『숙종실록』권 61, 숙종 44년 4월 14일 임진 3번째 기사.
34　『숙종실록』권 64, 숙종 45년 11월 10일 무인 3번째 기사.

김홍욱 추숭과 복권 과정은 외형상으로는 김홍욱 개인의 명예를 회복하는 것이지만, 그 내면은 송시열과 호서지역 학자들로 대표되는 노론 청서 계열의 합의된 공론이 크게 작용한 것이라고 할 수 있다.[35] 그러므로 김홍욱은 사후에 청서의 지지에 힘입어 사론의 절의를 대표하는 상징적 인물이 되었다.

김홍욱의 국문은 당파 사이의 정치적 이해관계에 따라 거행된 것이 아니라, 임금의 강력한 의지에 따른 것이었다. 그리고 사론의 대세는 그의 상소를 이해하고 지지하고 있었기에 국문을 주도한 위관들도 소극적이었고, 주위에 있던 신료 대부분이 김홍욱을 동정하였다. 신료 대부분이 당파적 이해관계를 떠나서 김홍욱의 처지를 암묵적으로 지지한 것이다.

이처럼 김홍욱의 상소는 본인의 죽음까지 초래한 정치적 파장을 낳았다. 그러함에도 불구하고 김홍욱이 상소하여 국문당하는 과정과 죽음, 그리고 이후 복권 과정을 볼 때 김홍욱은 사론의 적극적 지지를 받았음이 증명되었다. 그러므로 김홍욱의 강빈옥사 관련 상소의 역사적 의의는 당대의 사론을 대변한 것이라 할 수 있다.

35　김인경, 앞의 논문, 101쪽.

7부

김홍욱 옥사의 파장과 가문의 성장

학주 김홍욱 평전

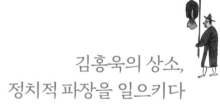

김홍욱의 상소,
정치적 파장을 일으키다

김홍욱의 상소와 그로 말미암은 죽음은 몇 가지 점에서 조정 안팎은 물론이고 전국적으로 가장 뜨거운 정국 현안이 되었다. 무엇보다도 김홍욱의 상소는 내용과 시기의 돌발성과 이외성이 매우 강하였다. 즉, 김홍욱이 효종의 구언 교서에 따라 상소하였다고 하나, 임금이 절대로 언급하지 말라는 엄명을 내린 사안, 즉 '강빈옥사'를 정면으로 거론하였다는 점에서 매우 돌발적이다.

그리고 이때는 효종이 집권 5년 차에 접어든 때여서 정국이 안정된 시기였고, 강빈옥사의 파장은 잊혀지고 있던 때였다. 그런 점에서 이때 김홍욱이 '강빈옥사' 관련 상소를 올렸다는 것은 뜻밖이라고 할 수 있다.

그렇다면 김홍욱은 왜 이때 상소하였을까. 그 답은 앞에서도 말했듯이, "임금의 구언 하교를 보고 이런 때에 입을 다물고 있으면 신하의 도리가 아니라고 생각하였기 때문에 평소 의심스럽게 생각했던 바를 임금께 아뢰었다."라는 진술 그대로 보면 될 것 같다. 김홍욱은 '신하의 도리'를 지키려고 상소한 것이다. 그렇다면 여기에 동조하는 다른 신료들도 많앉을 것이다. 그런데 하필 왜 김홍욱이 상소하였을까.

이를 이해하기 위해서는 그의 관직 이력을 되짚어볼 필요가 있다. 그는 관료 생활 대부분을 '언론'을 주관하는 삼사에서 보냈다. 임금에게 여론을 전하고 간언을 올리는 일을 하였다. 김홍욱은 이번 상소도 '임금께 간언을 올리는' 차원에서 했을 것이다. 김홍욱이 생각하기에 '세자빈과 원손이 무고하게 죽은 일'을 묻으려고만 하지 말고, 이들을 위무할 방안을 찾는 것이 결과적으로 임금에게 도움이 될 것으로 생각하였던 것 같다.

그리고 당시 사람들은 죄없이 사람을 죽여놓고 그 '원한'을 제대로 풀어주지 않으면 자연재해가 일어난다고 믿고 있었다. 그러므로 김홍욱도 상소의 서두에서 장황하게 자연재해의 이야기를 쓴 것이고, 그 핵심 원인이 '강빈옥사'에 있음을 아뢴 것이다.

그렇다면 김홍욱은 왜 사건이 일어났을 때 또는 새 임금이 즉위하였을 때 즉각 상소하지 않고 한참이나 지난 후에야 상소하였을까. 누구나 그렇겠지만, 김홍욱도 '강빈옥사'가 왕위 정통성이나 왕위 계승과도 관련이 있는 정치적 파급력이 매우 큰 사안임을 잘 알고 있었다. 그러기에 그도 섣불리 상소를 올리지 못했던 것으로 볼 수 있다. 그러다가 구언 교서가 내렸고, 이 기회를 통해 평소 지니고 있던 생각을 과감하게 상소한 것으로 볼 수 있다.

문제는 김홍욱의 상소가 정치적 폭발성을 갖고 있었다는 점이다. 김홍욱도 상소를 올리면서 어느 정도 파장을 예상하였겠지만, 상소가 접수되자마자 효종이 대로하였다. 즉각 김홍욱을 체포하고 국청을 개설하여 심문 절차에 들어간 것이다. 친국 과정에서 효종은 강경한 태도로 일관하였다. 임금의 온정을 기대하기 어려운 상황이었다. 신료들의 구명에도 불구하고 김홍욱은 국문 과정에서 장살되었다. 그리고 국청이 마무리되었다.

그러나 그 파장은 쉽게 가라앉지 않았다. 국문 과정에서 효종은 강압적 태도로 일관하였고, 신료들은 임금에게 김홍욱을 용서해주라면서 팽팽히 맞섰다. 임금과 신료들 사이에 갈등이 지속되는 가운데 김홍욱이 장살되었다. 그렇다고 김홍욱의 죽음으로 임금과 신하 간의 갈등이 해소된 것은 아니었다.

사론의 지지로 상소의 정당성을 확보하고, 직신의 명예를 얻다

조선시대에 신료가 교서에 따라 상소하였다가 그 내용이 문제가 되어 국청이 열리고 국문 도중에 죽게 된 경우는 선뜻 떠오르지 않는다. 그런 만큼 김홍욱 옥사는 조선시대 정치사의 중요한 변곡점 중의 하나라고 할 수 있다. 그러므로 이 사건이 일어난 당시는 물론이고 그 이후에 사람들은 사건을 어떻게 바라보고 있었는지를 파악하는 것도 필요해 보인다.

김홍욱은 비록 국문을 받다가 죽었지만, 사론의 동정과 지지를 받았다. 크게 두 가지 이유 때문인 듯하다. 첫째는 김홍욱의 상소에 당파의 이익을 대변하거나 개인의 이해관계를 고려한 사심이 없었기 때문이다. 김홍욱 개인적으로 강빈의 가족과 아무런 사이도 아니었다. 만약에 김홍욱이 강빈의 친정이나 소현세자 쪽과 사적인 연결고리가 있었다면, 그의 주장은 옳고 그름의 여부를 떠나서 공론의 지지를 얻지 못했을 것이다.

두 번째는 김홍욱의 상소가 신료 대부분이 공감은 하지만, 감히 말할 수 없는 내용을 담고 있다는 점이다. 강빈이 억울하게 죽었다는 것은 대다수가 인정하는 일이었다. 그러므로 효종으로서는 부왕의 실정이 거론

되는 것을 그대로 두고 볼 수는 없었다. 그러기에 효종은 '강빈옥사'를 금기어로 만들었다. 임금의 '절대 언급하지 말라'는 명령에 따라 '강빈옥사'는 말하고 싶어도 말하면 안 되는 일이었다.

그러한 사안을 김홍욱이 호기롭게 터트린 것이다. 이에 많은 신료가 김홍욱의 용기에 놀라워하였다. 신료들 사이에서는 자연스럽게 김홍욱을 지켜야 한다는 의무감 내지는 공감대가 일었다. 어쩌면 뜻을 같이하는 여러 관료의 마음을 대신하여 김홍욱이 상소했다고 볼 수도 있는 것이다.

김홍욱의 상소는 임금의 구언 교서가 계기가 되었다 하더라도 대단한 용기가 필요한 일이었다. '강빈옥사를 언급하지 말라'는 임금의 뜻에 정면으로 반하는 내용을 담고 있었기 때문이다. 김홍욱은 국문 도중에 고문으로 말미암아 죽었다. 역사상 보기 어려운 최악의 결과였다. 동료들도 당황하였다.

사관은 김홍욱의 죽음을 "억울하게 죽임을 당했으니 슬퍼하지 않는 사람이 없었다."라고 평가하였다. 그러므로 조정 신료들이 경쟁하듯이 나서서 김홍욱의 억울함을 풀어주고 명예를 회복하라고 요청하였다. 허적과 송시열 등 여러 신료의 강력한 요청으로 김홍욱은 복권되었다. 김홍욱의 죽음은 조정의 여론과 사론을 결집하는 하나의 요인이 되었다.

너나 할 것 없이 김홍욱의 명예 회복을 요청하는 상황이 되었다. 송시열이 말한 '김홍욱의 이름만 더욱 아름다워지고 있다.'라는 표현이 과장이 아닌 상황이었다. 이러한 여론은 임금도 김홍욱을 복권하지 않을 수 없게 하였다. 김홍욱은 사론의 전폭적 지지로 사후에 이름이 더욱 빛났다. 이제 김홍욱은 곧은 신하, 또는 정직한 신하인 '직신(直臣)'으로 평가받게 되었다.

이러한 사론의 지지는 김홍욱의 명성은 물론이고, 그 가문의 위상을 높이는 역할을 하였다. 역설적으로 김홍욱의 죽음은 이른바 김홍욱 가문을 호서의 '명문가'로 자리매김하는 계기가 되었다.

특히 숙종 때 김홍욱에게 이조판서를 추증하고, '문정'의 시호를 내림으로써 김홍욱 자신은 물론이고, 그의 가문 또한 완전히 명예를 회복하고 명문가로 부상하였다. 물론 김홍욱 가문이 명문가로 도약한 것은 김홍욱 옥사 이후 지속적인 사론의 지지가 뒷받침되었기 때문이다.

호서의 명문가로
등장하다

영의정 김흥경과 월성위 김한신

김홍욱은 아들 김세진(金世珍)과 김계진(金季珍)을 두었다. 이 중에 장자 김세진은 금정찰방(金井察訪)을 역임하였고,[01] 좌찬성을 증직받았다. 그는 김두성(金斗星)을 비롯해 5명의 아들을 두었다. 이때부터 김홍욱 가문에서 쟁쟁한 인물들이 잇따라 나오기 시작하였다. 대표적 인물 몇 명만 보기로 한다.

먼저 생원으로 영의정을 증직받은 김두성의 장자 김흥경(金興慶, 1677~1750)으로, 김홍욱의 증손이다. 급류정(急流亭) 김흥경은 생원시에 합격하고 문과에 급제한 후 예문관 검열 겸 세자시강원 설서를 시작으로 관직의 길을 걸었다. 삼사의 주요 관직을 역임하고, 이조정랑도 지냈다. 대사간, 도

---

01 『승정원일기』 220책, 현종 11년 7월 4일 무오.

승지, 호조판서, 예조판서, 병조판서, 이조판서 등을 역임하였다. 지방관으로는 충청도, 경기도, 황해도 관찰사를 지냈다. 이후 의정부 우의정과 영의정을 지내며 재상의 반열에 올랐다.

김흥경의 관료 활동을 요약하면 첫째, 민생의 안집에 노력하였다. 특히 그가 우의정에 있을 때 한재나 수재와 같은 자연재해를 입은 지역에 조세를 감면해주거나 환곡의 납부를 연장해주고, 구휼을 논의하는 등 재해 지역과 재해 입은 백성을 돕는 데 앞장섰다. 백성들의 안집에도 힘썼다.

두 번째로 군사훈련을 탄력적으로 운영할 것을 주장하였다. 그는 자연재해 등으로 시급성에서 민생이 군사훈련보다 앞서야 할 때라고 판단되면 과감히 군사훈련을 중지할 것을 요청하였다. 그러나 훈련을 중지할 때라도 읍의 관문에서 군병을 검열하는 등의 조치를 통해 군사 기강을 유지하려고 하였다.

셋째, 재상으로서 외교 부문에 많은 의견을 내었고, 정사(正使)로 사절단을 이끌고 외교의 전면에 나서기도 하였다. 당시 청과 외교 현안은 '범월' 문제였다. 양국 백성이 국경을 넘어 임산물을 채취하거나 장사하는 일이 적지 않았기 때문이다. 살인 사건까지 일어났다. 이에 청나라에서 매우 민감하게 대응하였다. 김흥경은 이때마다 조선인의 피해를 줄이고 처벌 수위를 낮추려고 노력하였다.

넷째, 김흥경은 탕평책의 모호함을 반대하고 노론의 입장을 견지하였다. "시비와 공의를 묻지 않고 오로지 탕평만을 주장한다면, 전형의 방도에 어긋납니다."라고 하였다. 요컨대 탕평을 말하기에 앞서 시비와 공의를 확실히 해야 함을 말한 것이다. 그는 민진원(閔鎭遠, 1664~1736)과 민형수(閔亨洙, 1690~1741) 부자의 구원을 여러 차례 요청하였고, 노론 사대신으로 불리는 김창집과 이이명(李頤命, 1658~1722)의 신원을 위해 노력하였다.

김흥경의 묘소와 백송 충청남도 예산군 신암면 용궁리 소재. 김흥욱의 증손으로 아버지는 증 영의정 두성(斗星)이다. 호조, 예조, 병조, 이조판서를 거쳐 재상의 반열에 올랐다. 한편, 김흥경의 묘 앞에는 추사 김정희(金正喜, 1786~1856)가 중국에서 가져와 심은 백송(천연기념물 제106호)이 있다. 김흥경은 김정희의 고조이다. ⓒ저자 촬영

김흥경의 졸기에 의하면, 아들 김한신(金漢藎, 1720~1758)이 화순옹주에게 장가든 뒤로는 더욱 조심하여 도민들이 그 집안에 부마가 있는 줄도 몰랐다고 한다. 이로써 칭찬이 자자하였다고 한다.[02]

김흥경의 아들 한신은 영조의 딸인 화순옹주와 혼인하였다. 영조와 김흥경이 서로 사돈이 된 것이다. 김한신은 월성위(月城尉)에 봉해졌고, 오위도총부(五衛都摠府) 도총관(都摠管), 제용감 제조 등을 지냈다. 영조는 사위 김한신을 염치를 알고 단아하며, 근실하고 원칙이 있다고 평가하였다. 사신은 조선왕조실록의 김한신 졸기에서 그를 다음과 같이 평가하였다.

---

02 『영조실록』권 71, 영조 26년 3월 26일 기사 3번째 기사.

김한신은 고 김흥경의 아들로서 천가(天家)의 사위가 되었다. 부귀로 생장하였으나, 화려
함을 좋아하지 아니하여 의복이 가난한 선비와 같았으며, 출입할 때 초거(軺車)를 타지
아니하고 항상 말을 타고 다녔으며, 많은 사람을 거느리지 아니하고 홀로 다녔으니, 주
위 사람들이 간혹 부마가 된 것을 알지 못하였다. 성품이 효우(孝友)하고 공근(恭謹)하여
교만하고 귀한 뜻이 절대로 없으며, 노비를 엄하게 단속해서 동네에서 횡포하고 방자함
이 없도록 하였다. 위로는 진신으로부터 아래로는 하인에 이르기까지 모두 그 아름다움
을 일컬었다.[03]

김한신의 품성을 잘 말해주는 사관의 평이다. 김한신 부부는 우애가
매우 돈독하였다. 그들의 에피소드는 한 편의 절절하고 슬픈 '러브스토
리'를 연상시킨다. 김한신이 죽자 부인 화순옹주는 부군을 따라 죽기로
결심하고, 모든 곡기를 끊고 한 모금의 물도 입에 넣지 않았다고 한다.

원래 화순옹주는 부왕인 영조가 매우 아끼는 딸이었다. 이에 영조가
"음식을 권하지 않고 좌시하고 있으면 어찌 아비 된 도리라고 하겠느
냐."[04]라고 하면서 옹주의 방으로 달려갔다. 임금이 옹주를 한참 동안 달
래자 옹주가 겨우 미음을 한 모금 삼켰으나 곧 토해냈다. 부왕 영조가 그
녀에게 간곡하게 단식을 멈추라고 달렸으나 더 이상 소용이 없자, 탄식하
고 슬퍼하며 돌아갔다고 한다.

결국 화순옹주는 음식을 끊은 지 14일 만에 모든 것을 내려놓고 자진
하였다. '러브스토리'가 막을 내렸다. "정렬(貞烈)하다. 그 절조(節操)여. 이

---

03 『영조실록』 권 91, 영조 34년 1월 4일 신묘 3번째 기사.
04 『영조실록』 권 91, 영조 34년 1월 8일 을미 6번째 기사.

는 천고의 왕희(王姬) 중에도 없는 바이다. 조정에서 받들어 위로하고 정후(庭候)하였다."[05]라고 그녀의 졸기에는 기록되어 있다.

영조가 화순옹주의 상에 왕림하였다. 이 자리에서 예조판서 이익정(李益炡, 1699~1782)이 옹주에게 정려할 것을 청하였다. 영조는 환궁한 뒤에 좌의정 김상로(金尙魯, 1702~?)에게 옹주의 죽음에 대한 안타까운 속마음을 이야기하였다. 영조가 옹주의 방에 찾아가서 미음을 들기를 권할 때의 부녀간 대화 내용이다.

> 자식이 죽는 것을 보고 있는 것은 아비의 도리가 아니기 때문에 거듭 타일러서 약을 먹기를 권하니, 옹주가 웃으며 대답하기를, '성상의 하교가 이러니 어찌 마시지 않겠습니까.'라고 하고서 조금씩 두 차례 마시고는 곧 토하면서 말하기를, '비록 성상의 하교를 받들었을지라도 이미 중심이 정해졌으니, 차마 목으로 내려가지 않습니다.'라고 하길래, 내가 그 뜻은 알았으나 원래 마음이 연약해서 억지로 권하면 마실 줄 알았는데, 어버이의 뜻을 순종하지 아니하고 죽었으니, 정절은 있으나 효에는 모자란 듯하다.[06]

이같이 영조는 화순옹주의 말을 되새기면서 몹시 안타까워하고 있다. 더욱이 옹주가 당일에 죽은 것도 아니고 열흘 이상이나 굶다가 죽었으니 더욱 슬퍼하였다.

영조는 '정려'하자고 건의하는 것은 잘못이라고 하였다. 아비가 자식에게 정려하는 것은 자손에게 모범을 보이는 행동이 아니며, 폐단이 생길

---

05 『영조실록』 권 91, 영조 34년 1월 17일 갑진 1번째 기사.
06 『영조실록』 권 91, 영조 34년 1월 17일 갑진 2번째 기사.

월성위 김한신과 화순옹주 묘 충청남도 예산군 용궁리에 있다. 충청남도 문화재자료 제189호로 지정되었다. 월성위 김한신은 김흥경의 아들로 화순옹주와 혼인하였다. 김한신은 38세의 나이로 죽었고, 이에 화순옹주가 식음을 전폐한 끝에 따라 죽었다. 세기의 러브스토리로 전한다. ⓒ저자 촬영

수 있다고 하였다. 그러면서 백세에 없어지지 않는 것은 정절에 있는 것이지, 정려에 있는 것이 아니라고 하였다.[07]

이처럼 김한신과 화순옹주의 슬픈 '사랑 이야기'는 사관이 말한 것처럼 입에서 입으로 전해져서 모든 사람에게 안타까움과 함께 큰 감동을 주었다.

---

07 영조의 이러한 행동을 두고 사신(史臣)은 "귀주(貴主)의 열행(烈行)은 이미 사람들의 입으로 전파되어 있으며, 또한 장차 사첩(史牒)에 전해질 것인데, 어찌 구구한 작설(綽楔)의 표함을 기다리겠는가. 더구나 '아비가 자식을 정려할 수 없다'는 하교는 위대한 임금의 말씀이 넓고 공정하여 만세의 법이 될 만하다."라고 하여 공감하고 있다.(『영조실록』 권 91, 영조 34년 1월 17일 갑진 2번째 기사.)

화순옹주 홍문 충청남도 예산군 용궁리에 있는 열녀문으로, 충청남도 무형문화제 45호이다. 38세의 나이로 부군 김한신이 죽자, 식음을 전폐한 채 따라 죽었다. 신하들이 정려를 내리자고 건의하였으나 부왕 영조가 거절하였다. 후에 정조가 정려를 내렸다. ⓒ이병유 촬영

화순옹주 홍문글씨 ⓒ이병유 촬영

김홍욱은 강력한 사론의 지지를 등에 업고 모든 명예를 회복하였다. 특히 숙종 때는 김수항(金壽恒, 1629~1689), 김창집(金昌集, 1648~1722), 민진원(閔鎭遠, 1664~1736) 같은 노론 대가들의 지원에 힘입어 김홍욱은 '직신'으로 평가받았고, 그 가문은 명문가로서 입지를 굳혀갔다. 그 대표적 사례가 김홍욱의 증손 김흥경이 영의정을 지내고, 그의 아들 김한신이 화순옹주와 결혼하게 된 것이다. 사론의 지지를 받으며 김홍욱의 여러 후손이 관료를 지내고, 영의정과 옹주의 부마가 되기도 하였지만, 그렇다고 하여 정치권력의 핵심에 들어선 것은 아니었다. 그렇게 때문에 이때까지 김홍욱 가문은 당쟁, 즉 붕당에 크게 휘말리지는 않았다.

정순왕후 일가 정국의 핵심으로 등장하다

1759년(영조 35) 김홍욱의 고손 김한구(金漢耉, 1723~1769)의 딸이 15세의 나이로 영조의 계비로 간택되었다. 그녀는 1745년(영조 21)에 여주에서 태어났다고 한다. 아버지는 김한구이며, 어머니는 원주 원씨 원명직(元命稷)의 딸이다.[08] 한 집안에서 중전을 배출하면 이른바 외척인 '척신(戚臣)들'이 나오게 된다. 그 집안의 위상이 지금까지와는 완전히 결을 달리하게 되는 것이다. 일반적으로는 '자의반타의반'으로 정치권력으로 발을 들여놓게 되는 것이다.

---

08 임혜련, 『정순왕후, 수렴청정으로 영조의 뜻을 이루다』, 한국학중앙연구원 출판부, 2014, 19쪽.

영조정순왕후가례도감의궤 반차도(일부) 프랑스국립도서관·국립중앙박물관 제공. 1759년 영조가 정순왕후 김씨를 왕비로 맞이하는 혼례식을 기록한 의궤에 수록된 반차도이다. 의궤에는 영조가 정순왕후를 데리고 궁으로 가는 50면에 달하는 친영반차도가 실려 있다.

호조참의를 지내고 영의정에 추증된 김선경(金選慶)의 아들인 유학(幼學) 김한구는 그의 딸이 영조의 계비가 되자, 즉시 돈녕부 도정(都正)과 오흥부원군(鰲興府院君)에 봉해졌다. 국구(國舅) 즉, 왕비의 아비이자 임금의 장인에게 의례적으로 주는 벼슬이다. 이후 금위대장과 어영대장, 장악원 제조를 지냈다.

사실 이러한 외형적 벼슬보다는 왕비의 부친이라는 지위가 중요하였다. 많은 경우 국구가 되면, 척신으로서 '정치판', 즉 정치권력의 핵심으로 들어섰다고 봐야 하는 것이다. 김한구도 예외는 아니었다. 더욱이 그의 아들 김귀주(金龜柱, 1740~1786)가 조정으로 들어가면서 하나의 정치세력을 이루었다. 김귀주는 어려서 문장으로 이름을 날려 충청도 일대에 명성이 자자했다고 한다. 그리고 스스로 청류(淸流)로 자부했다고 한다. 1763년(영조 39) 강서현령일 때 증광문과에 급제하여 도당록(都堂錄)에 오르고 홍문관 부교리에 임명되었다. 그 후에 강원도 관찰사와 승정원 승지를 지내고, 공조참판이 되었다.

김귀주는 누이 정순왕후의 후원으로 조정에서 두각을 나타내면서 그 주위로 사람들이 모이기 시작하자 강력한 정치력을 발휘하였다. 그리고 김귀주는 정조의 외조부로서 강력한 정치력을 갖고 있던 홍봉한(洪鳳漢, 1713~1778) 일파를 견제하였다. 특히 1771년(영조 47)에 김귀주는 상소를 올려 세손을 비난한 홍봉한의 동생 홍인한(洪麟漢, 1722~1776)을 탄핵하였다. 홍인한은 세손이 죄인 신분인 이복동생 은언군과 은신군에게 편의를 제공하였다고 비난하였기 때문이다.

1772년 7월에 김귀주가 홍봉한을 비판하는 상소를 하였다. 김귀주의 상소 요지는 크게 두 가지이다. 하나는 홍봉한이 임금께 탕제를 올리는 데 품질이 좋은 나삼(羅蔘)을 쓰지 않고 수염과 꼬리를 붙여 만든 삼을 썼다고 비판하였다. 그리고 임금이 다리가 불편할 때 송다(松茶)를 올리라고 하였으나, 홍봉한이 응하지 않았다고 하였다. 두 번째는 홍봉한이 사도세자를 종묘에 추숭하려 했다고 비판하였다.

요컨대 김귀주는 "홍봉한이 삼다(蔘茶)를 올리지 않았으며, 춘궁(春宮), 즉 세손을 협박하여 나라의 종통을 뒤흔들고 있다."[09]라고 홍봉한을 비난하였다. 이 사건으로 홍봉한, 김귀주 양쪽이 다 타격을 입었으나, 피해는 김귀주 쪽이 심하였다. 영조는 즉각 김귀주도 잘못하였다며, 현임을 면직하고 요직에 들이지 말라고 하교하였다. 이후에도 김귀주의 사람됨을 염려한다면서 우려를 표명하였다. 한편, 홍봉한은 김귀주의 질책을 받고 교외로 거처를 옮겼다가 임금이 몇 차례 부르고 나서야 도성으로 들어왔다.

---

09 『영조실록』 권 119, 영조 48년 7월 21일 갑인 2번째 기사.

이 사건은 붕당 정치의 전형적 사례이다. 이때 김귀주를 중심으로 하는 세력을 '남당'으로 불렀고, 홍봉한을 중심으로 하는 세력을 '북당'으로 불렀다. 남당에 가까운 자들을 '벽파', 북당에 가까운 자들은 '시파'가 되었다고도 한다.[10] 홍봉한 세력이 외척이자 권력의 핵심으로 활동하다가, 정순왕후를 배경으로 하는 정치세력, 즉 김귀주를 중심으로 하는 또 다른 외척 세력이 권력의 핵심으로 진입하자 두 세력 간에 정면으로 부딪친 사건이라고 할 수 있다.

이처럼 영조 말에는 김귀주를 중심으로 하는 남당과 홍봉한을 중심으로 하는 북당의 상호 견제와 갈등 속에 정국이 운영되었다. 이 무렵 화완옹주(和緩翁主, 1737~?)의 양자인 정후겸(鄭厚謙, 1749~1776)이 권력의 또 다른 핵심으로 등장하면서 정국의 변수가 되었다. 그는 홍봉한의 동생 홍인한과 결탁하여 별도의 당파를 이루었다. 홍인한은 형 홍봉한과도 정치적 결을 달리하였다. 정후겸과 홍인한은 사사건건 세손의 행로를 방해하며 발목을 잡았다. 특히 세손이 대리청정을 시행할 무렵에 정후겸과 홍인한 일파의 반 세손 행보가 두드러졌다. 김귀주는 반 세손 행보를 보이다가 이 무렵에 와서 세손에게 우호적인 행보를 취한 것으로 보인다.

정조가 즉위하자 김귀주는 앞에 서술한 상소건 등으로 말미암아 흑산도로 유배되었다. 이후 나주로 옮겼으나 그곳에서 죽었다. 정조 대에 김귀주 일가는 중앙 정계에서 주목할 만한 활동을 하지 못하였다. 순조 때 정순왕후가 대왕대비로서 수렴청정을 하자 김한록의 아들인 김관주(金觀柱, 1743~1806), 김일주(金日柱) 등이 고속 출세하였다. 특히 김관주는 승지,

---

10 『순조실록』 권 9, 순조 6년 6월 25일 신축 2번째 기사.

병조·형조·예조·이조 판서를 거쳐 우의정이 되어 정국을 주도하였다. 그러나 대왕대비가 수렴청정을 거두고 순조가 친정을 하면서 김관주와 그일가는 더 이상 요직에 머무를 수 없었다.

이상과 같이 김홍욱 사후 그의 가문이 호서의 명문가로 자리 잡으면서 그 후손들 가운데 현달한 자들이 대거 배출되었다. 더욱이 김흥경의 아들 김한신이 부마가 되자 가문이 더욱 명성을 얻었다. 이를테면 김한신과 화순옹주의 아들 김이주(金頤柱, 1730~1797)[11]가 형조판서, 그의 아들 김노경(金魯敬, 1766~1840)이 6조 판서를 역임하였다. 김노경의 아들이 추사 김정희(金正喜, 1786~1856)다. 한편, 정순왕후가 왕비가 되자 김한구 부자를 비롯한 그 일가는 외척으로서 정치권력의 핵심으로 자리 잡았고, 붕당을 이끄는 한 축이 되었다.

정순왕후와 정조에 대한 소견

한편, 영조 말 김귀주 등 남당은 세손의 외조부인 홍봉한 등의 북당과 크게 대립하였다. 이러한 영향으로 TV 드라마에서는 정순왕후를 묘사하면서, 세손, 즉 정조의 즉위를 방해하고 저지하기 위한 최고의 배후 실세로 표현하기도 하였다. 아마도 정순왕후의 부친 김한구 일가가 친 사도세자 세력과 대립하였고, 세손에게도 비우호적이었다고 하여 그렇게 묘사한 것 같다.

---

11 김한정의 아들로 김한신의 양자가 되었다.

그러나 정순왕후를 마치 반 세손 세력을 이끄는 총수로 묘사한 것은 지나친 감이 있다고 생각한다. 우선 정순왕후의 오빠 김귀주 등이 세손을 비호하는 정치세력과 대립하며, 반 세손의 행보를 보인 것은 남당과 북당 간의 붕당 정치의 일환이지, 세손을 위해하려고 했던 것은 아닌 것 같다. 오히려 정후겸과 홍인한이 세손을 핍박할 때 김귀주 등이 세손 편에 섰던 사실을 주목할 필요가 있다.

그리고 정순왕후와 세손 사이를 갈등 관계로만 묘사하는데, 사실은 이들 사이를 그렇게 부정적으로만 볼 필요는 없다. 정순왕후가 세손, 즉 정조를 도왔다는 기록은 곳곳에 보이기 때문이다. 이를테면, "정묘께서 동궁으로 계실 때 정순왕후가 은애(恩愛)를 베푼 것이 지극하였으므로, 정묘께서 매양 눈물을 흘리면서 조정 신하들에게 그 사실을 말씀하였습니다."[12]라고 하였다. 정조가 정순왕후에게 은애를 입었음을 밝히고 있는 것이다. 정조의 최측근인 도승지 홍국영(洪國榮, 1748~1781)도 상소를 올려 정조를 위한 정순왕후의 치적을 찬양한 바 있다. 정조도 나라의 대소사를 모두 정순왕후와 의논했다고 한다.[13]

물론 이러한 말은 정조의 할머니, 즉 정순왕후에 대한 의례적인 표현일 수도 있다. 하지만 구태여 기록을 왜곡해서 볼 필요는 없다고 생각한다. 조선왕조실록에서 좀 더 구체적인 사례를 보기로 한다.

---

12 『순조실록』 권 7, 순조 5년 6월 20일 임신 3번째 기사.
13 김인경, 『조선후기 경주김문의 정치활동과 역사문화공간 연구』, 2021, 건국대학교 박사학위논문, 117~119쪽.

을미년(1775년, 영조 51) 무렵에 영묘께서 근력이 쇠하여 정사를 근면할 수 없게 되자 역신 홍인한, 정후겸 등이 정묘(正廟: 정조)의 영특하고 현명하면서 성덕을 지닌 것을 시기하여 깊이 서로 빌붙고 교결하여 대리청정을 폭력으로 저지하면서 저위에서 밀어낼 것을 모의하였습니다. 정후겸의 어미 화완옹주는 임금의 총애를 믿고 멋대로 방자한 짓을 하였으며, 영선당(永善堂)에 머물면서 은밀히 선동하여 이들을 도왔습니다. 시변(時變)이 외척에게서 일어나고, 화란이 궁성에서 말할 수 없이 위태로운 상황이 되자, 정묘께서 탕선(湯膳)을 받드는 일을 하실 때 성후(정순왕후)께서는 정묘를 돌보아 보호하면서 반걸음도 잠시 떠난 적이 없었으며, 정후겸 어미의 말하는 기색을 살펴 화란의 싹을 미리 꺾어버림으로써 대책(大策)을 도왔고 흉악한 모의가 시행되지 못하게 하여 하늘의 토벌이 행해지도록 하였습니다.[14]

이처럼 정순왕후가 정후겸 일파의 화란을 제거하고, 세손을 보호했다는 내용이다. 그러므로 정순왕후와 정조 사이를 대립적으로만 보는 것은 무리가 있다고 하겠다. 정조 자신은 물론이고 그 누구도 정순왕후와 정조 사이를 비판적으로 본 적이 없다는 사실에 주목할 필요가 있다.

다만, 정순왕후에게도 친정 식구들이 붕당을 형성해서 당쟁을 심화시켰던 것은 큰 부담이었고, 그럴수록 친정 집안을 보호하기 위해 애를 쓸 수밖에 없었다. 그러는 중에 오빠 김귀주가 유배지에서 사망하였다. 김귀주 사망은 정순왕후와 정조가 정치적으로 대립하는 계기가 된 것으로 보인다.[15]

---

14 『순조실록』 권 7, 순조 5년 6월 20일 임신 3번째 기사.
15 김인경, 앞의 학위 논문, 121쪽.

정순왕후가 김귀주에게 보낸 편지 국립한글박물관 소장. 1786년에 정순왕후가 유배 중인 오빠 김귀주의 안부를 묻는 편지이다. 문효세자의 죽음으로 정조가 비통해하고 있다는 소식을 전하고 있다. 달리 오빠를 구할 방도가 없음을 안타까워하고 있다.

김홍욱의 후광이 기반이 되어 그 후손들은 명문가의 지위를 누렸다. 더욱이 부마와 왕비가 됨으로써 정치권력의 핵심으로 들어갈 기회를 얻기도 하였다. 물론 권력의 핵심에 있는 것은 긍정적인 측면보다 부정적 측면이 더욱 드러날 수도 있다. 특히 외척으로서 붕당 정치를 주도하거나 새로운 붕당을 만들면 부정적인 경향은 더욱 심하게 된다. 정순왕후가 왕비가 된 후에 그 일가의 정치적 행보 또한 예외가 아니다. 붕당 정치의 한복판에 서 있게 된 것이다.

고가세족의 대우를 받다

김홍욱의 후광으로 말미암아 그의 가문이 충청도의 사론을 대표하는 유력 가문이 되었다는 데는 이론의 여지가 없다고 생각한다. 그렇게 된 것은 김홍욱 사후에도 그의 행적을 찬양하고 높이려는 시도가 계속된 데 힘입은 바 크다.

김홍욱은 사후 '직신'으로 평가받았다. 그리고 그의 죽음은 동시대는 물론이고 후대에도 찬양의 대상이 되었다. 이를테면, 신천익(愼天翊, 1592~1661)은 김홍욱이 죽임을 당했을 때 한마디의 말도 없이 집으로 돌아갔다고 하여 비웃음의 대상이 되었다고 한다.[16] 진정한 사대부라면 김홍욱의 죽음에 대해 '억울하게 죽었다' 정도의 말을 해야 한다는 뜻으로 보인다. 김홍욱의 죽음에 대해 당시 여론이 어떠하였는지를 잘 보여주는 사례이다.

숙종도 김홍욱의 관직을 회복시킨 효종의 조치를 수긍하였다. 김홍욱이 역적을 비호한 사람이라면 억울함을 신원시키자는 신하들의 청이 있다고 해도 어찌 관직을 회복시킬 리가 있었겠냐면서 그의 무고함을 공개적으로 인정한 것이다.[17] 숙종은 김홍욱에 대한 이러한 인식을 계기로 김홍욱에게 제사를 지내게 하고 종손을 수록하라는 건의를 받아들였다.[18]

영조는 영의정 김상로(金尙魯, 1702~?)가 서산의 성암서원(聖巖書院)을 회

---

16 『현종개수실록』 권 5, 현종 2년 6월 26일 계묘 3번째 기사.
17 『숙종실록』 권 61, 숙종 44년 3월 25일 갑술 3번째 기사.
18 『숙종실록』 권 61, 숙종 44년 4월 14일 임진 3번째 기사.

성암서원 전경 김택모 제공. 충청남도 서산시 읍내동 소재. 충청남도 문화재자료 제205호 지정되었다. 1719년(숙종 45)에 건립되었다. 고려 때 문신 유숙과 조선조 김홍욱의 학문과 덕행을 기리기 위해 건립하여 두 분의 위패를 모셨다. 1721년(경종 1)에 '성암(聖巖)'의 사액이 내렸다. 1871년(고종 8)에 흥선대원군의 서원철폐령으로 훼철되었다가 1924년에 재건하였다.

복해 달라고 건의하자 수용하였다. 성암서원은 고려 때 문희공(文僖公) 유숙(柳淑, 1316~1368)과 조선의 문정공(文貞公) 김홍욱을 향사하는 곳이다. 1719년(숙종 45)에 창건하여 1721년(경종 원년)에 사액 서원이 되었다. 1741년(영조 17)에 사액하지 않은 서원을 철거할 때 착오로 섞여들어 갔다가 이 때 향사를 회복하였다.[19] 이러한 조치가 성사될 수 있었던 것은 정순왕후의 아비인 오흥부원군 김한구를 배려한 측면도 있다고 한다.

---

19 『영조실록』 권 96, 영조 36년 9월 7일 무신 2번째 기사.

정조는 호서와 영호남의 고가세족(故家世族)의 자손들에게 관직을 주려고 하였다. 정조는 "고가세족의 가문에서 태어나 선조의 교훈을 이행하고 선조의 발자취를 계승한 자들 가운데 어찌 벼슬할 만한 적임자가 없겠는가. 다만 보고되지 않아서 쓰지 못할 뿐이다."[20]라고 하였다. 면면히 흐르는 고가세족의 전통을 높이 평가하고 이들을 수용하겠다는 의지를 밝힌 것이다.

그리하여 정조는 영남과 호서, 호남의 고(故) 유신(儒臣)들을 직접 거명하였다. 이를테면, 호서에는 유계(兪棨, 1607~1664), 윤황(尹煌, 1571~1639), 김경여(金慶餘, 1596~1653)와 김홍욱을 직접 거명하면서, 이들 집 자손을 해당 도 관찰사가 찾아내서 아뢰도록 하교하였다.[21] 이처럼 김홍욱은 후대로 갈수록 직신(直臣)과 명유(名儒)로서의 입지를 확고히 하였고, 그의 가문도 고가세족으로 대우받았다.

---

20 『정조실록』 권 47, 정조 21년 12월 20일 을묘 2번째 기사.
21 영남에는 조위(曺偉, 1454~1503), 조식(曺植, 1501~1572), 정구(鄭逑, 1543~1620), 장현광(張顯光, 1554~1637)을 거명하였고, 호남에는 박상(朴祥, 1474~1530)과 기대승(奇大升, 1527~1572), 그리고 충신으로 고경명(高敬命, 1533~1592)과 김천일(金千鎰)을 거명하였다. 그리고 영남의 이언적(李彦迪, 1491~1553)과 이황(李滉, 1501~1570), 호서의 송시열(宋時烈, 1607~1689)과 송준길(宋浚吉, 1606~1672)은 사적에 있는 후손이 많아서 제외하였다.(『정조실록』 권 47, 정조 21년 12월 20일 을묘 2번째 기사).

탁월한 시인의 면모를 보이다

학주 김홍욱 평전

김홍욱은 삼사에서 언관과 간관으로 활동하며 언론과 시사의 확장에 힘썼다. 또한 민생에 큰 관심을 가지면서 경제 개혁안을 제시하는 등 경제 전문가의 면모도 발휘하였다. 이를 계기로 충청도 관찰사에 발탁되어 대동법 시행을 진두지휘하기도 하였다.

김홍욱은 관료로서 능력 못지않게 문학적 소양도 탁월하였고, 글씨도 명필이었다. 특히 그의 시인으로서 능력은 탁월하였다.

전통 시대에는 전업 시인이 따로 있는 것은 아니었다. 물론 중인들 가운데는 문학에 몰두하여 '중인 문학'이니, '여항 시인'이라 불리기도 하였다. 하지만 관료나 양반들도 시 짓는 모임인 '시사(詩社)'를 만들어 어울리거나 개별적으로 기회가 있을 때마다 시를 짓는 일이 다반사였다.

김홍욱도 가히 전업 시인으로 불려도 손색없을 만큼 많은 시를 지었다. 그의 문집에 수록된 시만 하여도 400편이 넘는다. 그는 벗과 어울리면서 여러 편의 주목할 만한 시를 쓰기도 하였지만, 주로 공무 출장 중에 많은 시를 남겼다. 요컨대 그는 공무로 여러 지역을 다니면서 여행지의 풍경과 시속을 자신의 심경과 함께 시로 즐겨 표현하였다.

김홍욱은 관료였기 때문에 그의 여정 대부분은 공무 출장이다. 지금식으로 말하면, 주로 공무로 지방 출장 중에 들렀던 곳에서 시를 지었다. 그는 주로 본인이 들른 곳의 풍경을 서정적으로 묘사하였다. 또한 본인의 심경이나 느낌을 담담하게 시로 읊었다. 이제 그의 시에 나타난 특징들을 구체적으로 파악해 보기로 한다.[01]

---

01 다음에 수록한 김홍욱의 시들은 『국역 학주김홍욱선생문집』에서 번역문과 원문을 인용하였다. 또한 필요한 경우 단어나 문장해설을 위한 각주의 내용도 함께 인용하였다.

공무 여행 중에 시간을 내어
자연을 노래하고, 풍속을 읽다

　시의 본질은 자연을 보고 느끼는 바를 아름다운 언어로 표현한 것이 아닐까 한다. 그리고 이러한 시는 형식과 내용에 따라 다양하게 나눌 수 있다. 그 가운데 자연을 노래한 서정시는 그만큼 사람들에게 감동과 편안함을 준다. 그러므로 서정시는 누구나 거부감 없이 받아들일 수 있는 것이다. 그리고 이러한 서정시에는 시인의 감성이 짙게 투영된 경우도 다반사다.

　김홍욱은 그가 지나는 곳곳에서 시와 함께했다고 말할 정도로 곳곳을 지날 때마다 시를 남겼다. 그리고 이러한 그의 시에는 자연을 보면서 그 자체의 아름다움과 때로는 보고 느낀 소회를 읊은 서정적 운치가 짙게 녹아 있다.

　한강은 수도 한양의 군사 요충지요, 경제적으로 물산의 집결지이다. 정치, 사회적으로는 한양을 상징한다. 더욱이 그 끝없는 물줄기와 아름다운 주변 경관은 예나 지금이나 사람들의 감탄을 자아내게 한다. 그러므로 조선의 사대부라면 한강에서 또는 한강을 바라보며 시 한 편 읊어야 풍류를 안다고 하지 않겠는가. 김홍욱이 한강을 읊은 오언시와 칠언시를 보기로 하자.

한강에서 　　　　　　　　　　　　　　　　　　　漢江

서리 맑으니 하늘 씻은 듯하고, 　　　　　　　　霜淨天如洗
긴 강물 바닥이 보이도록 맑네. 　　　　　　　　長江見底淸
산은 맑고 구름 기운 엷은데, 　　　　　　　　　山晴雲氣薄
흰 모래는 석양에 밝구나. 　　　　　　　　　　沙白夕陽明
떠나보내는 사람의 애처로운 뜻이요, 　　　　　惨惨離人意
멀리 갈 손의 불안한 마음일세. 　　　　　　　　棲棲遠客情
동래가 어느 곳인가. 　　　　　　　　　　　　　東萊在何處
돌아갈 길 헤아릴 수 없네. 　　　　　　　　　　不堪計歸程

한강에서 배 타고 노량에서 내리다 　　　　漢江泛舟下鷺梁

봄 강물 가득 흐르고 푸른 물결 맑은데, 　　春江泔滑綠波淸
방초에 끼인 연기 언덕에 닿아 평평하네. 　芳草和煙接岸平
푸른 벽의 꽃은 천상에 핀 듯하고, 　　　　翠壁花如天上發
하늘이 밝으니 배는 거울 속에서 가더라. 　空明舟在鏡中行

위 두 편의 시는 한강을 배경으로 지었다, 김홍욱은 경상도 경차관[02]이라는 막중한 임무를 부여받았다. 먼 출장길에 집을 나서기 위해서는 맨 먼저 한강을 건너야 한다. 이곳에서 지방으로 출장을 떠나는 관리들을 위한 전별연이 종종 열기기도 하였다. 이를테면, 한강가 제천정(濟川亭)은 지

한강 노량진   고려대학교 박물관 제공. 18세기 장시흥(張始興)이 그린 노량진 그림으로 용산 쪽에서 한강 건너의 노량진 일대를 바라보고 그린 그림이다. 10여 척의 나룻배가 노량진 앞에 늘어서 있고, 많은 사람을 태운 배도 보인다. 분주한 나루터의 정경을 잘 보여 준다.

---

02   김홍욱은 1640년 8월에 경상도 경차관이 되었다.

방으로 떠나는 관리들을 위한 전별연이 자주 열리던 곳이다.

　김홍욱은 이제 배웅나온 가족, 친지들과 헤어져 한강을 건너 멀고 먼 길을 나서야 한다. 김홍욱은 노정의 첫걸음으로 한강에 들어선 것이다. 그리고 '한강'이라는 시와 함께 여정을 시작하였다. 이 시에서 지금은 상상하기 어렵겠지만, 강물 바닥이 훤히 보이는 맑디 맑은 한강의 모습을 서정적으로 멋지게 묘사하고 있다.

　「한강에서 배 타고 노량에서 내리다」는 한강에서 뱃놀이하다가 노량에서 내렸는지, 아니면 공무로 배를 건너 노량진 나루터에서 내린 건지는 알 수 없다. 다만, 이 시는 '푸른 벽의 꽃은 천상에 핀 듯하고', '배는 거울 속을 간다.'라는 표현에서 보듯이, 김홍욱 서정시의 진수를 보는 듯하다.

　이번에는 김홍욱이 강원도 어사에 임명되어서[03] 민정을 살피러 나선 길에 자연을 읊은 오언시 두 편을 보기로 한다.

　　대관령을 넘으며　　　　　　　　　　　　　　　　踰大關嶺

　　내달림에 험한 길이 대수런가.　　　　　　　　　驅馳凌險阻
　　가는 길 말에게 맡겼다네.　　　　　　　　　　　鞍馬任西東
　　큰 재는 천첩 산 밖에 있고,　　　　　　　　　　大嶺千山外
　　높은 가을 하늘 팔월이라네.　　　　　　　　　　高秋八月中
　　호숫가 마을에 나무 아직 푸르고,　　　　　　　湖村猶碧樹
　　산속 좁은 길엔 이미 단풍이 들었네.　　　　　　峽路已丹楓

03　김홍욱은 1637년 강원도 어사에 임명되었다.

대관령 옛길 일부 고려시대와 조선시대 이래 영동과 영서를 잇는 교역로이자 교통로로서 영동지역민에게는 관문이자 강릉의 진산이다. 옛길의 원형이 잘 보존되어 있다. ©문화재청

임영관(臨瀛館)04 돌아보니,	回首臨瀛館
신선놀음은 하나의 꿈이었네.	仙遊一夢空

방림역을 떠나며	發芳林驛

안개 걷힌 봉우리는 깨끗하고,	霧罷峯巒淨
단풍 숲은 비단을 둘렀네.	楓林錦繡圍

---

04 고려 때 창건된 강릉대도호부 관아의 부속 건물이다. 객사문(국보)에 공민왕이 쓴 '임영관'
    이란 현판이 걸려 있다.

먼 들녘 날씨는 차갑고,	遠郊淒日氣
깊은 곳에 짙은 서리 내렸네.	深谷暗霜霏
수역촌의 인가는 적고,	水驛村家少
산전의 가을걷이도 끝이 났네.	山田穡事微
가을 감회 곧 흔들리고,	秋懷正搖落
나의 행색 도리어 외로워지네.	行色轉依依

강원도 어사 김홍욱은 강릉을 떠나서 높디높은 관동 제일의 고개인 대관령을 넘으면서 시 한 수 남기지 않을 수 없었다. 음력 팔월 아직 산 아래는 푸르고 산 정상은 단풍이 물들기 시작하는 계절이다. 그리하여 "호숫가 마을은 아직 푸르르고 산속 좁은 길엔 단풍이라네"라는 대비된 표현이 잘 어울린다.

그리고 대관령 인근의 방림역을 떠날 때는 이제 가을이 무르익어 날씨가 차갑고 서리까지 내려서 가을걷이도 모두 끝난 늦가을의 풍경을 고스란히 시로 보여주고 있다.

이들 시를 찬찬히 읽어가면 한 폭의 수채화를 보는 듯한 착각에 빠질 정도로 풍경이 그림이 되어 눈앞에 떠오른다. 김홍욱은 시로써 자연의 서정적 아름다움을 표현하였다. 그의 시는 캔버스에 그린 수채화 그림을 떠오르게 하는 시각적 효과까지 곁들이고 있다. 김홍욱이 공무 여행 중에 지은 시는 이처럼 서정시가 대다수다. 공무 여행 중에 보이는 대로 느끼는 대로 시를 지었다.

김홍욱은 영남에 경차관(敬差官)으로 파견되었을 때 오고 가면서 여러 편의 서정시를 지었다.

불국사 청운교와 백운교 전경　경상북도 경주시 소재. 751년(경덕왕 10) 통일신라 때 김대성의 발원으로 창건 또는 중창했다고 알려진 한국의 대표적 사찰로, 사적 502호다. 528년(법흥왕 15)에 법흥왕의 어머니가 창건했다는 설도 있다. 국보인 석가탑과 다보탑을 비롯한 많은 전각과 건축물이 있다. ©불국사

불국사로 향하는 길에서	向佛國寺道中

함월산 앞 큰 바다 동쪽에,	含月山前大海東
달리는 행색 바쁘기만 하네.	驅馳行色太悤悤
평지 숲 막막한데 서리 기운 어리고,	平林漠漠凝霜氣
넓은 들 쓸쓸한데 삭풍이 일어나네.	曠野蕭蕭起朔風
신라의 원릉 가을 풀 속에 있고,	羅代園陵秋艸裏
사찰 전각은 석양 가운데 있네.	梵王臺殿夕陽中
천년 흥망의 한은 다함이 없는데,	千年不盡興亡恨
먼 하늘 바라보니 기러기만 날고 있네.	回首長天印塞鴻

울산 길에서   蔚山道中

여행에 장기와 역질이 있는 고장 꺼리나니,   行役仍愁瘴癘鄉

남쪽으로 오니 풍토가 덥고 추운 것이 다르네.   南來風土異炎涼

맑은 해도에는 늘 비를 기다리고   天晴海島常看雨

가을이 지난 강관에는 아직 서리가 내리지 않았네.   秋盡江關尙未霜

십리 긴 대숲은 고을의 성곽을 이었고,   十里脩篁連郡郭

천림의 붉은 감은 시골 전장 비추네.   千林紅柿映村庄

이번 가면 앞길 어느 때나 다할꼬.   前程此去何時已

평해 길에서   平海道中

산과 바다 동쪽의 지세는 깊은데,   山海東邊地勢窮

늘 연기와 안개에 낮에도 침침하다네.   常時煙霧晝冥濛

사투리 익히 들었으나 말을 알아듣기 어렵고,   慣廳蠻語聲難辨

바람과 파도 언제나 요란스러워 귀먹은 듯 싶다네.   長括風濤耳欲聾

여 상인 소금이고 저자로 나아가고,   常女負鹽來市上

고기 잡는 사람 전복 따러 파도 속으로 들어가네.   漁人採鰒沒波中

가련타 흉년에 모두 유민이 되어   可憐荒歲流民盡

곳곳의 외로운 마을 반이 비어 있네.   處處孤村一半空

불국사로 향하는 길에서, 울산 길에서, 그리고 평해 길에서 모두 풍경을 바라보며 서정적인 시어로 자신의 감정을 표현하였다. 늦가을의 경주와 울산, 그리고 평해의 서정적 풍경이 그림 같이 펼쳐진 것 같다.

그리고 시의 끝에서는 '천년 흥망의 한', '앞길 어느 때나 다할꼬', '가련타 흉년에 모두 유민이 되어'와 같은 표현 또한 흉년으로 인해 백성들이 겪고 있는 심각한 현실에 대한 안타까운 마음을 내보이고 있다. 그는 자신이 백성의 삶을 살피는 경차관이라는 사실을 자각하고 있다.

서정적인 시 이면에는 세련된 시어를 통하여 자신의 소회를 밝히는 것도 잊지 않았다. 그리고 '울산의 십리 긴 대숲'이 이때에도 유명세를 치르고 있었음을 알 수 있다.

이처럼 그의 시를 읽으면 그곳의 정취를 느끼게 하는, 한 폭의 그림을 떠올리게 하는 감수성 짙은 서정적인 아름다움을 느낄 수 있다. 이는 작가의 시 창작 능력이 탁월함을 뜻한다.

김홍욱의 시는 대부분 공무 여행 과정에서 창작한 것들이다. 그러므로 김홍욱의 서정시를 통해서도 그가 지나갔던 여러 지역의 풍속이나 당시의 시대상과 사회상을 읽을 수 있다.

이러한 시들은 김홍욱이 어사가 되어 관서 지방, 즉 평안도에 갔을 때[05] 지은 여러 편의 시에서도 다르지 않다.

이산 우령의 촌가에 묵으며	宿理山牛嶺村家

| 섣달에 강가 고을에 이르니, | 臘月緣江郡 |
| 산길에 눈이 한 발이나 쌓였네. | 山蹊丈雪心 |

---

05 김홍욱은 1649년에 평안도 어사에 임명되었다.

오랑캐 풍습은 농사 경시하거니와,	蠻風輕本業
오랑캐 식구들은 인삼을 채취하네.	蜑戶採人蔘
외지 읍이라 다스리기 어려운 것도 아닌데,	僻邑非難理
탐관오리들이 마음을 다하지 아니하네.	貪官不盡心
여우 너구리야 무엇을 물을까.	狐狸安足問
승냥이 호랑이가 날마다 침입해온다네.	豺虎日相侵

김홍욱은 평안도의 외딴 이산의 우령에 있는 촌가에 묵었다. 이곳은 원래 여진족이 살던 곳으로 중국과 국경을 접한 심심산골이다. 그러므로 이곳에 사는 주민들은 농사를 지을 평야가 없어 인삼을 채취하여 생계를 유지하였다.

국경지대에서는 조선과 청나라 사이에 채삼(採蔘) 사건이 자주 발생하였다. 이후 채삼 문제는 숙종 때에 조선과 청나라 간에 중요 외교 문제가 되곤 하였다. 이런 분위기는 김홍욱의 시를 통해서도 이해할 수 있다.

그리고 이 지역은 서울에서 멀리 떨어져 있어서 중앙 정부의 감시와 감독이 쉽게 미칠 수 없었다. 그러므로 김홍욱의 시를 통해서도 이러한 변방의 수령들은 민심을 제대로 돌보지 아니하고 탐학을 일삼고 있었음을 알 수 있다. 승냥이나 호랑이 같은 탐관오리들이 백성들을 괴롭힌 것이다.

다음 시 두 편에는 탐관오리의 행태가 적나라하게 나타나 있다.

위원군	渭原郡

기이한 재화가 도리어 빌미가 되어,	奇貨飜成崇

강 연안 일곱 마을이 텅 비었네.	沿江七邑空
인삼은 독초가 되고,	人蔘爲毒草
담비 가죽은 요망한 짐승이 되었네.	貂鼠是妖蟲
가렴주구에 백성은 거의 남지 않았거늘,	割剝生靈盡
거듭된 승진에 작록은 융숭하네.	超陞爵祿崇
아대부 팽형된 것은 오직 너의 죄라며,[06]	烹阿惟罪汝
총명한 말은 그저 바람 향해 울어대네.	驄馬謾嘶風

　　이같이 탐관오리의 가렴주구에 변방의 백성들이 겪는 고역을 적나라 하게 묘사하였다. 백성들은 인삼이나 담비 가죽과 같은 진귀한 기물을 채취하거나 확보하여도 탐관오리에게 다 빼앗겼다. 그러니 백성들은 고통만 더 할 뿐이었다. 반면에 탐관오리들은 고관들에게 뇌물을 바쳐서 승진하고 호의호식하였다. 김홍욱은 이런 세태를 한탄하고 비판한 것이다.

강변군	江邊郡

주나라 왕의 교화는 멀리까지 미치는 것이고,	急遠周王化

06　전국시대 제(齊) 위왕(威王)이 즉위한 지 9년만에 아대부를 불러서 이를기를, "그대가 아 땅을 다스리면서부터 그대를 칭찬하는 말이 계속 들려왔다. 그리하여 사람을 시켜 아 땅을 살펴보게 하였다. 그 결과 농지가 개척되지 않고 백성이 빈곤하였으며, 전에 조(趙)가 견 (甄) 땅을 공격할 때 그대가 견 땅을 구호하지 못하였고, 위(衛)가 설릉(薛陵)을 침탈할 때 그대는 알지도 못하였다. 이는 그대가 내 주변 사람을 후한 폐백으로 모셔 명예를 요구한 것이다."라고 하였다. 그리하여 아대부에게 팽형을 내리고, 이전에 아대부를 칭찬한 사람 까지 팽형을 내렸다는 고사이다(『사기』, 「전경중세가(田敬仲世家)」).

한나라 황제의 걱정은 변방의 방어이거늘.	防邊漢帝憂
인심은 일찍이 함몰돼 있고.	人心曾陷溺
관리는 지극히 가렴주구 일삼네.	官吏極誅求
산골짜기엔 인삼과 담비가 없는데.	山谷貂蔘盡
조정엔 관직과 녹이 넘쳐나네.	朝庭爵祿優
아대부 같은 수령을 앞서 칭찬한 자를 팽형에 처해.	烹阿先譽者
탁류를 밀치고 청파를 일게 함이 좋은 계책이리라.	激濁是良籌

위의 시 「강변군」에서도 관리의 탐학을 비난하였다. 관료의 가렴주구로 산골에는 이미 인삼과 담비가 다 소진되었다는 것이다. 반면에 수령들이 조정 관료에게 뇌물을 바친 덕에 조정에는 관직과 녹이 넘쳐난다고 풍자하였다. 그러므로 김홍욱은 흐린 물결을 밀어내고 푸른 파도를 일어나게 하는 것이 계책이라면서, 이른바 조선의 '정풍운동'을 염두에 두기도 하였다.

오랜 여정에 지친 김홍욱은 스스로 심사를 달래가며 여정을 계속하였으나, 산골에서의 외로움을 달래기는 쉽지 않았던 듯하다. 더욱이 다음의 시에서처럼 호랑이 소리까지 들렸으니 그의 마음은 뒤숭숭하였을 것이다.

호랑이 으르렁거리는 소리를 듣고 촌가에 들며	聞虎吼投村家

사당 언덕엔 고목이 총총하고.	古木叢祠畔
빈산엔 시냇물 졸졸 흐르네.	空山澗水濱
숲이 깊어 맹호가 많으니.	林深多猛虎

해 저물면 길 가는 사람 끊기네.	日暮斷行人
투숙하러 마을을 급히 찾으며,	投宿尋村急
놀라고 의심스러워 말 채찍 잦다.	驚疑策馬頻
아이를 불러 문을 꼭 잠그라고 하고,	呼童堅閉戶
새벽이 올 때까지 조용히 앉아 있다.	默坐到明晨

이 지역은 첩첩산중의 산골이라서 인가도 적고 호랑이가 자주 출몰하여 거리에는 인적이 일찍 끊긴다. 김홍욱은 이곳을 지나다가 호랑이 소리를 듣고 깜짝 놀라서 말을 달려 마을을 찾아 숙소를 정하고는 문을 꼭 닫게 하고 앉아서 밤샌 경험을 시로 표현하였다.

서울에 사는 중앙 관료의 눈에 비친 서북지방 산골 모습이 이채롭다. 관서의 산골을 여행하는 김홍욱은 외로움에 빠지지 않을 수 없었다. 김홍욱의 나그네로서 외로운 심정은 다음의 시들에 더욱 잘 나타나 있다.

| 밤에 나그네의 심사를 적다 | 旅夕言懷 |

무릇 사람의 재능과 지혜는 각기 달라서,	凡人才智各殊稱
크고 작음은 본래 백만 층이라.	巨細由來百萬層
쥐를 잡는데 천리마가 필요 없듯,	捕鼠無煩千里驥
닭을 모는데 어찌 가을 매를 쓰랴.	毆鷄安用九秋鷹
나랏일 계획하는데 내 어찌 참여하리,	經綸籌策吾何與
길을 내닫고 싶어도 병든 몸이라.	道路驅馳病未能
그래서 바라는 건 관직 그만두고 돌아가,	秪有休官歸去得
고향의 바람과 달을 친구 삼고 싶구나.	故山風月是親朋

객지에서 곧 다가올 새해를 탄식하다   客中歎歲將至

나그네 달이 차고 기우는 것을 깜짝 놀라 보거니와,   客中驚見月盈虧
더구나 타향에서 새해가 다가오는구나.   況復他鄉近歲時
한북으로 돌아갈 마음 해 아래 달려 있고,   漢北歸心懸日下
관서의 길은 하늘 끝까지 어어지네.   關西行路極天涯
얼음 언 큰 물가에 교룡이 잠자고,   氷堅大澤蛟龍蟄
눈 쌓인 빈산에는 호랑이 표범이 굶주렸네.   雪滿空山虎豹飢
오십 나이 이미 늦었음을 한탄하거니와,   五十今年嗟已晚
일생의 초부를 누가 알아주리.   一生襟抱有誰知

객지의 제야에 2수   客中除夕 二疊

희미한 등불 쓸쓸한 객관에 사람 하나 없나니,   殘燈孤館悄無人
가만히 생각하니 지나온 삶이 어느덧 흘러가 버렸네.   默念平生咄咄頻
긴긴밤 잠 못 이루며 그대로 수세를 하였거니와,   永夜不眠仍守歲
타향의 나그네로 다시 봄을 맞았구나.   他鄉爲客又逢春
공명과 부귀는 내 일이 아니거니와,   功名富貴非吾事
기구한 이력 겪은 이 몸이 우습구나.   歷落嶔崎笑此身
마음 아플 때마다 눈물을 참았으나,   到處傷心能制淚
오늘 밤은 어쩔 수 없이 수건을 적시려 하누나.   巨然今夕欲沾巾

서관 천 리 먼 길을 떠난 사람이,	西關千里遠征人
병든 몸으로 지체하는 일이 너무 잦구나.	抱病淹留亦太頻
이미 지난 발길이 여러 달 지난 줄 알지만,	已覺吾行經累月
문득 내일이면 새봄이라는데 놀란다.	忽驚明日遇新春
구름산은 고향 돌아가는 꿈을 막지 못하지만,	雲山不隔還鄕夢
갈림길에서 공연히 나라에 허락한 몸이란게 부끄럽구나.	岐路空慚許國身
대장부 마음은 더욱 씩씩해야 하리니,	大丈夫心當益壯
아녀자처럼 수건에 눈물을 적셔서야 되겠는가.	肯同兒女涕盈巾

김홍욱은 여정이 계속되다 보니 심사가 울적할 때도 적지 않았을 것이다. 그리하여 바람 소리와 짐승의 우는 소리밖에 들을 수 없는 산골에서 밤에 홀로 누우면 벼슬을 내려놓고 시골에 내려가서 허허롭게 사는 생각에 빠지게 되었던 것 같다.

더욱이 북방 객지에서 한 해를 보내고 새해를 맞이하는 심정이 오죽했으랴. 그리하여 김홍욱도 마음이 아플 때마다 눈물을 참았으나 오늘 밤은 어쩔 수 없이 수건을 적시지 않을 수 없었다면서 감상에 젖어서 속마음을 드러내었다.

그러나 그는 나라에 몸을 허락한 대장부, 즉 조선의 관료로서 씩씩하지 않을 수 없었고, 눈물을 적시며 감상에만 빠져 있을 수 없었다. 그리하여 날이 밝으면 다시 발걸음을 재촉하면서 마음을 다잡곤 하였던 것 같다.

나라를 걱정하는 안타까운 마음을
시로 표현하다

김홍욱의 시는 여정 중에 접한 풍경과 정취를 묘사한 서정시가 대부분이지만, 그 가운데는 관료로서 나라를 걱정하는 우국의 마음을 읊은 시들도 적지 않다. 특히 서북의 여러 지역을 지나면서 청나라의 침략으로 폐허가 된 곳을 안타까운 마음과 시선으로 바라보고 있다.

소아파보를 지나며	過小兒坡堡

초각이 강가에 임해 있어,	草閣臨江岸
의연한 처사의 집이구나.	依然處士家
파리한 병사는 적을 만날까 걱정이고,	羸兵愁見敵
쇠잔한 보루는 젓대 소리에 피폐해져 있다.	殘壘廢鳴笳
요새의 해는 산 그림자에 흐리고,	塞日霾山影
변방의 바람은 자갈 모래 휘몬다.	邊風走磧沙
손님 맞이하는 고사가 있어,	迎賓有故事

그나마 수레를 바꿔 탈 수 있겠구나.　　　　　　　　　　　猶得遞行車

서쪽 변방에서　　　　　　　　　　　　　　　　　　　　　西塞謾吟

옛날 동한의 성스러운 임금 시절에는,　　　　　　　　億昔東韓際聖明

오랑캐가 어찌 변방에 근접이나 했으랴.　　　　　　胡兒安得近邊行

군사가 주둔한 곳은 모두 강 언덕에 임해 있고,　　屯兵處處臨江岸

곡식을 거두느라 해마다 해평에 이르렀네.　　　　伐穀年年到海坪

직첩은 멀리 귀화한 부족에게 반포했고,　　　　　職帖遙頒歸化部

관문에는 높이 수항성을 쌓았네.　　　　　　　　關門高築受降城

지금은 스스로 지킬 계책이 없으니,　　　　　　　如今自守還無策

검을 차고 서쪽에 왔으나 마음 편치 않네.　　　　按劍西來氣不平

　김홍욱은 변경의 소아파보를 지나갔다. 군사는 파리하고 이미 피폐해진 보루는 군사 시설이라고 말할 수 있는 형편이 아니었다. 병자호란 이전에도 변경의 국방체계가 보잘것없었지만, 전란 이후 변경의 국방은 더 말할 나위가 없었다.

　「소아파보를 지나며」에는 이곳을 지나며 느낀 쇠잔한 풍경이 변경의 쓸쓸한 모습과 겹쳐서 나타난다. 이에 김홍욱이 자신의 심정을 한 편의 시로 표현한 것이다. 여기서 말하는 '초각'도 처사의 집이 아닌 아마도 보루를 지키는 초소일지도 모른다. 병사들이 머물러야 할 초소를 처사가 머무르는 의연한 집이라고 표현하는 김홍욱의 심정을 헤아릴 수 있을 것 같다.

「서쪽 변방에서」도 마찬가지이다. 예전에 강성했던 조선왕조가 청나라의 침략으로 항복까지 한 최악의 상황을 안타까워하며 "지금은 지킬 계책이 없으니, 검을 차고 서쪽에 왔으나 마음이 편치 않네"라고 비탄의 심경을 토로하였다. 그는 초급 관료로서 남한산성에서 직접 청나라 군대와 대적했던 경험이 있었으므로 서쪽 변방을 바라보는 심정이 더욱 안쓰러웠을 것이다.

김홍욱은 천 리 타향의 여정 중 외로움과 그리움 속에서도 나라의 녹을 먹고 있는 관료로서 자신의 의지를 단단히 하는 시를 지어 마음을 다잡곤 하였다.

다음의 「밤에 나그네의 심회를 적다⁽3수⁾」는 굳세게 관료의 길을 가려는 김홍욱의 의지를 잘 보여준다.

밤에 나그네의 심회를 적다   客夜言懷

고삐 잡은 말쑥한 한나라 신하도 아니거니와,   攬轡澄清異漢臣

잡초 사이 미복한 자 그 누구인가.   草間微服是何人

용을 잡는 기교로 시의에 관한 계책을 바쳤고,   屠龍已獻關時策

뛰는 말보다 강한 임금에 보답할 몸이라네.   躍馬猶强報主身

감히 험난함 헤치는 이 길을 싫어하리,   敢憚此行凌險阻

내 가는 길은 나랏일 경영하는 데 있거늘.   爲緣吾道在經綸

남아의 웅장한 뜻 결국 펼쳐야 하려니,   男兒壯志終當展

가만히 풍운의 새로운 때를 기다리네.   佇待風雲際會新

| 밤에 나그네 심회를 적다 2번째 | 客夜言懷 其二 |

험난과 고난을 실컷 겪었으나,	險阻艱難亦飽更
장부가 어찌 공명만을 위한 것이랴.	丈夫奚但爲功名
가슴에는 오패 삼왕의 책략을 품고,[07]	胸藏伍伯三王略
천산 만수의 여정을 걷고 걸었네.	脚踏千山萬水程
영척은 마음 있어 백석을 읊었거늘,[08]	審戚有心吟白石
백순은 복이 없어 창생으로 지내었네.[09]	伯淳無福係蒼生
새해가 가까운데 돌아갈 날 멀기만 하니,	新年漸近歸期遠
이에 이르러 인정은 절로 불평하리라.	到此人情自不平

| 밤에 나그네 심회를 적다 3번째 | 客夜言懷 其三 |

| 졸렬하여 총애의 은혜에 보답할 길 없으니, | 蹇劣無由答寵靈 |

---

07 오패(伍伯)는 춘추시대 맹주로 활약한 다섯 군주를 가리킨다. 제환공(齊桓公), 진문공(晉文公), 초장왕(楚莊王), 오합려(吳闔閭), 월구천(越句踐)이다. 오합려와 월구천 대신 진목공(晉穆公)과 송양공(宋襄公)을 꼽기도 한다.

08 『삼제약기(三齊略記)』에 나오는 고사다. 제환공(齊桓公)이 밤에 집 근처에 나갔는데 영척이 자기 소의 뿔을 자주 두드리며, "깨끗한 남산(南山)이여, 밝은 백석(白石)이로다. 요임금 순임금의 세상에 태어나지 못함이여. 짧은 베옷은 정강이뼈만 닿는구나. 저물 때부터 한밤중까지 소를 기름이여, 길고 긴 이 밤 언제 아침이 올까."라고 읊자, 제환공이 그를 불러서 대부로 삼겠다고 하였다.

09 송나라 성리학자 정호(程顥)의 자이다. 송 신종 때 왕안석(王安石)과 개혁을 주장하다가 구당파의 반대로 무산되었다. 이후 평범한 백성으로 살았다.

감히 이 몸이 중한 조정에 있다고 말하리오.	敢言身在中朝庭
시대를 걱정하느라 백발에 서리 눈 가득하고,	憂時白髮繁霜雪
나라에 허락한 단심은 해와 별처럼 빛나네.	許國丹心炳日星
옥 밑에서 누가 북두 사이 자기를 점치랴.	獄底誰占斗間紫
사람 중에도 보라매 같은 이 있거늘.	人中亦有海東青
하릴없이 힘을 다했으나 결국 무슨 보탬이 있으랴,	虛殫筋力終何補
큰 정자 작은 정자를 모두 지나온다 해도.	歷盡長亭與短亭

위의 「밤에 나그네의 심회를 적다(3수)」는 김홍욱이 조정 관료로서 신념과 함께 나라와 임금, 그리고 백성을 위해 최선을 다하겠다는 결의에 찬 의지를 표명하였다.

이를테면, 첫 번째 시에서 그는 나랏일을 경영하기 위한 웅장한 뜻을 펼치기 위해 가만히 풍운의 때를 기다리고 있다고 하였다. 남아로서의 기개 넘치는 결의를 표명하고 있다. 그리하여 그는 두 번째 시에서 말한 것처럼, 가슴에 오패와 삼왕의 책략을 품고, 천산 만수의 힘든 여정을 마다하지 않고 나가려고 하는 것이다.

그러면서도 그는 스스로 자질과 능력에 대한 고민과 갈등의 내적 심정을 표현하였다. 이를테면, 세 번째 시에서 "사람 중에도 보라매가 있거늘, 하릴없이 힘을 다했으나 결국 무슨 보탬이 있으랴"라고 한 표현은 본인의 능력에 대한 의문의 표시로 보인다. 그러나 김홍욱이 말하고 싶은 속뜻은 자신이 보라매로서 큰 뜻을 품고 나라의 경영에 참여하겠다는 강력한 의지의 반어적 표현이다.

오랑캐에 항복한 후의 의분[10]

포악한 군사 함성 남쪽 나라 소탕하니	熊虎軍聲蕩南紀
장군은 병사들과 방어책이 없어졌네.	將軍不兵行御策
어찌해 이같이 외로운 성은 세력을 다하고,	奈此孤城勢已矣
온몸이 뒤집힌 듯 범 입안에 떨어졌나.	翻身忽墮虎口中

우뚝선 군대 앞에 의기로움 없으니,	屹立軍前義不在
망연히 의욕 잃고 하나 같이 항복이라.	茫失意欲一言降
담력 큰 가슴 속에 죽음의 화살 박혔으니,	斗膽胸中之死矢
죽음을 바라보며 차분하게 갈무리라.	凝然視死有歸如

태도를 다 잡아서 두려움 없이 감당하니,	正色寧怕當堪几
남아의 삶과 죽음에는 무겁고 가벼움이 있음이랴.	男兒生死有輕重
불의로 욕되게 산다한들 살아도 곧 죽음이니,	不義偸生生亦死
지휘부 성에서는 대항조차 않는구나.	專城旣不抗兵峰

이날의 위기에는 오로지 죽음뿐이니,	此日臨危惟死耳
이제야 늠름함과 냉철함을 알겠노라.	方知凜凜雪霜探
바르고 평화롭게 웃음 띠며 말하나니,	正在熙熙言笑裏

---

10 이 시는 김홍욱의 14대 종손인 김택모씨가 소장하고 있는 미공개 자료로, 문집에는 실려
   있지 않다.

정기는 번쩍이며 눈초리를 부릅뜬다.   精究閃爍目眦裂

머리카락 곤두서서 관을 들고 일어나며,   壯髮衝冠皆上指
긴 무지개 허공에 뻗친 기운 맹렬하다.   長虹半空猛氣橫
한낮 만 리에 슬픈 바람 일어나니,   白日萬里悲風起
푸른 성 바라보는 처사의 마음이라.   靑城延頸處士心

오랑캐 조정의 포로들은 고향 그리워하고,   北庭降虜蘇鄕恥
고명한 인물은 청사에 비추리라.   高名合沓照靑偏
절조 드높으나 나라 운이 기우나니,   壯節崢嶸傾玉壘
이제는 천년 간을 무슨 일로 웃으리오.   我今千載笑何事
가소롭다 분분한 매국노들.   却笑紛紛賣賊子

이 시는 아마도 조선 조정이 남한산성에서의 항전 끝에 청나라에 항복한 후 김홍욱이 의분을 누르지 못해 지은 시로 보인다.

조선군은 남한산성을 지키고 있으면서도 청나라 군대의 무력에 압도되어서 전투 한 번 제대로 치르지 못하였다. 결국 수치스러운 의식을 치르면서 항복할 수밖에 없었다. 이때 김홍욱은 척화파의 신진 관료로서 남한산성에서 임금을 호종하며 청나라에 대한 강경론을 주장하고 있었다. '남아로서의 의기'를 떨치려 하였으나, 대세는 기울어 전쟁은 결국 항복으로 끝이 나고 말았다.

이제 '오랑캐'에게 항복한 조선 조정을 바라봐야 하는 김홍욱의 심정은 '살아도 살아있는 것이 아닌 것'처럼 허탈하였다. 그렇다고 마냥 손 놓고 허망한 마음만을 달랠 수도 없었다. 그러나 문득문득 항복한 나라를 생각하니 의분을 이길 수 없어 시를 지어 마음을 달래고 의지를 다잡으려 한 것이 아닐까 한다.

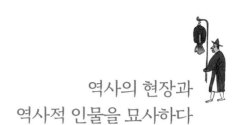

역사의 현장과
역사적 인물을 묘사하다

김홍욱의 시에는 역사적 인물이나 역사적으로 의미 있는 곳에 대한 소회가 표현되어 있다. 그의 시를 통해 역사적 사실을 환기해 볼 수 있는 것이다. 이뿐만 아니라 김홍욱은 역사적 인물들에 대한 나름의 평가도 하고 있어 독자의 흥미를 끈다.

직산의 위례성에서 옛일을 생각하며	稷山慰禮城懷古
어느 해 백제는 이를 경영했었나,	何年百濟此經營
쓸쓸한 터에 초목만이 가지런함을 볼 수 있네.	惟見丘墟草木平
천고의 흥망에 하늘도 늙었고,	千古興亡天已老
셋으로 나뉜 형세에 달이 헛되이 밝네.	三分形勢月空明

강물은 사산군11을 안고 돌고,　　　　　　　　　　河流曲抱蛇山郡

들 정경 위례성 가득히 서려 있네.　　　　　　　　野色橫蟠慰禮城

영령에 위문하려 하나 물을 곳 없고,　　　　　　　欲弔英靈無可問

검의 노래 흐느끼매 홀로이 가슴 쓰리네.　　　　　劍歌嗚咽獨傷情

목천현의 옛일을 생각하며　　　　　　　　　　　木川縣懷古

고려왕의 큰 지략 우리나라를 통합하였나니,　　　麗王宏略合吾東

다섯 성의 내림은 공정치 못하였네.　　　　　　　五姓之稱亦不公

제후들 다투어 한나라로 돌아갔으나,　　　　　　玉帛爭歸漢天下

거문고 소리 그래도 노성에서 들리네.　　　　　　弦歌猶在魯城中

산과 내 높고 길어 영기를 머금었고,　　　　　　山川鬱崒埋英氣

사람과 재물 순박하고 풍부하면서 고풍이 있다네.　民物淳厖有古風

지난날 상을 주고 벌을 내린 뜻을 알 수 있는데,　看取向來褒貶意

전조에 오직 정문충12 한사람 뿐이라네.　　　　　前朝惟一鄭文忠

*고려 태조 창업 초기에 목천의 다섯 성씨가 섬기던 이에게 충성을 다해 무릎을 꿇지 않았
다. 고려 태조가 평정한 후에 옛 분노를 되살려 육축의 희성을 내려 욕을 보였다.

---

11 직산의 옛 이름이다.
12 포은 정몽주의 시호다.

김화 홍나재 명구가 순절한 곳을 지나며	過金化洪懶齋命耉 殉節處

서쪽 길로 멀리 옛 역정으로 통하는데,	西路遙通舊驛亭
전장에는 얼마의 영령이 묻혀있나.	戰場埋沒幾英靈
연기 깔린 끊어진 진지에 반딧불이 날고,	煙沈斷壘秋螢動
어스름 달밤 긴 숲에 귀화는 퍼렇구려.	月黑長林鬼火青
예부터 원통한 기운 냇물이 붉었는데,	終古冤氛川氣赤
지금도 피 흘린 들 바람은 비린내가 나네.	至今流血野風腥
평생 홍원로[13]를 가장 잘 알았는데,	平生最識洪元老
이날 지나가려니 눈물이 방울방울.	此日經過涕淚零

김홍욱은 역사 유적지를 지나며 깊은 감회를 드러내었다. 백제 초기의 도성이던 위례성을 지나면서 백제에 대한 감회에 젖었다. 영령들에게 위문하려고 하나 더 이상 물을 곳이 없는 현실에서 검의 노래에 가슴을 저릴 뿐이었다. 김홍욱은 이제는 쓸쓸한 초목으로 덮인 이곳을 보면서 찬란했던 백제의 문화를 그리워했는지도 모르겠다.

여기서 흥미로운 것은 김홍욱이 직산을 지나며 위례성이라고 하였던 사실이다. 사실 위례성의 위치에 대한 논의는 아직도 분분하다. 『삼국유사(三國遺事)』에 나와 있으며, 가장 오래된 직산 설에서부터 북한산성 설, 몽촌토성 설, 이성산성 설, 풍납리 토성 설 등으로 다양하다. 김홍욱이 직산을 지나며 위례성이라는 시를 지은 것을 통해 그의 시대에는 '위례성

---

13 홍명구의 자가 원로(元老)이다. 호는 나재(懶齋)이다.

은 곧 직산'이라고 하는 사실이 일반적으로 받아들여지고 있었다고 볼
수 있지 않을까 한다.

「목천현의 옛일을 생각하며」는 고려 건국 비화의 일단을 소재로 하였
다. 고려 건국 과정에서 다섯 성씨의 가문이 왕건에게 반대하였다고 한
다. 왕건이 건국 후에 이들에게 가축 이름을 성으로 쓰게 하여 복수했다
는 이야기를 시로 지었다. 마치 전설과도 같은 이러한 일은 우리에게 잘
알려지지 않은 내용이다. 김홍욱의 시를 통해 이러한 사실을 접할 수 있
다는 것도 매우 흥미롭다.

「김화 홍나제 명구가 순절한 곳을 지나며」는 병자호란 때 김화 전투에

김화 충렬사지　병자호란 때 김화에서 청나라 군대와 싸워 승리를 거둔 홍명구와 유림을 모신 사당이다. 2,000여 명의 군
사를 이끌고 대승을 거둔 평안도 관찰사 홍명구는 이때 순절하였다. ©문화재청

서 순절한 홍명구(洪命耉, 1596~1637)를 그리워하는 시이다. 홍명구는 병자
호란 때 평안도 관찰사로서 근왕병 2,000여 명을 거느리고 남하하여 청
나라 군대와 치열한 교전을 벌여 적 수백 명을 죽였다. 그러나 결국 본인
도 이때 전사하고 말았다.

병자호란 때 승전을 거둔 전투는 김준룡(金俊龍, 1586~1642)이 거둔 광교
전투와 함께 홍명구의 김화 전투가 유일하다. 김홍욱은 병자호란 때 남한
산성에서 임금을 호종하며 전투를 독려하였고, 큰형이 전사하는 비운을
맞기도 하였다. 이렇게 병자호란에 남다른 애환을 갖고 있던 김홍욱이 홍
명구가 순절한 김화를 지나게 되자, 그를 회상하면서 시를 지은 것은 당
연한 일이었을 것이다. 이미 고인이 된 좋아하던 선배를 추모하는 시라
하겠다.

다음은 김홍욱이 중국 전국시대의 영웅호걸들을 평한 시가 있어 눈길
을 끈다. 전국시대는 풍운의 시대였다. 어쩌면 중국 역사상 가장 적나라
한 약육강식의 시대였다고 할 수 있다. 그리하여 나라 간의 합종연횡이
다반사였으며 온갖 권모술수가 팽배하였다. 김홍욱은 이 전국시대의 역
사 인물들을 평가한 네 편의 시를 남겼다. 「역사를 읊다」의 제목으로 네
편의 칠언시가 남아 있는 것이다. 이를 통하여 김홍욱이 지닌 역사관의
일단을 볼 수 있다는 점에서 매우 흥미롭다.

역사를 읊다 4수 　　　　　　　　　　　　　　　　　　詠史 四首

대업은 본래 혼자 맡기 어렵거늘, 　　　　　　　　大業由來難獨任
인장이 닳도록 왜 공 있는 자에게 상 주지 않았는고. 　印剜何不賞人功
도리어 만호와 천금을 준다는 머리를 가지고, 　　　還將萬戶千金首

오강의 여마동에게 던져주었던가.[14]　　　　　　　一擲烏江呂馬童
- 위는 항우(項羽)에 대한 시다 -

세상일 많고 많아 다 말하지 못하나니,　　　　　萬事悠悠不可陳
원래 화복이란 서로 인연이 되는 것.　　　　　　由來禍福自相因
진정 너를 속여 삼족을 멸함을 보았나니,[15]　　　誠看誑汝夷三族
일찍이 당시 힘써 천거한 사람이었네.　　　　　曾是當時力薦人
- 위는 한신(韓信)에 대한 시다 -

병서를 처음 비상에서 전해 받았는데,[16]　　　　祕訣初從圯上傳
패공이 잘 임용하였으니 어찌 천운이 아니더냐.　沛公能用豈非天
한 조각 교두의 돌이,　　　　　　　　　　　　方知一片橋頭石
사백년 동서한의 기틀이 될 것을 알았더냐.　　基漢東西四百年
- 위는 장량(張良)에 대한 시다 -

동국의 명산 태산이 있나니,　　　　　　　　　東國名山有岱宗
천추 길이 벽부용이 솟았네.　　　　　　　　　千秋長聳碧芙蓉

---

14 유방이 항우와 천하 쟁패를 벌이고 있을 때 유방이 항우의 머리를 가져오면 만호와 천금을
　　준다는 현상금을 걸었다. 항우가 패하여 해하(垓下)에서 자결하자 왕예, 여마동 등 5인이
　　나누어 가져서 모두 후(侯)에 봉해졌다.
15 한신이 반역의 의심을 받고 여후(呂后)에게 죽임을 당할 때 나아가지 않으려 하였으나, 자
　　기를 천거한 소하(蕭何)에게 속아 장락궁(長樂宮)에 갔다가 죽임을 당하였다.
16 장량이 박랑사(博浪沙)에서 장사를 시켜 진시황을 쳤으나 실패하고, 하비(下邳)의 비상에
　　서 황석공(黃石公)으로부터 태공의 병서를 받고 한고조를 도와 초나라를 평정하였다.

한단의 말 한마디 강한 적을 꺾으니,[17]   邯鄲一語摧强敵
백중의 고상한 인품 공에게서 보았네.   伯仲高標見我公

– 위는 노중련(魯仲連)에 대한 시다 –

이상의 4편의 연작시는 중국 전국시대 영웅들이 성공하거나 실패하거나 죽게 된 계기를 고사를 곁들여서 명료하게 표현하였다. 항우는 유방과 더불어 천하의 쟁패를 다투던 초나라 황제이다. 초나라와 한나라의 전쟁은 이른바 '천하 쟁패' 즉, 전쟁의 승자가 누구냐에 따라 천하를 독식할 수 있는 전국시대 마지막이자 가장 치열한 전쟁이었다.

한신은 유방을 도와 한나라가 천하를 통일하는 데 일등 공신으로서 초왕(楚王)이 되었다. 한신의 젊은 시절 그를 욕보이는 시정 무뢰배의 가랑이 밑을 태연히 기어간 과하지욕(跨下之辱), 한신이 후에 초왕이 되고 나서 그가 가난한 젊은 시절 밥을 얻어먹었던 빨래하는 아낙에게 천금을 주어 은혜를 갚았다고 하는 일반천금(一飯千金)과 같은 고사성어의 주인공이기도 하다.

유방은 전국을 통일한 후에 한신의 세력이 커지자, 여러 방법으로 그를 견제하였다. 마침내 한신이 반란을 일으켰다고 하여 그를 처형하였다.

---

17 진나라가 전국 제패를 위해 위세를 떨치면서 조(趙)나라 수도 한단을 포위하였다. 조나라 효성왕은 어찌할 바를 몰라 전전긍긍하였다. 이때 위나라 장수 신원연(新垣衍)이 사신으로 조나라에 왔다. 그는 조나라 실권자 평원군(平原君)에게 진나라의 목적이 황제국이 되는 것이기 때문에 진나라를 황제국으로 대우하면 군사를 물릴 것이라고 하였다. 이때 노중련이 신원연을 만나서 진나라 왕이 황제가 된다면 가장 먼저 위나라를 공격할 것이라고 말하면서 그 위험성을 경고하였다. 그리고 진나라가 조나라를 공격하면 주변국들이 조나라를 도울 것이라고 하였다. 때마침 위나라가 원군을 보내자, 진나라 군대가 철수하였다.

이때 한신은 토사구팽(兎死狗烹)이라는 유명한 말을 남겼다고 한다.

장자방(張子房)이라는 자로 유명한 장량은 유방의 유능한 군사 참모이다. 그는 유방이 천하를 통일할 수 있도록 정치적, 전략적 지혜를 발휘하였고, 통일 후에는 유후(留侯)에 올랐다. 한신, 소하(蕭何)와 함께 한나라 창업 공신 세 명 중 일인이다.

노중련은 전국시대의 제나라 사람으로 절의를 지키며 자유로운 삶을 누리던 자이다. 조나라가 진나라의 침략으로 위기에 빠졌을 때 위의 장수 신원연(新垣衍)을 만나 문제 해결의 실마리를 찾아주었고, 결국 진나라 군대가 철수하는 데 일조하였다. 그는 나라 사이의 큰 갈등을 해소하는 데 공을 세워도 벼슬이나 재물 등의 대가를 거절하고 안빈낙도의 삶을 추구하였다.

김홍욱은 역사적으로 유명한 중국의 인물들을 시로써 평가하였다. 그들의 대표적 행적과 관련한 고사를 시로 표현하면서 인물평을 곁들이고 있다. 어쩌면 김홍욱만의 독특한 평가라기보다는 당시 조선시대 지식인들의 일반적인 평가에 가깝다고 할 수 있다. 하지만 김홍욱이 여러 인물을 한 데 묶어 평가한 점은 독특하다고 하겠다.

지인에게 주는 시
– 우정과 이별을 시로 노래하다

　　김홍욱은 친지들과 만났다가 헤어지는 이른바 송별에 대한 감회를 자주 시로 표현하였다. 또 시를 지어 지인들에게 주기도 하였다. 그의 교우 관계의 일면을 알 수 있다는 점에서 중요하다고 하겠다.

박경주가 서울로 돌아감을 전송하다 2수	送朴慶州還京 二首
시사따라 즐겁게 놀았더니,	詩社從遊樂
어느새 반년이 지났다네.	居然動半年
석담에 모여 낚시를 드리웠고,	石潭垂釣會
절에 자리 펴고 꽃구경하였다오.	蕭寺賞花筵
보내는 길 하늘 밖으로 이어졌나니,	別路連天外
돌아오는 초헌에서 해의 가장자리 가리키네.	歸軒指日邊
남으로 나는 기러기 호응할진대,	南飛應有雁
편지 써 서로 전하길 바란다오.	書札幸相傳

두 번째 其二

이날 단구에 배를 띄우고 헤어짐을 서술함으로 읊었다   是日丹丘泛舟敍別故云

청계 입구에서 손을 보내려고,   送客靑溪口

배를 옮겨 언덕 모래밭에 대었다네.   移舟泊岸沙

산중의 안주라 별미는 없으나,   山肴無別味

마을 술이라 외상으로 가져오진 않았다오.   村酒不須賖

깎아지른 돌에 물결은 자기 어렵고,   石斷波難定

높은 소나무에 해는 이미 기울었네.   松高日已斜

바람 불 제 손 나누어 이별하니,   臨風一分手

돌아가는 길 안개와 노을이 막더라.   歸路隔煙霞

이어사 석이 탐라 안핵사로 가는 것을 송별하다   送李御史錫爾慶億按覈耽羅

천고의 봉영 아득히 먼 바다에 있나니,   千古蓬瀛在杳冥

그대 보내는 오늘 큰 바다 지나가리라.   送君今日過滄溟

뱃머리 바람 바르니 쌍돛대 곧게 섰고,   鷁頭風正雙帆直

큰 자라 등 같은 하늘 푸른색을 칠하였네.   鼇背天空一抹靑

동쪽으로 오르면 신선을 만날 것이고,   東上定逢仙子鳥

남쪽 가에 응당 노인성을 보게 되리라.   南邊應見老人星

돌아올 때 반도 복숭아 따다가,   歸時倘摘蟠桃實

궐문에 바쳐 만수무강 빌기를.   拜獻金門祝萬齡

조수이가 관동의 막료로 부임함을 전송하다　送曺(晦谷)守而(漢英)赴關東幕

풍진이 아득하여 걱정하게 되었는데,　　　　　　風塵蒼莽使人愁

더구나 관산에 기러기 나는 가을임에야.　　　況値關山一雁秋

아! 장차 서호 밖 나그네 되어,　　　　　　　嗟我將爲湖外客

그대 보내 도리어 영동에서 노닐게 하노라.　送君還作嶺東遊

금강동 속에 구름이 발밑에서 나오고,　　　金剛洞裏雲生屐

경포대 앞에는 달이 배에 가득하여라.　　　鏡浦臺前月滿舟

마침 영랑을 보거든 수고롭지만,　　　　　　若見永郎煩寄語

생학 따라 봉구에 오르라 말해주오.　　　　　會隨笙鶴相蓬邱

*이때 수이의 춘부장이 영해의 읍재로 있어 관동과 경계를 접해 있으므로 왕래하여 문안
　을 드리기에 매우 편하였다.

　김홍욱은 송별하는 기념으로 시를 지어서 벗들과 돈독한 우정을 회상
하며 헤어지는 아쉬움을 달래고 또 만남을 기약하였다.「박경주를 서울
로 보내면서」는 함께 시 모임을 하고 낚시하고 꽃구경하면서 즐겁게 지
내던 때를 그리워하면서 시를 지었다. 서로 연락하자면서 따뜻한 우정을
보이고 있다. 그리고 바닷가에 배를 대고 술잔을 기울이며 이별의 아쉬움
을 달래고 있다.

　「이석이를 탐라 안핵사로 떠나보내면서」는 아끼는 후배이자 벗인 이
경억(李慶億, 1620~1673)이 안핵사가 되어 멀고 낯선 섬 제주로 가게 되었을
때 지은 시이다. 1651년(효종 2)에 제주 목사 김수익(金壽翼, 1600~1673)이 정
의 현감 안집(安緝)과 반목하자 효종이 이경억을 안핵사로 임명하여 그 실

영랑호 강원도 속초에 있는 호수이다. 지금도 물가에서 많은 새들이 노닐고 있다. 지금 호숫가 바위에 앉아 있는 새가 김
홍욱이 봤던 생학이 아닌가 한다. ⓒ저자 촬영

상을 조사케 하였다. 이경억의 상세한 조사보고서에 효종이 감탄하였다
고 한다.[18]

　김홍욱은 제주로 떠나는 후배이자 벗인 이경억에 대한 염려와 낯선
곳에 대한 환상을 교차하면서 시를 지었다. 그러나 걱정은 자제하고 희망
을 읊었다. 의례적 표현이라고 할 수는 있으나, 흥미로운 것은 제주의 특
산물 감귤이 아니라 반도(蟠桃), 즉 신선이 먹는 복숭아를 따다가 임금께
바치면서 만수무강을 빌라고 한 것이다. 그만큼 제주가 접해본 적이 없는
바다 건너 낯선 곳이기 때문에 이러한 표현이 나온 것이 아닌가 한다.

　「관동에 막료로 떠나는 조수이를 전송하는 시」는 송별의 슬픔보다도

---

18 『효종실록』 권 6, 효종 2년 4월 27일 계유 2번째 기사.

벗 조한영(曹漢英, 1608~1670)이 관동으로 가게 되어서 다행이라는 생각이 앞선 것 같다. 부제로 쓴 것과 같이 조수이의 부친이 영해 수령으로 재직하고 있어서 만나기 쉬웠기 때문이다. 조한영은 청나라가 명나라를 공격할 때 수군과 함께 원손을 볼모로 보낼 것을 요구하자, 이를 반대하다가 청나라에 잡혀가 모진 고초를 겪었다.[19] 조한영은 대표적인 척화파로서 김홍욱과 의기가 통하던 사이였다.

김홍욱은 금강동, 경포대, 영랑호와 같이 이곳의 아름다운 풍경을 묘사하였다. 특히 '생학'으로 묘사한 영랑호의 학은 지금까지도 고고하게 호수 바위에 앉아 있는 모습을 볼 수 있어서 흥취를 더 한다.

한편, 김홍욱은 수백 편의 다양한 시를 지었는데, 특히 그는 시를 지어서 지인에게 주기를 좋아하였다. 특정한 지인에게 주는 시가 적지 않다. 그중에는 벗들도 있고 선배와 후배도 있다.

웃으며 홍기천 대이 명하에게 주다	戲贈洪沂川大而命夏

봄부터 여름까지 직무에 얽매여,	鎖直春兼夏
궁문과 궁정을 오르내렸네.	銅扉又赤墀
그대들 장난쳐,	諸君無作戲
나의 벼슬 빼앗지 마오.	奪我鳳凰池

---

19 『인조실록』권 40, 인조 18년 1월 22일 갑술 2번째 기사, 『인조실록』권 42, 인조 19년 1월 20일 병신 2번째 기사.

대흥 원 오군서 정위가 이조 낭관이 되어   贈大興倅吳君瑞挺緯以吏部郎之京
서울로 가는데 주다

한 시대 전형으로 이조의 낭관이 되니,   一代銓衡吏部官
등한한 평지에도 파란은 있으리라.   等閑平地亦波瀾
이별 길에 임해서 특별히 줄 다른 말은 없으나,   臨岐贈別無他語
옛날부터 인간에게 벼슬길이 어렵다오.   從古人間此路難

해미원에게 주다 2수   贈海美倅 二疊

들에는 꾀꼬리 오르내리며 울고,   野外鶬鶊下上啼
살구꽃 핀 울타리에 풀이 무성하더라.   杏花籬落草萋萋
농부는 나에게 봄갈이 급하다 알리는데,   農人告我春耕急
어젯밤 산중에 비 한 자락 내렸다네.   昨夜山中雨一犂

두 번째   二疊
산마을 곳곳에 뻐꾸기 울고,   處處山村布穀啼
안개 걷힌 들에는 보리가 무성하네.   野田晴靄麥萋萋
학사의 직함을 그대는 묻지 마오,   學士官銜君莫問
즐거이 남무에 나가 호미 쟁기 잡으련다.   好來南畝把鋤犂

　　김홍욱이 수많은 아름다운 시들을 남겼고, 이렇게 시를 지어 남에게
주기를 좋아했던 걸 보면, 한 사람의 시인으로서 그 자신의 시에 대한 자

부심도 높았던 것 같다. 김홍욱이 시를 준 사람들은 대부분 관료나 승려들이다.

아마도 김홍욱은 평소 지인이 타지로 자리를 옮기거나, 그들을 특별히 만났을 때 시를 지어 선물로 주거나, 공무 여행 중에 지방 관아에 들렀다가 시를 지어 주기도 한 것 같다. 또 각지를 여행하는 중에 만난 승려들과 대화를 나누고 그들에게도 시를 지어 준 것 같다.

김홍욱이 「웃으며 홍기천 대이 명하에게 주다」라는 오언절구의 시는 홍명하(洪命夏, 1607~1667)와 동고동락하며 함께 관직 생활하는 애환을 해학적으로 표현한 수준 높은 시다. 특히 '그대는 장난쳐 나의 벼슬을 뺏지 마오'라는 대목은 탁월하면서도 해학적인 시적 감각이 돋보인다. 이 시를 보면, 김홍욱은 홍명하와 매우 친하게 지냈던 것 같다. 김홍욱의 후배이자 동료인 홍명하는 이후 삼정승을 지내며 거물 정치인으로 성장하였다.

「대흥 원 오군서 정위가 이조 낭관이 되어 서울로 가는데 주다」는 김홍욱이 지방에서 중앙 정치무대로 옮겨가는 후배이자 처남인 오정위(吳挺緯, 1616~1692)[20]를 위해 지어 준 시다.

이조 낭관이라는 자리는 삼사 관원의 전형을 맡은 자리이기 때문에 정쟁의 한가운데 놓여 있다고 해도 과언이 아니다. 그러므로 김홍욱은 이조 낭관이 되어 떠나는 후배를 축하하면서도 걱정이 교차하여서, 이 시를 지어서 주었다고 생각한다.

반면에 「해미원에게 주다」라는 시는 봄날의 농촌 풍경을 읊은 시로 한 폭의 풍경화를 보는 듯하다. 아마도 김홍욱이 여정 중인 봄날에 해미 관

---

20 오정위의 조부가 김홍욱의 처조부인 오억령(吳億齡)이다.

서산 해미읍성 장태동 제공. 읍성의 정문인 진남문 옆 성벽 사진이다. 읍성 안에 동헌과 객사 등의 건물이 있다. 김홍욱은 벗인 해미 수령을 만나기 위해 몇 차례 해미 관아를 방문했던 것 같다.

아에 들렀다가 시를 써 주지 않았나 하는 생각이 든다.

　위 시에서는 해미 수령이 누구인지는 밝히지 않았다. 그러나 다른 시에서 해미 수령을 이삼준(李三俊)으로 부르고 있어, 이 시는 이삼준에게 준 것임을 알 수 있다. 김홍욱은 해미 수령 이삼준과 여러 차례 시를 주고받았다. 시를 통해 우정을 나누던 사이였다.

　특히 「해미원에게 부치다」라는 시는 그림으로 농촌을 바라보듯 매우 서정적이다. 김홍욱은 서정적인 시를 벗에게 보내면서 우정을 쌓고 있음을 알 수 있다. 이러한 면은 다음 시에서 더욱 두드러진다.

　　해미원에게 부치다　　　　　　　　　　　　　　　　寄海美倅

　　이별이란 예부터 멀고 가까움이 없나니　　　　　　　離別向來無遠近

그대 생각에 오늘도 혼이 나갔다네.　　　　　　思君今日正消魂

산마을 적적하게 봄은 다 지나가고,　　　　　　山村寂寂春歸盡

배꽃은 땅에 가득한데 홀로 문을 닫았다오.　　　滿地梨花獨掩門

　김홍욱은 위 시에서 벗과 떨어져 있는 적적한 마음을 제대로 표현하였다. '그대 생각에 혼이 나갔다'거나, '홀로 문을 닫았다'라는 표현은 시인의 서정적 감각과 함께 진한 우정을 느낄 수 있다.

　한편, 김홍욱은 여러 승려에게도 시를 지어 주었다. 그만큼 승려와의 교류가 적지 않았음을 뜻하는 것이다.

낙산사 중 도원과 영동의 명승을 말하다가　洛山寺與僧道源談嶺東勝迹 走筆以贈

붓을 휘둘러 급히 써서 주다

팔경 가운데 네 곳을 구경하니,　　　　　　　　八景之中吾見四

기이한 경관 오히려 마음에 흡족하지 못하네.　　奇觀猶未快心胸

언제 너와 같이 나는 듯이 가서,　　　　　　　　何時與爾飄然去

금강산 제일봉에 오를 것인가.　　　　　　　　　飛上金剛第一峯

단구 임정에서 부석사 중 광민에게 주다 2수　丹丘林亭贈浮石寺僧廣敏 二首

첫 번째　　　　　　　　　　　　　　　　　　　其一

지난날 서봉사에서 유숙한 일이 있는데,　　　　昔年曾宿西峯寺

맑은 경치 지금도 기억이 난다네.　　　　　　　清景如今尚記知

산 살구꽃 사이에 밝은 달 비쳤나니,	山杏花間明月在
두견새 새벽까지 울던 때였네.	子規啼到五更時

두 번째	其二
기구한 세상 길 배불리 겪고서,	崎嶇世路飽經過
잠깐 숲을 향해 고성방가하였더라.	暫向林間一放歌
내일은 중을 찾아 지팡이 짚고 가려는데,	明日尋僧扶杖去
청산 어디에 있는가 흰 구름만 많구나.	靑山何處白雲多

「낙산사 중 도원과 영동의 명승을 말하다가 붓을 휘둘러 급히 써서 주다」라는 시는 제목과 같이 김홍욱이 낙산사 승려 도원과 더불어 영동의 명승에 대해 격의 없이 이야기를 나누었음을 짐작할 수 있다. 승려 도원은 1643년(인조 21)에 낙산사를 중건한 고승으로 알려져 있다.

김홍욱은 이른바 '관동 8경' 중에서 4경은 이미 보았다고 하였다. 그 정도면 만족할 수도 있겠으나, 아직 금강산은 가보지 못하였다. 그러므로 금강산을 못 본채로 아무리 영동의 명승에 관해 말해봐야 소용없다는 듯이 말하고 있다. 그러면서 강렬하게 금강산 제일봉을 보고 싶다는 의지를 내보이고 있다.

예나 지금이나 금강산은 누구나 생전에 꼭 한 번 가보고 싶은 우리나라 제일의 명승으로 모든 사람의 마음에 자리를 차지하고 있는 듯하다.

「단구 임정에서 부석사 중 광민에게 주다(2수)」라는 시는 부석사의 승려를 만나 대화하다 예전에 서봉사에서 느낀 감회와 자연과 인생을 엮어 자신의 마음을 표현한 시를 적어주었다. 서정미와 함께 은유적 표현이 돋보인다.

조선시대에 승려의 신분은 미천하였다. 그러므로 어떻게 보면 중앙의 고위 관료가 승려와 대등하게 대화한다는 것은 어색한 광경일 수도 있다. 사실, 고관들이 명산에 유람할 때 절의 승려들이 가마꾼이 되어 가마를 메고 가는 기록들을 볼 수 있다. 그러나 제아무리 고관대작이라도 도력이 높고 학식과 수행이 풍부한 고승에게는 깍듯하게 대하였다. 김홍욱도 그와 대화 상대가 되는 승려들과는 신분에 구애받지 않고 거리낌 없이 어울렸던 것이다.

명승에 빠져서
시를 짓다

예나 지금이나 시인들은 자연경관이 아름답거나 역사적으로 유명한 명승지를 즐겨 시로 표현하였다. 김홍욱도 마찬가지로 여러 편의 시에서 명승을 예찬하고 감회를 표현하였다. 그가 명승을 예찬한 시는 여러 편 있지만, 우리가 잘 아는 명승을 소재로 한 시 몇 편을 보기로 하겠다.

하조대에 오르다   登河趙臺

조물주 당년에 교묘하게 쪼고 갈아,   氣母當年巧琢磨
거친 바위 흰 돌은 높고 험하네.   荒巖白石勢嵯峨
하조가 어떠한 사람인지 알 수 없으나,   不知河趙何如者
함께 뗏목을 타고 은하수에 오르려네.   吾欲同乘上漢槎

*양양(襄陽)에 있다

죽서루에서 2수   竹西樓 二首

명승은 신령이 열어놓은 것,   名區開闢自神靈

사람들은 관동의 제일이라 칭하네.   人數關東第一亭

산세는 북에서 와 태백산이 서렸고,   山勢北來蟠太白

강은 남으로 달려 푸른 바다에 접하였네.   江聲南走接滄溟

엷은 그늘은 발에 가득하고 구름은 돌에서 피어나는데,   輕陰滿箔雲生石

서늘한 기운 처마에 생기고 달은 강가를 비추네.   爽氣橫簷月近汀

무한한 동천에 한가한 물색은,   無限洞天閑物色

몇 집의 병풍에 단청을 칠한 것인가.   幾家屏障費丹靑

죽서루 강원도 삼척에 소재한 누각이다. 보물로 관동팔경 중 제1경이다. 고려 때 이승휴가 창건하고 조선시대 1403년에
삼척 부사 김효손(金孝孫, 1373~1429)이 중창하였다. ⓒ문화재청

두 번째   其二

일찍이 그림 속에서 한번 보았는데,   畵裏當年曾一見
이날 올라가 보니 도리어 어렴풋하다네.   登臨此日轉依俙
층층이 먼 산은 보았던 그것이고,   層層遠岫看來是
굽이굽이 위태한 난간 서성일 수 없네.   曲曲危欄徙倚非
가리킨 구름 가에 학이 깃든 나무요,   指點雲邊巢鶴樹
분명한 강 위에는 고기 낚는 터이구나.   分明江上釣魚磯
덧없는 세상 눈요기하는 자가 도리어 가여운데,   還憐浮世屠門嚼
여울의 울림과 소나무 소리 듣는 이 드므네.   灘響松聲聽者稀

밀양의 영남루에서   密陽嶺南樓

열길 푸른 벼랑은 물굽이 굽어보고,   十丈蒼屛俯碧灣
높은 누각은 물과 구름 사이 날아오르네.   高樓飛出水雲間
요충의 관로와 성지는 웅장하고,   要衝官路城池壯
방어영의 문에는 세월이 한가하네.   防禦營門日月閑
땅에는 연나라 진나라 천 그루의 밤이 나고,   地産燕秦千樹栗
하늘은 오나라 초나라에 만중산에 연하였네.   天連吳楚萬重山
다 간 가을 먼 나그네 올라간 곳에,   窮秋遠客登臨處
술잔을 잡고 한번 웃는 것이 무엇이 해로우랴.   把酒何妨一破顔

청석동에서 박연폭포를 바라보며	靑石洞望朴淵
지척에 명승 두고 놀 수 없으니,	名區咫尺阻淸遊
엄한 일정에 자유롭지 못한 것이 한스럽다.	只恨嚴程不自由
빈산에 천 길 낭떠러지로,	遙想空山千丈壁
옥룡이 내려와 영추를 마시는 것을 상상할 뿐이다.	玉龍飛下飮靈湫

양양 바닷가 「하조대에 올라」는 탁 트인 동해 바다에 마치 신이 빚은 것과 같은 기암괴석을 보고 찬탄을 금치 못하는 김홍욱의 모습이 역력하다. 바다에서 뗏목을 타고 은하수에 오르는 모습을 연상할 정도로 하조대의 매력에 빠진 것이다.

김홍욱은 하조(河趙)가 누구인지 모르겠다고 하였는데, 정말로 몰랐다기보다 시적 표현이라고 보는게 맞을 것 같다. 조선의 개국공신인 하륜(河崙, 1347~1416)과 조준(趙浚, 1346~1405)이 태종 말년에 이곳에서 휴양했었기 때문에 하조대로 불렸다고 한다.

「죽서루에서 2수」는 관동 제1정으로 불리는 삼척의 죽서루에 오른 감회를 시로 표현하였다. 죽서루는 이미 오십천 절벽 위에 지어진 정자로 그 건물 자체가 문화재적 가치가 있는 걸작품인 동시에 주변의 자연환경과 어울려 아름다움을 배가시킨다.

그러므로 김홍욱은 '명승이란 신령이 열어놓은 것'이라면서 죽서루를 마치 신의 작품과 같다고 감탄하고 있다. 강과 주변 산세의 조화로움으로 구름이 돌에서 피어나고 달이 강에 비추는 모습으로 다가왔다. 그러므로 그림 속에서만 보고 직접 죽서루에 올라 아름다운 경승과 마주하지 못한 사람들이 안타깝다고 말하고 있다.

「밀양 영남루에서」는 삼척에 죽서루가 있다면 밀양에는 영남루가 있음을 말해준다. 죽서루가 '관동제일루'로 불리듯이, 영남루는 '영남제일루'로 불린다. 강물 위 높은 절벽에 자리 잡은 누각은 건축의 백미라 할수 있다. 누각에서 강물을 바라보는 풍경 또한 일품이다.

김홍욱은 밀양의 영남루에 올라 "높은 누각이 물과 구름 사이를 날아오른다"라고 하면서 누각의 아름다움을 극찬하였다. 그러면서 이곳에서술잔을 기울이며 한바탕 웃으면 시름이 다 사라질 것 같은 기분을 느끼고 있다.

「청석동에서 박연폭포를 바라보며」는 우리나라 제일의 폭포로 불리는박연폭포를 보고싶은 간절한 마음을 시로 적었다. 폭포는 직접 가서 봐야그 웅장한 모습과 물이 떨어지는 굉음을 함께 맛볼 수 있는데, 김홍욱은여행이라고 해도 공무에 메이다 보니 직접 가지 못하고, 청석동에서 박연폭포를 바라본다고 하였다.

과연 청석동이 폭포와 가깝기는 하지만 이곳에서 폭포가 보이는지 모르겠다. 아마도 박연폭포 가까이에 왔음에도 직접 폭포를 볼 수 없는 안타까움과 보고 싶은 간절함으로 상상에서나마 박연폭포를 보고 있는 것이 아닌가 한다.

시를 지어
고인을 추모하다

　김홍욱은 여러 편의 만사(挽詞), 즉 만장(挽章)을 지어 고인을 추모하고 상주를 조문하였다. 만장은 자체로 격식을 갖춘 훌륭한 추모시가 될 수 있다. 조선왕조는 성리학을 통치 이념으로 채택한 국가다. 그러므로 조선의 관료와 학자들은 성리학의 이념을 구현하기 위해 나름대로 최선을 다하였다. 그 가운데서도 상장례는 중요한 덕목이었다. 상장례의 형식 중에 만장은 상주의 학맥과 인맥, 요컨대 교우 관계를 알 수 있는 척도가 되기도 하였다.

　잘 알려졌다시피 김홍욱은 인조의 만장을 지었다가 필화를 입은 적이 있다. 그러므로 그의 다른 만장을 보는 것도 의미 있는 일이라 생각한다. 김홍욱은 여러 편의 만장을 지어 평소 지인으로 지내던 고인을 추모하였다. 만장은 작자와 사자(死者) 간의 교우 관계를 비롯한 여러 공적, 사적 관계를 상징적으로 보여준다는 점에서도 매우 중요하다. 김홍욱이 쓴 만장 몇 편을 보기로 한다.

이부학 사회 행우 만장 2수 挽李副學士會行遇 二首

혁혁한 청강²¹의 후예로, 赫赫淸江後

대대로 높은 벼슬한 이 있다오. 簪纓世有人

명성은 흰 구슬 이은 듯하고, 聲名聯白壁

걸음은 당당히 청운에 올랐다네. 步武上靑雲

거침없는 성격에 생각은 아득하였고, 脫略襟期逈

헌걸차고 기개는 새로웠다네. 軒昂氣槪新

풍류는 지금 이미 멀어졌나니, 風流今已遠

쓸쓸한 하나의 외로운 무덤일 뿐이라네. 蕭瑟一孤墳

두 번째 其二

젊고 씩씩할 때 님 먼저 돌아가니, 少壯先歸盡

덧없는 인생이란 바로 꿈속이라오. 浮生卽夢中

지금 그대에게 하수²²도 없어, 今君無下壽

어느 곳인지 하늘에 물어나 보려네. 何處問蒼穹

백씨·중씨와 사귄 정 두터웠나니, 伯仲交情厚

떠오르고 잠긴 세상 길 함께 했다오. 升沈世路同

슬픔을 참고 여막 곁에 기대설 제, 堪悲倚廬側

---

21 청강(淸江)은 이제신(李濟臣)의 호이다. 함경도 북병사가 되었으나 패전하여 유배되고 그
곳에서 사망하였다.
22 하수(下壽)는 60세이다.

저 강피²³의 한쪽이 텅 비었다네.   姜被一邊空

위의 「이부학 사회 행우 만장(2수)」는 이조정랑, 이조참의, 대사간, 부제
학 등을 지낸 이행우(李行遇, 1606~1659)를 추모하는 만장이다. 이행우는 자
가 사회(士會)이다. 청강(清江) 이제신(李濟臣, 1536~1584)의 증손으로 대대로
고관을 역임하며 명성이 대단하였음을 말하고 있다.

김홍욱은 이행우의 거침없는 성격과 헌걸찬 기개를 높이 평가하였다.
비변사에서 이행우를 장재(將材)가 있는 문신으로 천거한 일도 있다. 그러
나 이행우는 50대의 나이에 별세하였다. 김홍욱은 이행우가 60도 채우기
전에 죽자 그 안타까움이 이루 말할 수 없어서 친형제를 여읜 듯이 슬퍼
하며 만장을 지어 추모하였다.

임판서 담 만장   挽林判書墰

그대를 알고 평생 나 홀로 친하였나니,   知子平生我獨親
심상한 말들이 모두 정신이었다오.   尋常言語摠精神
눈앞의 영욕에 금세를 보았고,   眼前榮辱看今世
마음속 춘추는 옛사람을 사모하였네.   皮裏春秋慕古人
삼공의 인망은 은하수 위에 높았고,   台府望高雲漢上
배 탄 신선 같은 모습은 대동강가에서 끊어졌네.   仙槎影斷浿江濱

---

23 강피(姜被)는 강굉(姜宏)의 이불이다. 강굉은 동한(東漢) 광척(廣戚) 사람이다. 자는 백회
    (伯淮)이다. 중해(仲海)와 계강(季江) 두 동생과 우애가 깊어 한 이불에 함께 자고 일어나
    며 계모를 잘 섬겨 효자로 이름이 났다.

돌아오는 영혼 차마 서성 밖을 지나가랴,　　　　　　歸魂忍過西城外

대궐문으로 들어가 임금에게 절하리라.　　　　　　應入天門拜紫宸

*원접사로서 관서에서 졸하였다(以遠接使 卒于關西).

위의 「임판서 담 만장」은 김홍욱의 선배이고 삼사에서 함께 근무했던 임담(林墰, 1596~1652)을 기리며 쓴 만장이다. 임담은 병자호란 때 남한산성에서 임금을 호종하였다. 그는 총융사의 종사관으로 남격대(南格臺)를 지키는 공을 세웠다. 이때 신진 관료로서 남한산성에서 청나라군을 방어하는데 동분서주하고 있던 김홍욱의 눈에도 임담의 지략과 용맹함이 돋보였을 것이다.

임담은 경상, 충청, 평안도 관찰사를 지냈고, 대사간과 대사헌, 병조판서와 이조판서를 역임하였다. 판의금부사 때 청나라 사신의 반송사(伴送使)로서 의주에서 돌아오는 길에 가산에서 갑자기 죽었다.

김홍욱은 관료로서의 임담도 높이 평가하였지만, "홀로 친하였다"라고 할 정도로 그의 인간미를 더 좋아했던 것 같다. 그리하여 배를 타고 있는 신선 같은 모습이 대동강가에서 끊겼다고 비통해하고 있다.

이판서 백주 명한의 만장 2수　　　　　　挽李判書白洲明漢 二首

부자가 먼저 가고 소공이 이으니,　　　　　　父子先亡繼少公

한 집안 뜻밖의 재난은 열흘 사이였다네.　　　　　　闔門奇禍一旬中

흰 구슬 땅에 묻는 것을 보려니 참혹하고,　　　　　　慘看白璧埋窮壤

푸른 하늘 향해 울면서 조화를 물었노라.　　　　　　泣向蒼天問化工

신선 길 어두운데 검붉은 기운 거두었고,	仙路冥冥收紫氣
서창에 가물가물 맑은 무지개 꽂혔네.	書窓耿耿貫晴虹
양담[24]이 차마 서주길을 지나가랴,	羊曇忍過西州路
노래하고 춤추던 당년에 취한 자릴 함께 하였다오.	歌舞當年醉席同

두 번째	其二
전신은 일찍이 자궁의 신선이었나니,	前身曾是紫宮仙
인간에 귀양 온 지 오십 년이었다오.	謫下人間五十年
배에 가득한 아름다운 글은 속세의 물건이 아니었고,	滿腹琅玕非俗物
휘두른 붓 화려한 문장은 새 책을 풍부하게 했네.	揮毫珠玉富新篇
천년 예원에 높은 이름 있으리니,	千秋藝苑高名在
양세의 문형은 성업을 전하였다.	兩世文衡盛業傳
멀리 별자리 바라보니 규성의 광채 어둡고,	遙望星躔奎彩晦
만장 지으매 쏟아지는 눈물 감당할 수 없네.	不堪題挽淚如泉

위의 「이판서 백주 명한의 만장 2수」는 도승지와 대제학, 이조판서 등을 지냈던 이명한(李明漢, 1595~1645)을 추모하는 만장이다. 그는 조선 중기 4대 문장가로 외교에 탁월했던 월사(月沙) 이정구(李廷龜, 1564~1635)의 아들이다. 이정구는 김홍욱의 부친 김적의 벗으로, 어렸을 때 한 동네 살면서

---

24 양담(羊曇)은 진(晉)나라 태산(泰山) 사람이다. 사안(謝安)의 생질로 사안이 매우 소중히 여겼다. 사안이 죽자 여러 해 풍류를 듣지 않았고, 사안이 살았던 서주(西州)의 길을 지나가지 않았다고 한다.

이정구 삼대 묘 가평군 소장. 3기의 묘가 보이게 하기 위해 뒷쪽에서 찍은 사진이다. 정면에서 보았을 때 앞쪽이 이정구 묘이고, 가운데가 손자 이일상, 맨 뒤쪽이 아들 이명한의 묘이다. 이정구, 이명한, 이일상 3대가 대제학을 지냈다. 이정구는 김홍욱의 아버지 김적의 벗으로서 김홍욱 집안과 친분이 깊었다.

김홍욱의 비범함을 칭찬하기도 했다.

이명한은 이괄(李适)의 난 때 임금을 공주로 호종하였고, 이식(李植, 1584~1647)과 함께 팔도교서를 지었다. 병자호란 후에는 척화파로 지목되어 청나라에 잡혀가 억류되었다. 심양까지 잡혀가서 의분을 노래한 시조 6수가 전한다. 척화 오신 가운데 한 명으로 전하기도 한다.

그는 사람이 시원스럽고 명랑하여 풍류가 있었다고 한다. 특히 문사(文詞)로 이름이 높았으니, 그의 아버지 이정구, 아들 이일상(李一相)과 함께 3대가 대제학을 지냈다. 김홍욱도 이명한의 탁월한 문사와 부친에 이어 대제학을 지낸 사실에 대하여, "배 속에 가득한 아름다운 글은 속세의 것이 아니다"라고 하면서, "양세의 문형이 성업을 전했다"라고 기리고 있다.

조선왕조실록의 이명한 졸기에 의하면, 전염병으로 형제가 이어 죽으

니, 사람들이 모두 탄식하고 애석해했다고 한다. 김홍욱은 이러한 사실을
매우 안타까워하면서 영혼의 평안한 휴식을 빌었다.

고향을 그리워하는 시를 짓다

김홍욱은 고향 충청도를 소재로 삼아 주목할 만한 시를 지었다. 그는 노부모님이 서산에 계셨기 때문에 부모님을 뵙기 위해 고향을 자주 오갔고, 그의 고향에 대한 애정은 남달랐다.

물론 김홍욱이 당진 현감과 충청도 관찰사를 지낸 것도 고향에 대한 애착을 더 하는 데 한몫했을 수 있다. 그는 부모님을 모시기 위해 조정 내 일부 신료들의 비난을 감수하면서까지 '걸군(乞郡)'하여 당진 현감이 되었고, 충청도에 대동법을 시행하기 위한 특명을 받고 관찰사가 되어 충청도의 곳곳을 누볐다.

김홍욱이 고향 서산의 대산에 있는 망일산의 백옥대에 올라서 시를 지었다.

망일산 백옥대에 올라　　　　　　　　　　　登望日山白玉臺

백옥대 드높아 하늘에 가깝고,　　　　　　　白玉臺高近紫冥

굽어보는 남극은 푸른 바다 눌렀네.	俯看南極壓滄溟
큰 들에 구름 걷히니 산봉우리 드러나고,	雲收大野峯巒出
조수 물 나간 평사에는 섬들만 푸르더라.	潮落平沙島嶼靑
만 리 건곤에 해와 달이 뜨고 지고,	萬里乾坤雙轉轂
백 년 살이 이 내 몸은 하나의 부평초라.	百年身世一浮萍
바람 타고 신선이 사는 곳 찾아가려다가,	乘風欲訪蓬瀛去
인간으로 머리 돌려 꿈을 깨었더라.	回首人間夢已醒

망일산은 서산에서 가장 높은 산(해발 302미터)으로 『해동지도』와『대동 여지도』등에도 그 이름이 기록되어 있다. 『대동여지도』에 따르면, 서산 의 성왕산에서 뻗은 산줄기가 서쪽 지곡면에 접어들어 북쪽 대산곶까지 연결되는 모습과 대산반도 중간쯤 피지포 가까운 곳에 망일산이 자리 잡 고 있다. 이곳에서 서해안 일대를 조망할 수 있다.

김홍욱이 고향 망일산 백옥대에 올라 바다를 굽어보는 느낌은 남달랐 을 것이다.

그리하여 그 풍경을 "큰 들에 구름 걷히니 산봉우리 드러나고, 조수 물 나간 평사에는 섬들이 푸르더라"라고 감탄하고 있다. 그러면서 백년 살이 이 내몸은 하나의 부평초라고 하였다. 고향을 떠나 벼슬살이하는 자신을 빗대어 하는 말이 아닌가 한다. 그러면서 신선이 사는 곳을 찾아 가려다가 인간 사는 곳에서 꿈이 깬다고 하였다. 망일산 백옥대에서 잠 시 환상에 빠졌다가 깨어나는 모습이 생생하다. 고향을 그리워하는 시 라서 그런지 몰라도 시가 정제되어 있으면서도 매우 감상적이고 서정적 이다.

김홍욱의 충청도에 대한 시가 여러 편 있지만, 부여의 유명 명승지를 노래한「부여 회고 팔영」을 빼놓을 수 없다.

부여 회고 팔영	夫餘懷古八詠

군왕은 일찍이 현량을 뽑았던가,　君王曾此簡賢良
강 위 기이한 바위 방정한 얼굴이네.　江上奇巖面勢方
묻노니 당시에 정치가 있었던가,　爲問當時寧有政
하늘은 말없이 푸르기만 하더라.　太空無語但蒼蒼
– 위는 천정대에서(右天政臺) –

층층 높은 물결은 구름에 부딪히고,　層層高浪擊雲根
못 밑엔 신룡의 용궁이 높다랗네.　潭底神龍窟宅尊
대 앞을 향하여 옛 자취 찾지 마라,　莫向臺前尋古跡
지금은 비바람이 강 문을 어둡게 하네.　至今風雨暗江門
– 위는 조룡대(釣龍臺)에서 –

군사가 탄현의 백마강 지날 때,　兵過炭峴白江時
백제의 정치 반이 이지러졌네.　百濟金甌半已虧
이로부터 봄은 다하고 꽃은 쉬 떨어지니,　自是春殘花易落
잘못된 사람의 한을 들바람에 보내노라.　錯敎人恨野風吹
– 위는 낙화암에서(右落花巖) –

백 척의 푸른 바위 높고 험한데,　倉巖百尺勢崔嵬
병화에 탄 재는 찬데 반은 푸른 이끼라네.　劫盡灰寒半綠苔

지금 강 위의 아름다운 풀 길에는,   江上至今芳艸路

행인이 멀리 자온대를 가리키더라.   行人遙指自溫臺

      - 위는 자온대(自溫臺)에서 -

푸른 산봉우리 날아오르듯 물은 동서로 흐르고,   飛來靑嶂水東西

황폐한 반월성 십 리가 방죽이라.   半月荒城十里堤

그 옛날 춤추고 노래하던 곳 찾아가 보니,   看取昔年歌舞地

여장에는 나무도 없는데 밤 까마귀만 울더라.   女墻無樹夜烏啼

      - 위는 반월성(半月城)에서 -

당년에 이땅에 대왕이 놀았는데,   當年此地大王遊

한 가닥 연파 만고의 근심이라.   一帶煙波萬古愁

지난 일 지금에 어찌 물을 것인가,   往事卽今那可問

강에 가득한 풍월은 고깃배에 붙었더라.   滿江風月屬漁舟

      - 위는 대왕포(大王浦)에서 -

벼슬길 연기에 잠기고 옛 나무 한 아름인데,   官路煙沈古樹圓

저녁 바람 달을 불어 강 하늘에 출렁이네.   夕風吹月漾江天

층층 암벽에 고란사가 있나니,   皐蘭寺在層巖裏

땅거미 종소리 객선에도 들리누나.   薄暮鐘聲到客船

      - 위는 고란사(皐蘭寺)에서 -

사우 밖 연기 낀 숲 노목이 울창하고,   祠外煙林老木攢

까마귀 떼 날아가자 저녁 햇살 스러지네.   群鴉飛盡夕陽殘

이 가운데 남긴 한이 많고 적음 아나니,	就中遺恨知多少
백마강 물소리 만고에 차갑더라.	白馬江聲萬古寒

‐ 위는 삼충사(三忠祠)에서 ‐

김홍욱은 부여의 유적지이자 명승지 여덟 곳을 골라서 자신의 감상을 오언시로 표현하였다. 일종의 연작시라고 할 수 있다.

천정대는 정사암으로 잘 알려진 곳이다. 부족 국가 때부터 군장을 선출하던 장소이다. 백제 때도 이곳에서 국가의 중대한 일을 결정하지 않았나 생각한다. 그리하여 김홍욱은 "그때도 정치가 있었는가"라고 묻는 것이다. 천정대 앞에는 백마강이 유유히 흐르고 있다.

조룡대는 백마강 가운데 있는 조그마한 바위이다. 여기에 얽힌 전설이 전하고 있다. 이 바위 부근에 신룡이 살았다고 한다. 당나라 장군 소정방 (蘇定方)이 백제를 공격하기 위해 강을 건널 때 비바람이 몰아쳐 군사들이 강을 건널 수 없었다. 용이 조화를 부렸기 때문이다.

이에 소정방이 바위 위에서 백마를 미끼로 하여 용을 낚으니, 비바람이 멈췄다고 한다. 이 때문에 이 강을 백마강으로 부르고, 바위를 '조룡대'로 불렀다고 전해진다. 김홍욱은 전설로 전해지는 옛 자취를 찾지 않아도 신룡의 전설은 전설로 남아 있을 것이라고 말하는 것 같다.

부여 부소산성에 있는 낙화암과 관련된 이야기는 누구나 다 들어보았을 것이다. 백제가 나당연합군에게 함락당하자 3,000명의 궁녀가 백마강 바위 위에서 뛰어내려 죽었다고 한다. 이로 인해 낙화암으로 불렸다는 것이다.

김홍욱은 강력한 군사력을 가졌던 백제가 의자왕이 정치를 잘못하여 몰락하게 된 사실을 낙화암에 서서 회상하였다. "봄은 이지러지고 꽃은 쉬 떨어진다"라고 하여, 정치를 잘못하여 나라가 망하게 된 사실을 은유적으로 표현하였다. 그러면서 김홍욱은 망국의 한을 가진 백제 사람들이 그 한을 들 바람에 날려 보내길 바랐다. 그들의 안식과 위무를 비는 것이다.

자온대는 백마강가 규암 나루터에 있는 20여 미터 높이의 바위다. 『삼국유사』에 따르면 백제 의자왕이 왕흥사(王興寺)에 예불을 드리러 갈 때 이곳에 이르러 쉬는데 바위가 저절로 따뜻해졌다고 하여 '자온대'로 불렀다고 한다.

김홍욱은 이곳 또한 전란을 치렀던 현장으로, 지금은 병화의 흔적이 사라지고 이끼 낀 바위만 보인다고 하였다. 이제는 전란의 흔적도 없는지 아름다운 풀 길에서 행인은 저기가 자온대라고 하면서 무심히 가리키는 것을 보며 세월의 무상함을 느끼지 않았을까.

부여에 가면 누구나 부소산성에 오른다. 그 부소산성을 반월성이라 불

부소산성　부여 부소산성의 서쪽 낭떠러지 바위인 낙화암에서 바라본 백마강의 모습이다. 부여의 상징인 부소산성은 반월성으로도 부른다. ⓒ부여군

렀다. 사실 반월성이라고 하면 경주의 반월성이 워낙 널리 알려져서 착각할 수도 있다. 그러나 부여에도 평양에도 반월성이 있었다. 한마디로 반월성은 백제 도성이다. 동서로 흐르는 강물 따라 길게 쌓였던 반월성은 이제는 황폐하여 그곳은 방죽이 되었다. 그리하여 김홍욱은 그 옛날 화려했던 그곳을 찾아가 보니 지금도 남아 있는 여장에는 나무가 없는데 까마귀 소리만 들린다고 하였다.

대왕포는 백제 무왕이 유람하던 곳이라고 한다. 무왕이 왕자 시절 신라의 선화공주와 이곳에서 뱃놀이하였다고 전한다. 또는 이곳에는 기암괴석이 즐비하고 기화이초(奇花異草)를 심어서 아름다웠는데, 무왕이 신하들과 이곳에서 놀았다고 하여 대왕암이라 불렀다고 한다.

김홍욱은 옛날에 이곳에서 대왕이 놀았다고 하는데, 지금 보니 안개 낀 강가에 문득 고깃배가 떠다니는 모습이 보인다고 하였다.

고란사는 낙화암과 함께 그 근처 절벽에 소슬하게 서 있다. 바위 틈틈이 희귀한 약초인 고란초가 자라서 고란사로 이름을 지었다고 한다. 고란사 약수는 임금이 즐겨 마셨다고 한다. 고란사가 낙화암 옆에 있어서일까. 낙화암에 몸을 던진 삼천 궁녀의 넋을 위로하기 위해 중창했다는 말도 전한다. 그래서일까 고란사라는 이름을 들으면 쓸쓸해지고 백제의 향수를 자극하는 것 같다.

김홍욱도 저녁 바람이 달을 불어 강물이 하늘에 출렁인다고 하였다. 땅거미 질 때 고란사에서 들리는 종소리가 손님이 탄 배에까지 들린다고 하면서 소슬한 감정을 표현하였다.

잘 알다시피 백제 의자왕은 초기에 왕권을 강화하고 왕성한 정복 활동으로 신라를 압박하며 위세를 떨쳤다. 그러나 후기에는 사치하고 정치를 소홀히 하는 바람에 백제가 멸망하는 계기가 되었다. 특히 계백(階伯,

부여 고란사 부여 부소산 북쪽 백마강 변에 있는 절이다. 충남 문화재자료 98호이다. 백제의 멸망과 함께 소실되었다가 고려 때 백제의 후예들이 삼천 궁녀를 위로하기 위하여 중창하였다고 알려져 있다. ©문화재청

?~660)과 성충(成忠, ?~656), 흥수(興首)와 같은 충신들의 말을 간과하였기에 멸망을 재촉하였다. 삼충사는 이들 세 명의 충절을 기리기 위해 세운 사우이다.

김홍욱은 백제를 떠받쳐온 세 명의 기둥으로 나라와 운명을 한 삼충사의 주인공들을 모신 사우를 바라보았다. 그리하여 까마귀떼 날아가자 저녁 햇살 스러진다고 하고, 백마강 물소리가 만고에 차갑다고 하면서, 자신의 허허로운 마음을 표현하고 있다.

김홍욱이 백마강에서 백광훈(白光勳)의 시운에 차(次)하면서 읊은 시에 "용 떠난 천추(千秋)에 왕기는 다했는데, 강 가득한 바람과 달 고깃배 돌보더라."라고 하였다. 한때 왕국의 도읍을 감싸 안고 왕기가 넘치던 백마강에서 지금은 고깃배 떠다니는 일상을 보게 된 소회를 적고 있다.

김홍욱은 이처럼 부여 백마강가 유적지와 명승지 8곳을 회고하면서

자신의 감정을 묘사하였다. 백마강가에 있는 이 여덟 곳은 부여 자체라고 할 수 있다. 백제 역사의 흥망성쇠를 고스란히 지켜본 상징적인 곳들이다. 김홍욱은 이곳들을 직접 봄으로써 자연스레 백제의 역사를 떠올렸다.

그러므로 김홍욱은 이 여덟 곳을 회고하면서 강성한 군사력과 함께 찬란한 문화를 자랑했던 백제가 나당연합군에게 패하여 멸망하게 된 흥망과 성쇠의 역사를 회고하고 있다.

김홍욱은 관료로서의 업적과 능력뿐만 아니라, 문학에도 조예가 깊었다. 특히 그는 400편이 넘는 많은 시를 남겼다. 전업 시인이라도 해내기 쉽지 않은 일이다. 이 책에서는 400편이 넘는 김홍욱의 시 가운에 일부를 저자가 임의로 선정하여 소개하였다.

김홍욱의 시를 통해서 그가 관료나 사상가로의 능력과 업적 못지않게 뛰어난 시인이었을 알 수 있었다. 특히 그의 시 가운데는 자연을 노래한 서정시가 적지 않다. 시를 읽노라면 마치 한 폭의 수채화를 보는 듯하다. 시작(詩作)의 능력이 뛰어나고 감성이 풍부하기 때문이다. 그리고 그의 시를 통해서 여러 주목할 만한 사실을 알게 되었다.

첫째, 당시 사회상과 풍속을 이해하는 데 도움을 주었다. 김홍욱은 충청도에서 지방관으로 근무하였고, 경상도와 강원도, 평안도에 어사로 파견되어 민생을 살폈다. 대부분 공무 여정 중에 틈을 내어 시를 지었다. 백성의 어려운 삶과 탐관오리의 전횡에 대해 많은 지면을 할애하였다. 특히 담비 가죽이나 인삼과 같은 토산품을 바쳐야 하는 백성의 고역을 적나라하게 묘사하였다. 호랑이가 나오는 산골, 경상도 해안가의 장기와 역질, 알아듣기 어려운 사투리, 흉년으로 유민들이 대거 생기면서 사람들이 떠나간 마을을 직설적으로 때로는 해학적으로 묘사하였다.

둘째, 김홍욱 역사관의 일단을 볼 수 있다. 김홍욱은 병자호란과 함께 관직을 시작했다고 할 수 있다. 그는 관료 생활 내내 마음에 병자호란의 그림자가 내재해 있었다. 이러한 사실은 그의 시에 잘 나타나 있다. 그는 늘 병자호란의 패배와 항복을 수치로 여겼다. 그리고 문득문득 이를 극복하기 위해 노력하겠다는 다짐을 보였다. 척화파로서의 의지라고 하겠다. 그는 남한산성 항쟁 때 척화파의 소장 관료로서 애를 썼으나, 결국에는 항복하는 걸 보면서 실망과 함께 이를 극복하려는 마음속 다짐을 시를 통해 표현하였다.

셋째, 김홍욱의 시를 통해 그의 교우 관계 일단을 알 수 있다. 김홍욱의 시 가운데는 벗들과 어울리는 장면이 적지 않다. 그리고 시를 지어서 벗과 지인들에게 주는 걸 좋아하였다. 또한 만사를 지어 고인이 된 지인들을 추모함으로써 평소 김홍욱의 교우 관계의 일면을 알 수 있게 해준다. 특히 함께 관료 생활을 한 홍명하와의 우정, 박경주, 이경억, 조한영, 오정위, 이삼준과 같이 평소 어울리는 벗들을 전송하는 시, 김상헌, 이행우, 임담, 이명한과 같은 좋아하던 동료, 선배들을 예찬하고 추모하는 시는 그의 교우 관계를 잘 보여준다. 특히 승려들과의 만남과 그들에게 시를 전해주는 모습 또한 흥미롭다.

이 책에서는 그의 시 가운데 극히 일부를 소개했을 뿐이다. 향후 김홍욱 시에 대한 심도 있는 고찰과 연구를 기대한다.

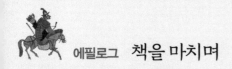

대다수의 독자는 이 평전을 읽으면서 김홍욱이란 인물에 대해 새롭게 알게 되었을 것이다. 그리고 김홍욱이 임금의 뜻에 따라서 이른바 구언 상소를 하였다가 그 내용 때문에 예기치 않게 생을 마감한 사건을 보고 놀랐을 것이다. 김홍욱이 지금까지 대중에게 잘 알려지지 않았던 인물이기에 그의 '상소 사건'은 더 충격적이었을 것으로 생각한다.

저자 또한 김홍욱이 왜 상소에서 '강빈옥사'를 거론하여 죽음을 자초하였을까 하는 의문이 뇌리를 떠나지 않았다. 그리고 그 해답은 그의 관직 생활에서 찾는 것이 합리적이라고 생각하였다.

김홍욱은 사헌부, 사간원, 홍문관의 이른바 삼사에서 오래 근무하였다. 삼사는 임금에게 바른 정치를 권유하고, 고위 관료의 잘못을 탄핵하며, 시정과 풍속을 교화하는 등의 여러 일을 한다. 한마디로 말하면, 삼사는 그 대상이 누구일지라도 비평과 비판을 꺼리지 않는 언론 기관이다. 그러므로 삼사의 관료들은 '언로의 활발한 소통'을 위해 노력한다. 김홍욱도 누구 못지않게 언로의 소통을 실천해 왔다. 그 과정에서 '직신(直臣)'으로 처신하였다.

김홍욱 관직 생활의 또 하나의 특징은 '민생 분야' 전문가로서 입지를 다졌다는 점이다. 그는 강원도, 경상도, 평안도 어사를 지내면서 백성의 삶을 목도하고 민생에 관심을 가지게 되었다.

그는 경제와 국방 전반에 걸친 일대 개혁안을 저술하였으니, 「논전제 6조」와 「논병제 9조」, 그리고 「논성지 2조」가 그것이다. 그는 단순히 저술 활동에 그친 것이 아니라, 자신의 개혁안 중 일부를 조정에 제출하여, 정책에 반영해달라고 건의하였다. 국왕은 김홍욱의 민생 개혁안에 관심을 가졌고, 해당 관아에 검토를 지시하였다. 비변사와 호조, 어영청 등에서는 검토와 논의를 거쳐 일부를 정책에 반영하였다.

김홍욱은 '민생 전문가'로 위상을 높였다. 이로 말미암아 김홍욱은 충청도 관찰사로 발탁되어 민생의 핵심인 대동법 시행을 지휘하게 되었다.

이처럼 김홍욱은 삼사에서 언론관을 정립하고 '직신'의 면모를 보였다. 또 경제와 국방 다방면에 걸친 개혁안을 제시하자, 최고 수준의 민생 전문 관료로 평가받았다.

그러므로 효종이 공개적으로 경제와 민생의 어려움을 해결할 수 있는 정책을 구하자, 민생 전문가로 자타가 공인하는 김홍욱이 구언 상소를 올린 것이다. 그리고 그 기회에 평소 언급을 금기시하던 '강빈옥사'의 잘못된 점을 적나라하게 지적하였다. '강빈옥사'에 대한 비판이 언로 소통과 직결된다고 보았기 때문이다.

그런데 김홍욱은 그 후폭풍을 예상이나 하였을까. 그의 상소로 정국에 엄청난 파장이 일었다. 곧바로 친국으로 이어졌다. 효종은 여러 신료의 만류에도 불구하고 김홍욱을 고문하게 하였다. 결국 김홍욱은 심문 도중에 장살당하였다.

김홍욱 사후 신료들은 그의 복권을 주장하였다. 역설적으로 김홍욱의 죽음으로 그의 상소는 더 큰 명분과 정당성을 얻었다. 이를테면 송시열이 임금에게 "김홍욱의 이름만 아름다워지고 있다."라고 표현한 것이다. 여러 신료가 잇따라 김홍욱의 복권을 주장하자, 이제 다분히 효종과 신료들

간에 명분 싸움이 되었다. 결국 명분에서 밀린 효종이 김홍욱의 복권을 허락하지 않을 수 없게 되었다.

김홍욱은 사후에 오롯이 사론의 지지를 얻고 그의 명성은 높아졌다. 김홍욱의 명성에 힘입어 그의 가문은 호서의 명문가로 성장해 가기 시작하였다. 후손 중에 판서와 재상이 줄줄이 배출되었다. 부마와 왕비도 나왔다. 추사 김정희도 김홍욱의 후손이다.

능력과 기개를 겸비하고 승승장구하던 고위 관료가 상소 사건에 휘말려 죽게 된 것은 안타까운 일이 아닐 수 없다. 그렇지만 김홍욱은 죽음으로 명예를 얻었다. 사론의 지지를 받고 일약 명문가로 도약한 것이다.

저자는 이 책을 마치며 김홍욱을 한마디로 평한다면, 그를 '직신(直臣)'으로 평가하고 싶다. 끝으로 독자들이 이 책을 읽고 지금까지 잘 모르고 있던 김홍욱이라는 인물을 새롭게 알게 되었다면 평전을 쓴 보람이 클 것이다.

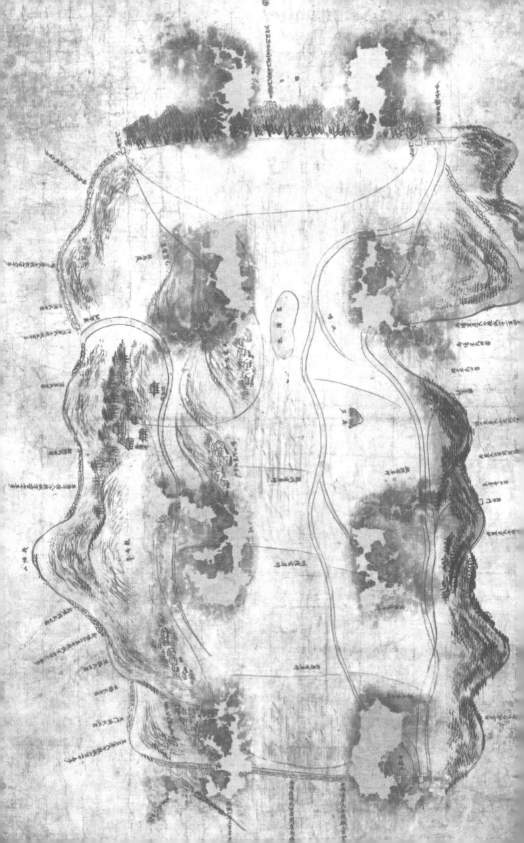

부록

김홍욱의 관직 이력

명칭	직무
1636년	승문원 권지부정자(權知副正字), 예문관 검열(檢閱), 세자시강원 겸설서(兼說書)
1637년	예문관 대교(待敎), 성균관 전적(典籍), 강원도 암행어사, 예조 좌랑, 병조 좌랑, 사헌부 지평, 홍문관 부수찬, 사간원 정언, 홍문관 수찬
1638년	사헌부 지평, 당진 현감
1640년	6월 홍문관 부수찬, 8월 경상도 경차관, 사헌부 겸지평, 10월 홍문관 부교리
1641년	1월 사헌부 지평, 2월 홍문관 수찬, 홍문관 부교리, 7월 홍문관 교리, 12월 홍문관 부수찬
1642년	3월 사간원 헌납, 8월 사헌부 장령, 10월 홍문관 부응교
1645년	2월 홍문관 수찬, 6월 이조 좌랑, 8월 홍무관 부교리
1646년	1월 이조 좌랑
1648년	4월 홍문관 수찬, 6월 선혜청 낭청(郎廳), 7월 이조 정랑, 12월 홍문관 부응교
1649년	2월 세손책례도감도청랑(世孫冊禮都監都廳郎), 사헌부 집의, 사간원 사간, 4월 홍문관 부응교, 사언부 집의, 상의원 정, 7월 홍문관 부응교, 11월 상의원 정, 12월 평안도 어사
1650년 (효종 원년)	1월 상의원 정, 세자시강원 보덕(輔德), 2월 홍문관 부응교, 4월 의정부 검상(檢詳), 의정부 사인(舍人), 6월 홍문관 응교, 홍문관 부응교, 의정부 사인, 7월 실록 도청랑(都廳郎)
1651년	1월 장악원 정(正), 3월 겸보덕, 홍문관 응교, 5월 부묘도감(祔廟都監) 도청랑, 7월 사헌부 집의 겸보덕, 보덕, 8월 사헌부 집의 겸보덕, 9월 통정대부, 지제교, 승정원 동부승지, 10월 홍청도 관찰사
1652년	9월 승정원 우부승지, 10월 좌부승지, 11월 예조참의
1653년	5월 홍주목사
1654년	황해도 관찰사. 7월 친국 도중 타계함
1718년 (숙종 44)	자헌대부 이조판서 겸지경연 의금부사 홍문관대제학 예문관대제학 지춘추관 성균관사 오위도총부도총관 세자좌빈객이 증직됨
1719년	11월 '문정(文貞)'의 시호 내림

인조대왕 만사   仁祖大王挽詞

한결같은 덕이 중흥한 임금,   一德中興主

삼한이 재창조되는 때였습니다.   三韓再造年

황금 종이 열쇠를 풀어 올리고,   金鏞開鎖鑰

옥 촛불로 교화를 바로 하였습니다.   玉燭正陶甄

공적은 천지처럼 크고,   功業乾坤大

강상은 일월만큼 밝습니다.   綱常日月懸

옷섶을 느러뜨리고 여러 임금을 계승하였고,   垂衣承列聖

소매를 이어 여러 현인을 진취하게 하였습니다.   聯袂進群賢

가의(賈誼)와 동중서(董仲舒)를 경연에 올라오게 하고,   賈董陞經幄

기(夔)와 용(龍)이 임금 앞에 모신 듯하였습니다.   夔龍拱御筵

동호(銅壺 물시계)는 밤 시각을 재촉하고,   銅壺催夜漏

밀랍 촛불은 아침까지 타기를 기다렸습니다.   蠟燭待朝燃

정사로 늦은 수화는 늘 맛이 없었고,   旰食恒無味

피곤한 백성들은 어깨를 쉴 수 있었습니다.   疲氓可息肩

신성환 교화를 펴든 때를 맞이하여,   正當神化日

태평천하에 모두 감싸였습니다.   咸圉太平天

아름다운 기운은 쌍궐에 떴고,   佳氣浮雙闕

훈풍은 오현금(五絃琴)에 들었습니다.   薰風入伍絃

계획은 실로 치밀하였으나,　謀猷固密勿

때 운수가 험악하였습니다.　時運乃迍邅

북쪽 오랑캐는 사령을 통과하였고,　朔祲通沙嶺

오랑캐는 남한산성을 애워쌓습니다.　鉤陳繞漢巓

위망은 거의 한 머리칼에 매달린 듯하여,　危亡垂一髮

애통함은 하늘에 닿았습니다.　哀痛格重玄

이불을 베어 성첩 병사에게 은혜 나누고,　割被恩頒堞

향을 사르며 눈물은 구천을 적셨습니다.　焚香淚滴泉

이래로 백성의 목숨을 위하였고,　由來爲民命

하필 오랑캐를 섬기겠습니까.　不(何)必事戎旃

갑옷을 은하의 깨끗한 물에 씻고,　甲洗銀河淨

하늘의 도움으로 옥로가 서울로 돌아왔습니다.　天扶玉輅旋

지극한 정성은 실로 이로 말미암았고,　至誠良由此

옛 문물은 오히려 그대로였습니다.　舊物尚依然

목욕시켜 다친 백성을 일으키고,　盥沐瘡痍起

긁어주며 법령을 줄였습니다.　爬搔法令蠲

초나라는 능히 정무를 기강잡고,　楚邦能紀政

한나라 왕업은 다시 전보다 빛났습니다.　漢業復光前

태양이 채운(彩雲: 세자)을 결여하자,　赤色黃離缺

동궁에 교지를 내렸습니다.　青宮紫誥宣

현인을 택함은 하늘이 주신 바이고,　擇賢天所與

경사를 노래함에 달은 거듭 둥글어졌습니다.　歌慶月重圓

유정유일은 우서(虞書)의 훈계이고,　精一虞書訓

정녕함은 제범(帝範) 책에 의한 것이었습니다.　丁寧帝範篇

근무에는 항상 조심하고 두려워하고,	在勤常戒懼
병환은 오래도록 이어졌습니다.	違豫久纏綿
제위 일세가 더해지려 하였는데,	鳳曆方添紀
임금께서 홀연히 돌아가셨습니다.	龍髥忽上仙
인(仁)이라는 높은 한 글자 시호,	仁尊一字謚
도가 백 왕의 으뜸입니다.	道冠百王編
어좌를 바라봄에 여전히 살아계신 듯 하나,	黼座瞻猶在
왕의 상여는 출발을 서둘렀습니다.	龍輴啓式遄
능묘에 해가 저물어 서글프고,	蒼梧愁日暮
태양은 별의 운행을 열어주었습니다.	黃道坼星躔
못난 저는 쓰일 곳이 없음을 부끄러워하였는데,	薄劣慙無用
다행히 조정의 한 관원이 되었습니다.	周行幸備員
입을 다문 신하의 죄가 크고,	口緘臣罪大
하늘 덮은 임금의 은혜 치우쳤습니다.	天覆主恩偏
저의 충성을 바치려는 터에,	欲效愚忠地
기쁘게 세자의 전위를 만났습니다.	欣逢聖嗣傳
능묘에 무한한 애통은,	園陵無限痛
곡하여 오색구름 가를 향합니다.	哭向五雲邊

사료(史料)

『경국대전』

『경주김씨학주공파세보』

『남한일기』

『만기요람』

『비변사등록』

『승정원일기』

『학주선생전집』

『국역 학주김홍욱선생문집』, 홍혁기 외 역, 경주김씨상촌공파종회 상촌
　　　　사상연구회, 2005.

『조선왕조실록』(인조실록 효종실록 현종실록 현종개수실록 숙종실록 영
　　　　조실록 정조실록 순조실록)

단행본

국사편찬위원회,『한국사』30, 조선 중기 정치와 경제, 탐구당, 1998.

김인경,『조선후기 경주김문의 정치활동과 역사문화공간 연구』, 건국대
　　　　박사학위논문, 2021.

상촌사상연구회,『상촌 김자수와 그 후예』, 도서출판 비전캐릭터, 2003.

서울역사박물관, 『경강』, 2018.

서울역사박물관, 『한양의 상징대로 육조거리』, 2021.

이영춘, 『조선후기 왕위계승 연구』, 집문당, 1998.

이정철, 『대동법』, 역사비평사, 2010.

임해련, 『정순왕후, 수렴청정으로 영조의 뜻을 잇다』, 한국학중앙연구원 출판부, 2014.

최봉영, 『영조와 사도세자 이야기』, 한국학중앙연구원 출판부, 2013.

최완기, 『조선후기 선운업사연구』, 일조각, 1989.

한국학중앙연구원 장서각, 『영조대왕』, 2011.

한국학중앙연구원 장서각, 명가의 고문서 5, 『선비가의 여경-경주김씨학주후손가-』, 2006.

한명기, 『병자호란』 1, 2, 푸른역사, 2013.

한명기, 『정묘·병자호란과 동아시아』, 푸른역사, 2009.

허태구, 『병자호란과 예, 그리고 중화』, 소명출판, 2019.

연구 논문

고성훈, 「김홍욱의 민생론과 정치활동」, 『상촌 김자수와 그 후예』, 상촌사상연구회, 2003.

김인경, 「조선후기 경주김문의 형성과 성장」, 『조선시대사학보』 64, 2013.

박종수, 「16~17세기 전세의 정액화 과정」, 『한국사론』 30, 국사편찬위원회, 1993.

박한남, 「고려말 상촌 김자수의 생애와 정치활동」, 『상촌 김자수와 그 후예』, 상촌사상연구회, 2003.

송찬섭, 「지주제의 발달과 궁방전·둔전의 확대」, 『한국사』 30, 조선 중기 정치와 경제, 국사편찬위원회, 1998.

이겸주, 「지방 군제의 개편」, 『한국사』 30, 조선 중기 정치와 경제, 국사편찬위원회, 1998.

이영춘, 「경주김씨 상촌·학주파의 학문과 정치-상촌 김자수와 학주 김홍욱을 중심으로」, 『선비가의 여경』, 한국학중앙연구원 장서각, 2006.

임성수, 「인조 후반 학주 김홍욱의 현실 인식과 재정 개혁론」, 『조선시대사학보』 94, 2020.

정만조, 「양역의 편성과 폐단」, 『한국사』 32, 조선 후기의 정치, 국사편찬위원회, 1997.

조　광, 「19세기 민란의 사회적 배경」, 『19세기 한국전통사회의 변모와 민중의식』, 고려대 민족문화연구소, 1982.

차문섭, 「중앙 군제의 개편」, 『한국사』 30, 조선 중기 정치와 경제, 국사편찬위원회, 1998.

한영국, 「대동법의 시행」, 『한국사』 30, 조선 중기 정치와 경제, 국사편찬위원회, 1998.

사진
출처

페이지	사진명	소장처(제공처, 인용처, 촬영자)
18	김적 부부의 묘소	이병유 촬영
32	김홍익의 묘	김택모 제공
46	숭정 을해 증광문과방목	김택모 소장. 한국학중앙연구원 장서각, 『경주김씨 학주공파 선비가의 여경』, 2006, 56쪽 *이하 『선비가의 여경』으로 줄임
47	김홍욱의 문과 급제 시권	김택모 소장. 『선비가의 여경』, 57쪽
52	홍문관 응교 교지	김택모 소장. 『선비가의 여경』 62쪽
56	당진현감 교지	김택모 제공
57	김홍욱의 서산 본가	이병유 촬영
65	장릉	국립문화재연구원 소장, 공공누리 제1유형
73	정온 생가	문화재청 소장, 공공누리 제1유형
86	전선	서울대학교 규장각 한국학연구원 소장
92	비변사 문무낭관계회도	국립중앙박물관 소장, 공공누리 제1유형
96	탁지지의 본아전도 중 호조와 만기요람	서울대학교 규장각 한국학연구원 소장
98	어영청인	서울대학교 규장각 한국학연구원 소장
105	자운서원	문화재청 소장, 공공누리 제1유형
112	포저유서와 송곡문집 판각	마곡사 소재, 공공누리 제1유형
122	호서대동법 사목 표지	서울대 규장각 한국학연구원 제공
125	김육 초상	실학박물관 제공
128	홍청도관찰사 임명 교지	김택모 소장. 『선비가의 여경』 64쪽

페이지	사진명	소장처(제공처, 인용처, 촬영자)
135	허적 초상	양천 허씨 문중 소장, 공공누리 제1유형
151	호조낭관 계회도	국립중앙박물관 소장(신수 2234), 공공누리 제1유형
158	해동지도에 그려진 육조거리	서울대학교 규장각 한국학연구원 소장
170	한강나루	서울대학교 규장각 한국학연구원 소장
170	조선	서울대학교 규장각 한국학연구원 소장
172	세곡 운반선	국립중앙박물관 소장, 공공누리 제1유형
175	광흥창 인	국립고궁박물관 소장, 공공누리 제1유형
193	사복시 살곶이 목장 지도	서울시립대학교 박물관 소장, 공공누리 제1유형
214	영회원	김창재 제공
216	효종 영릉 재실	국립문화재연구원 소장, 공공누리 제1유형
218	황해도겸병마수군절도사 교지	김택모 소장. 『선비가의 여경』, 66쪽
225	이시백 초상	천안박물관 소장, 공공누리 제1유형
228	김홍욱 묘소	이병유 촬영
228	김홍욱 신도비	이병유 촬영
237	증이조판서 교지	김택모 소장. 『선비가의 여경』, 76쪽
255	화순옹주 홍문	이병유 촬영
255	화순옹주 홍문글씨	이병유 촬영
257	영조정순왕후가례도감의궤 반차도(일부)	프랑스 국립도서관·국립중앙박물관 제공
263	정순왕후가 김귀주에게 보낸 편지	국립한글박물관 소장, 공공누리 제1유형
265	성암서원 전경	김택모 제공
274	한강 노량진	고려대박물관 제공
276	대관령 옛길 일부	문화재청, 공공누리 제1유형
278	불국사 청운교와 백운교 전경	불국사, 공공누리 제1유형
298	김화 충렬사지	문화재청, 공공누리 제1유형

페이지	사진명	소장처(제공처, 인용처, 촬영자)
310	서산 해미읍성	장태동 제공
315	죽서루	문화재청, 공공누리 제1유형
324	이정구 삼대 묘	가평군, 공공누리 제1유형
331	부소산성	부여군, 공공누리 제1유형
333	부여 고란사	문화재청, 공공누리 제1유형

학주 김홍욱 평전

2022년 5월 23일 초판 1쇄 인쇄
2022년 5월 30일 초판 1쇄 발행

지 은 이 고성훈
펴 낸 이 한정희

편 집 부 김윤진 김지선 유지혜 한주연 이다빈
마 케 팅 전병관 유인순 하재일

펴 낸 곳 역사인
출판신고 제406-2010-000060호

주   소 경기도 파주시 회동길 445-1 경인빌딩 B동 4층
대표전화 031-955-9300 | 팩스 031-955-9310
홈페이지 www.kyunginp.co.kr | 이메일 kyungin@kyunginp.co.kr

ISBN 979-11-86828-29-8 03910
값 27,000원

역사인은 경인문화사의 자매 브랜드입니다.